Système de Logistique Intégrée

Logiques Economiques
Collection dirigée par Gérard Duthil

Déjà parus

Christine GALAVIELLE, *La finance : un prisme fragile. Des visions changeantes*, 2017.
Claire EL MOUDDEN, *Redistribution équitable et régimes de retraite*, 2006.
Gérard DUTHIL, *Economie du travail et des ressources humaines*, 2004.
TRUTOS-PETERSON Claudia, *L'émergence de l'arbitrage commercial interna-tional en Amérique latine : l'éfficacité de son droit*, 2003.
DIEBOLT C., ESCUDIER J-L., *La croissance économique dans le long terme*, 2002.
MAHIEU François-Régis, *Ethique économique. Fondements anthropologiques*, 2001.
SADIGH Elie, *Du libéralisme ou la loi du plus fort à l'économie politique*, 2001.
FIGUERA Stefano, *Théorie monétaire dans l'économie capitaliste*, 2001.
CANALS Valérie, *Formation-insertion et transformation de la relation salariale*, 2001.
CARPENTIER Vincent, *Système éducatif et performances économiques au Royaume-Uni : 19ème et 20ème siècles, 2001.*
LEVASSEUR G., *L'union économique et monétaire européenne,* 2001.
VIDAL Jean-François, *Dépression et retour de la prospérité*, 2000.
LEHMANN Paul-Jacques, *De l'ange gardien du franc au bâtisseur de l'euro. Histoire et évolution des banques centrales*, 2000.
DUTHIL Gérard, PAQUET-VAULTIER Estelle, *Le chômage des jeunes*, 1999.
MICHEL Sandrine, *Education et croissance économique en longue période*, 1999.
AUDIER Florence, GAZIER Bernard, OUTIN Jean-Luc (coord.), *L'économie sociale* t.1, 1999.

ABDELLATIF BENABDELHAFID

Système de Logistique Intégrée

L'Harmattan

5-7, rue de l'École-Polytechnique – 75005 Paris
www.editions-harmattan.fr
ISBN : 978-2-14-025182-5
EAN : 9782140251825

À mes petits-enfants :

Haroun, le logisticien, né Juste à Temps pour cette dédicace ;

Mariya, l'intrépide ;

Wassim, le philosophe ;

Lana, l'artiste ;

Jibran, l'explorateur.

REMERCIEMENTS

Je tiens à exprimer mes vifs remerciements à tous mes étudiants qui, par leurs travaux de recherches ont participé à l'enrichissement de cet ouvrage.
Ce livre a vu le jour lors de ma mission de professeur invité à l'école polytechnique de l'Université Internationale d'Agadir au Maroc. Je remercie particulièrement M. Ilias Majdouline directeur de l'école et M. Zakaria Chekoubi, coordinateur de recherche pour leurs relectures et collaborations lors de la finalisation de cet ouvrage.
Merci à Nassiba et Othman pour leurs soutiens.
Enfin je remercie tous les collègues qui ont participé de près ou de loin à la sortie de ce livre.

SOMMAIRE

Préambule

L'objectif de cet ouvrage est de fournir pour les étudiants et futurs chercheurs en génie logistique des repères pour la modélisation et la gestion d'une plate-forme intelligente de la chaîne complète de la logistique. Il met en évidence la complexité de cette chaîne sous forme de système que nous désignons par **SLI** **(Système de Logistique Intégrée).** Nous présentons ici l'évolution des systèmes logistiques à travers l'impact des STIC (Sciences et Technique d'Information et de Communication) Cet ouvrage résume une carrière de recherche scientifique commencée en 1980 et matérialisée par un ensemble de productions sous forme de thèses, de publications et de projets dans le domaine des STIC. Nous avons organisé l'ouvrage en deux parties selon deux axes ; chronologique et applicatif :

Dans la Partie I nous rappelons un ensemble d'études, de théories et d'outils de modélisation dans les domaines de l'industrie et du transport.

La Partie II traite du concept de l'Entreprise Étendue utilisant les concepts présentés dans la Partie I pour arriver à un modèle du SLI

Il est évident que toute modélisation n'a d'intérêt que si elle permet la conception d'un système technologique ou d'une solution à un phénomène scientifique ou des deux. La modélisation est la représentation d'un fait réel ou d'une partie d'un fait. Le but de cette représentation est justement de maîtriser cette partie de la réalité qui nous intéresse.

Quelle que soit la nature de nos orientations en matière de recherche, tous nos travaux de modélisation doivent aboutir à un moment ou un autre à une conception d'un système.

Aujourd'hui le numérique a largement remplacé l'analogique. Les réseaux de communication numériques à haut débit d'une part et les ordinateurs plus performants d'autre part, ont permis au système informatique d'assurer, en temps réel et sur le terrain, le déroulement correct des opérations de processus de production et de gestion, de plus en plus complexes et diverses. L'informatique, correctement greffée à l'entreprise, permet de répondre au double défi de fiabilité et de flexibilité. Ces termes doivent être considérés dans le cadre de l'entreprise étendue aux sous-traitants et aux différents intermédiaires logistiques. Les Sciences et Technologie d'Information et de Communication vont progressivement modifier l'entreprise et la

manière de travailler en son sein et avec ses partenaires « extérieures », dans un contexte d'évolution permanente et de concurrence accrue. C'est dans cette compétition que se situent les nouvelles clés de la performance des entreprises (coûts, valeur) qui pour conserver leur compétitivité se sont inscrites dans un processus d'innovation permanent dans ses dimensions technologiques, informationnelles, fonctionnelles, commerciales et organisationnelles à toutes les étapes du cycle de vie des produits et systèmes de production. La mise en œuvre de nouvelles organisations de conception et de production induit des modifications profondes dans les échanges d'informations et de connaissances entre les différents acteurs (individu, groupe, services) internes et externes (client, fournisseur, sous-traitant, ...) et de façon plus générale pose le problème de capitalisation et réutilisation des connaissances et pratiques et de coopération entre acteurs (partage de ressources, maîtrise des risques technologiques, sociaux et économiques, co-conception...). Ces problématiques sont au centre des préoccupations des chercheurs en logistique Intégrée et les amènent à proposer de nouveaux modèles de représentation et de spécification.
La maîtrise et le pilotage de toute chaîne logistique nécessite donc l'utilisation d'outils informatiques tant au niveau de la gestion du flux physique qu'informationnel. La partie production fait l'objet d'une application des techniques de modélisation et de simulation afin planifier et d'ordonnancer les différentes tâches sur les ressources. Les contraintes et la taille des données à manipuler rendent le problème d'ordonnancement très difficile. Les logiciels de simulation sont difficilement paramétrables pour simuler le comportement d'une unité de production. Il est alors nécessaire de concevoir de nouveaux systèmes de simulation pour décrire le comportement spécifique d'une production. La modélisation dans ce cas est l'étape préalable. Mais alors quels sont les outils de cette modélisation, quelle méthodologie utiliser pour le choix de ces outils ?
Dans une chaîne logistique interviennent plusieurs acteurs qui doivent collaborer pour le bon fonctionnement de la chaîne. Les différents acteurs échangent des informations à l'intérieur comme à l'extérieur de la chaîne. Les protocoles de communication traditionnels ne sont plus d'actualité. Il faut absolument exploiter les STIC pour construire un système d'information **(SI)** adéquat. L'EDI (**Échange** de Donnée Informatis**é**) par exemple a complétement concrétisé aujourd'hui sa

migration vers internet et très bientôt vers l'IA (Intelligence Artificielle).
Un des objectifs du **SLI** est d'offrir aux différents partenaires de l'entreprise étendue un environnement coopératif et innovant leur permettant de travailler ensemble et de partager les informations relatives à un produit au même moment et tout au long de son cycle de vie, depuis la conception jusqu'à la maintenance. Le SI de chaque entité industrielle doit tenir compte de l'éclatement du SI Étendu aux autres SI Partenaires. La distribution et la coopération caractérisent ainsi les solutions informatiques pour l'entreprise étendue.
Ainsi la logistique Intégrée devient un axe de recherche stratégique
Les STIC ont progressivement modifié l'entreprise et la manière de travailler en son sein et avec ses partenaires « extérieures », dans un contexte d'évolution permanente et de concurrence accrue. Nous désignons par **LogiSTIC** ©le paradigme qui traite du couple « **virtualité/réalité** » d'une chaîne logistique.
Dans nos recherches sur les démarches, méthodes, concepts et outils pour la conception de Systèmes d'Information de Logistique Intégrée, nous nous situons dans un contexte de réorganisation des processus industriels, pour lequel les systèmes d'informations restent l'élément dominant. Notre objectif est l'étude des systèmes logistiques en utilisant le concept de Logistique Intégré (LI) par l'approche systémique. Nous parlons alors de Système de Logistique Intégré (SLI). Le SLI est un domaine très chargé en références, normes, procédures.... Le système de transport est à la fois un sous-ensemble du SLI et un sous-ensemble de la conception d'un cycle de vie d'un produit (PLM). C'est pour nous un secteur industriel considéré comme primordial pour la recherche scientifique dans le domaine de la logistique.
Comme pour le cas de l'industrie, le transport illustre très bien le concept de réseau d'entreprises. Pour une entreprise de transport, l'intégration concerne la gestion de fret, la gestion de flotte, et la gestion de parc. Comment utiliser l'efficacité et la productivité de l'exploitation transport par l'introduction et la maîtrise des nouvelles technologies et la mise en place d'un Système d'Information pour le transport. « Dans le domaine du transport, les approches intégratrices en sont aujourd'hui à leur phase de conceptualisation, elles sont loin d'être passées dans le domaine public, lequel public, se voit proposer des "dossiers" qui juxtaposent les exposés sur les divers outils et services et ne tentent que trop rarement d'en élaborer une image intégrée sous forme de système

global... Tout responsable et décisionnaire doit garder à l'esprit que la pleine efficacité de l'une des solutions (techniques et outils) télématiques dépend de son intégration à un schéma global... ».
Dans ce cadre, et pour répondre à la problématique posée par l'intégration du SI pour le transport, notre objectif étant de : concevoir, tester, mettre en œuvre et valider une approche globale visant l'intégration de divers outils télématiques susceptibles d'être utilisés pour améliorer le transport multimodal de marchandises grâce à l'utilisation des nouvelles technologies de traitement intelligent de l'information (RTI, EDI, systèmes embarqués, systèmes intelligents…)
Cette plate-forme qui aura une architecture ouverte et répartie, nécessite un système de communication qui répond aux besoins de l'ensemble des acteurs de cette chaîne. Notre objectif est de nous orienter vers une maîtrise plus large de la chaîne logistique en prenant en compte l'ensemble du flux (qu'il soit virtuel comme les informations ou qu'il soit réel comme les matériels et les marchandises).
Dès lors que l'on s'intéresse aux flux, il est nécessaire d'appréhender également l'ensemble des canaux qui représentent les moyens mis en œuvre pour opérer les communications. Il faut donc étudier les problèmes liés à l'émission, la transmission, la réception et l'interprétation des divers flux.
L'évolution actuelle de l'informatique fait apparaître des modèles qui représentent des systèmes fortement réactifs. Dans ces modèles, il est difficile d'avoir une idée à la fois précise et simple du comportement global. Les nombreuses contraintes des systèmes logistiques impliquent une flexibilité et une capacité d'adaptation afin de permettre une réaction en temps réel aux événements et une exploitation intelligente du système.
Dans une chaîne logistique, nous avons identifié les objectifs suivants :

- Amélioration significative de la productivité ;
- Optimisation des procédures logistiques ;
- Optimisation des services du réseau transport ;
- Connaissance en temps réel de l'état de la chaîne ;
- Garantie de la qualité.

L'information disponible au point de départ de la chaîne logistique, transmise en temps réel, doit bénéficier à la fois à tous les acteurs et permettre une optimisation de la gestion des ressources. Dans une chaîne logistique, il faut intégrer en plus d'un système d'information, une gestion des flottes, une gestion des frets et une représentation de la topologie du site. Cette gestion doit se faire en temps réel.

Dans ce contexte l'analyse et la conception d'une structure logistique s'inscrit dans la conception d'un système sociotechnique complexe. Ce système nécessite une vue globale et une approche interdisciplinaire des outils techniques, des modèles, des méthodes, des usages et de leurs interrelations.

Nous donnons dans cet ouvrage des éléments pour élaborer un tel modèle. Nous nous inspirerons des études de cas et de travaux de recherche menés durant une trentaine d'années en Europe, Asie et au Maghreb à travers les réseaux CEMUR et Unitwin/UNESCO[1].

CEMUR (Coopération Europe Maghreb des Université en Réseau), est un « réseau composé d'universités ou d'établissements autonomes d'enseignement supérieur ». Nous l'avons initié en 1998. L'idée originaire retenue lors de la création de CEMUR est la mise en place de projets porteurs de savoir-faire autour d'une véritable expertise dans les 3 domaines que sont la Formation, la Recherche et les Incubateurs.

[1] http://cs-dc-15.org/e-tracks/territories/#integrative-logistic

Préface

L'analyse et la conception d'une chaîne logistique s'inscrit dans la conception d'un système sociotechnique complexe[2]. Ce système nécessite une vue globale et une approche interdisciplinaire des outils techniques, des modèles, des méthodes, des usages et de leurs interrelations. Nous l'appelons **SLI (Système de Logistique Intégrée)** Beaucoup de travaux de recherche ont été menés sur l'intégration logistique. Citons ceux de Ram Ganeshan (Ganeshan et al., 1999) liés à l'intégration par la planification. Ceux de Helena Ramalhinho pour l'intégration par l'optimisation (Lourenço, 2005). Ou encore ceux de Gratacap A, pour l'intégration dans le sens de gestion global de la chaine logistique(Médan et al., 2008). Souvent l'intégration logistique est liée au fournisseur de services logistiques (Fabbe-Costes & Christine Roussat, 2010) ; plusieurs sociétés de transport se sont appelées intégrateurs logistiques. Aujourd'hui, ces intégrateurs doivent avoir la maitrise des flux d'informations qui devient aussi décisive que celle des flux physiques. Le point commun de ces travaux est que toutes les fonctions de la chaîne logistique sont pilotées ou coordonnées par un seul manager appelé intégrateur (du flux physique !).

Le problème est que chaque « intégrateur » est indépendant et travaille dans son coin avec son propre réseau. Ce qui conduit à une logistique non durable. Pour nous il s'agit de viser un « système intégrateur » où les acteurs sont interopérables, où par exemple les camions et les entrepôts mutualisés voient leurs capacités en phase avec leurs charges. Le concept assez récent de l'« Internet physique » peut conduire vers un modèle logistique plus performant, interopérable et durable (Ballot & Montreuil, 2014). Nous considérons l'exécution locale pour une approche coopérative globale du Système « chaîne logistique »[3].

Les Sciences et Technologie d'Information et de Communication (STIC) ont progressivement modifié l'entreprise et la manière de travailler en son sein et avec ses partenaires « extérieures », dans un contexte d'évolution permanente et de concurrence accrue. Nous

---

[2] Nous utilisons le concept de système défini par Edgar Morin par « une relation entre des parties qui peuvent être très différentes les unes des autres et qui constituent un tout à la fois organisé, organisant et organisateur » (Morin, n.d.).

[3] La coopération va au-delà du travail ensemble (collaboration), il s'agit d'élaborer ensemble le meilleur système de pilotage des flux.

désignons par LogiSTIC© le paradigme qui traite du couple « virtualité/réalité » d'une chaîne logistique.
L'évolution de l'Intelligence Artificielle (IA), via l'Internet of Object (IoT) et les Blockchain, nous permet aujourd'hui de capter automatiquement tous les signaux sous forme de données liées aux ruptures, défaillances et risques. Grace au Deep Learning, l'IA va apprendre le fonctionnement d'un SLI et ensuite permettre d'obtenir une chaîne logistique performante. C'est là une réelle avancée par rapport aux systèmes experts que nous utilisions aux années 80 ; le principe de déduction (inférence) vient après l'apprentissage profond.

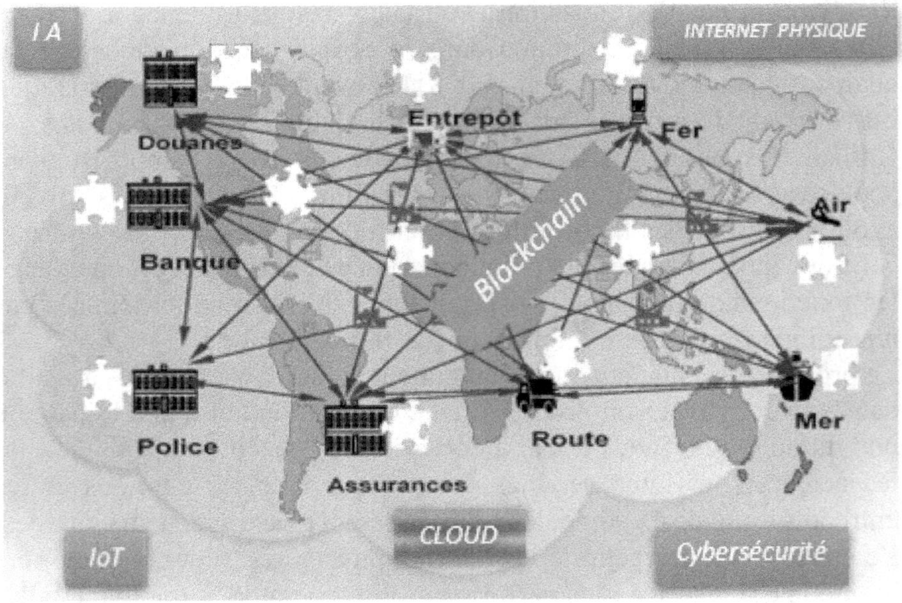

Figure 1: Concepts induits par le SLI ; Source : Benabdelhafid, 2020

Dans nos travaux de recherche, nous avons connu avec l'ère de l'Industrie 2.0 et 3.0 l'importance des nouvelles technologies dans le secteur industriel. La quatrième révolution industrielle (Industrie 4.0) « englobe la numérisation des chaînes de valeur horizontale et verticale, l'innovation des produits et services et la création de nouveaux modèles d'affaires »[4].
Cependant l'Industrie 4.0 n'a pas de sens sans la gestion des flux.
Selon DHL « Pas moins de 95% des entreprises ne tirent pas encore

[4] Industrie 4.0 Pour une entreprise hautement concurrentielle https://www.cgi.com/sites/default/files/white-papers/

suffisamment profit des multiples atouts des nouvelles technologies physiques et analytiques, telles que les analyses Big Data, l'intelligence artificielle, le Blockchain et la robotique. Le potentiel de ces évolutions technologiques reste sous-utilisé dans la chaîne d'approvisionnement des entreprises. »[5]. En tant que chercheurs, nous devons réagir à cet état des choses, pour cela nous proposons le concept SLI résumé par les figures 1 et que nous tentons lors de cet ouvrage d'élucider.
La complexité de ce système ne peut être appréhendée sans une gestion rigoureuse du projet lié à l'implantation du SLI.
Si " la Logistique est l'art de transférer, ensemble, juste-à-temps, la matière et l'information avec le souci permanent de la sécurité des personnes et des biens et la préservation de l'environnement", la LogiSTIC© est son expression numérique et intelligente.
Cette définition suggère 3 principes ; intégration, pluridisciplinarité et virtualité intelligente. Nous nous intéressons à l'intégration des partenaires en vue de recherche des capacités externes. Le système « Intégrateur Logistique » doit être capable d'acheminer des biens de l'usine au client final dans le monde entier, de s'adapter aux cas particuliers, d'assurer tous les services annexes.
L'organisation des flux physiques fait de plus en plus apparaître des types de flux basés sur la notion de famille logistique, et s'appuient largement sur la tension des flux tout en requérant un pilotage élaboré par des informations partagées entre tous les participants de ces réseaux d'entreprise (Système d'Information Étendu ; SIE).
Les interactions, les collaborations et les dynamiques qui découlent de cette intégration caractérisent la complexité d'une chaîne logistique. D'une part, elle est constituée de nombreux composants en interaction dynamique entre eux et avec le monde extérieur, et d'autre part ouvert, c'est-à-dire capable de maintenir ses fonctions malgré les transformations de ses composants (Morin, 1996).
La complexité d'un SLI nécessite un modèle complet, formel, agréé par tous les partenaires et issu de compromis entre les différents paradigmes utilisés classiquement dans le domaine de la logistique.[6]
Pour arriver à ce modèle, on considère l'analyse dirigée par trois axes **(D3)** pour en déduire les contraintes de développement du SLI :

---

[5] https://www.dhl.com/be-fr/home/presse/archives-presse/2018/
[6] Hugues Molet écrit dans « Comment maîtriser sa productivité industrielle ». Presse des Mines, pp.190, 1998 « il apparaît clairement que l'efficacité industrielle ne peut résulter que d'un compromis délicat entre approches formalisées, organisation adéquate, systèmes d'évaluation et organisations sociales cohérentes ».

1- Modélisation du produit par l'ensemble des données techniques qui lui sont liées tout au long de son cycle de vie (**PLM** : Product Lifecycle Management)[7] ; produit intelligent,lien produit/process…
2- Modélisation de la **Communication** entre les différentes composantes de l'entreprise étendue (EE) ; IA, Iot ? Blockchain….
3- Modélisation de l'objectif **organisationnel ;** optimisation spatiotemporelle, gestion de projet **…**

Nous désignons ce modèle par le sigle **D3C** ; trois axes (PLM, Communication et Organisation) pour 3 objectifs (Coûts, Charge et Capacité). Un quatrième axe temporel est nécessaire pour appréhender la complexité du SLI.

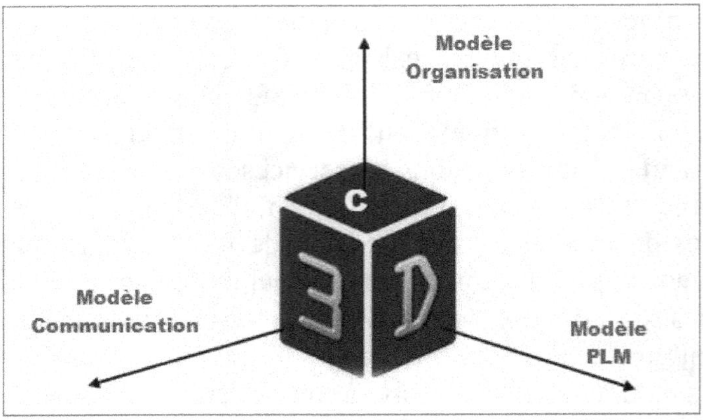

Figure 2: Modélisation de la complexité du SLI ; Source : Benabdelhafid, 2020

[7] Francis Bernard, de Dassault Systèmes définit le PLM comme « la vie complète du produit et de son environnement, en intégrant tous les partenaires en mode collaboratif. » (Bouhaddou, 2015).

PARTIE I Rétrospective

Dans cette première partie nous rappelons un ensemble d'études, de théories et d'outils de modélisation dans les domaines de l'industrie et du transport. Nous éviterons l'approche purement mathématique[8] pour modéliser et optimiser un SLI. Nous défendons l'idée que la structure de la chaîne logistique doit être définie au niveau de la conception des flux qui la traversent (le couple produit/process ainsi que son écosystème) Par exemple la maquette numérique d'un produit (via l'utilisation du concept PLM) pourrait fournir les éléments pour concevoir une chaine logistique optimisée (Bouhaddou, 2015). Un autre exemple concerne l'aménagement du territoire impliqué par les chaînes logistiques qui le traversent (Sassi, 2019). Nous pensons que nous pouvons aujourd'hui éviter les modèles mathématiques compliqués, difficilement applicables. Hugues Molet écrit en 1998 « De nombreux modèles théoriques ont été élaborés et , ., un courant important s'est développé …pour tenter d'appliquer aux systèmes industriels les règles ou algorithmes d'optimisation. .., les résultats concrets directement utilisables restent limités dans la plupart des cas…..De façon générale, le système industriel porte de plus des variables qualitatives … qui ne se laissent pas enfermer facilement dans des équations. » .[9] Nous pensons qu'il faut adopter une démarche, de compromis, entre la programmation mathématique pour les modèles d'optimisation et l'utilisation « ***intelligente*** » des STIC dans la conception du SLI[10]. Ces STIC ont engendré les outils et approches nécessaires pour cette conception. L'objet de cette partie est d'en présenter les plus pertinents pour la gestion des flux ; d'abord dans le domaine manufacturier[11] (chapitre 1), ensuite dans le domaine du transport (Chapitre 2). Le chapitre 3 donne des jalons pour une modélisation des flux en se focalisant sur un outil spécifique le Bond Graph.

---

[8] Cependant nous orienterons le lecteur vers nos publications utilisant des modèles mathématiques pour l'optimisation. On trouvera quelques exemples sur les sites https://www.theses.fr/112148662 et https://www.researchgate.net/search/publication?

[9] Hugues Molet, « Comment maitriser sa productivité industrielle ? », Les presses de l'école des mines, Paris 1998.

[10] L'Intelligence Artificielle doit être elle aussi utilisée dans cet esprit de compromis entre le quantitatif et le qualificatif grâce au bon choix de l'algorithme d'apprentissage (Deep Learning)

[11] Transformation et fabrication des biens en produits consommables, réparation et installation d'équipements industriels, sous-traitance.

Le SLI est, finalement, constitué d'un ensemble de composants dynamiques et interagissant entre eux au sein d'un milieu spécifique (santé, BTP, port, autres industries…).
Nous traitons dans ce chapitre le milieu de l'industrie manufacturière ; « L'industrie manufacturière implique, au sens des statisticiens, une transformation matérielle « significative », mais il n'y a aucun jugement sur l'ampleur de l'investissement : des installations lourdes peuvent relever du secteur tertiaire. »[12].
La maîtrise et le pilotage de toute chaîne logistique nécessite l'utilisation d'outils informatiques tant au niveau de la gestion du flux matériel (marchandise, humains, biens…) qu'immatériel (informations, capitaux, services…). De la conception à la sortie de l'atelier de fabrication, un produit est pris en charge par différents systèmes, la plupart du temps distribués et évoluant dans des milieux hétérogènes. Le partage d'informations pertinentes provenant de ces différentes sources d'information est nécessaire afin :

- d'avoir un meilleur contrôle sur l'ensemble des étapes de fabrication de produits,
- de pouvoir intervenir rapidement,
- d'effectuer des corrections ou encore de procéder à la validation des différentes étapes. Il est donc nécessaire d'avoir un lien entre les différents systèmes prenant en charge la fabrication d'un même produit. En effet, le partage des informations et l'enrichissement de différentes bases de connaissances, offrent un meilleur contrôle et permettent la résolution plus rapide d'éventuels problèmes pouvant intervenir le long des différentes étapes du développement d'un produit. La réactivité de l'entreprise est une priorité pour ceux qui veulent augmenter leurs parts de marché et leurs profits ou simplement survivre. Cette contrainte restera pour longtemps au-devant des préoccupations stratégiques de l'entreprise. Il y a déjà longtemps que l'entreprise ne se place plus elle-même au centre du monde

[12] https://www.insee.fr/fr/metadonnees/definition/c1934

en faisant plier ses fournisseurs et en s'accommodant des exigences de ses clients. Membre d'une chaîne logistique, elle met en œuvre des solutions adaptées aux transactions commerciales interactives et à la maîtrise des principaux flux de matières. L'intégration de ces fonctions peut se faire à l'aide d'outils XAO que nous synthétisons dans la figure I-1. Comme nous l'avons signalé dans la Partie I toutes les tendances STIC aujourd'hui tendent à assembler les morceaux d'un puzzle que représente l'entreprise et par extension l'Entreprise Étendue. Cette figure est finalement un prélude symbolique au concept d'ERP pour PGI (Progiciel de Gestion Intégrée)[13].

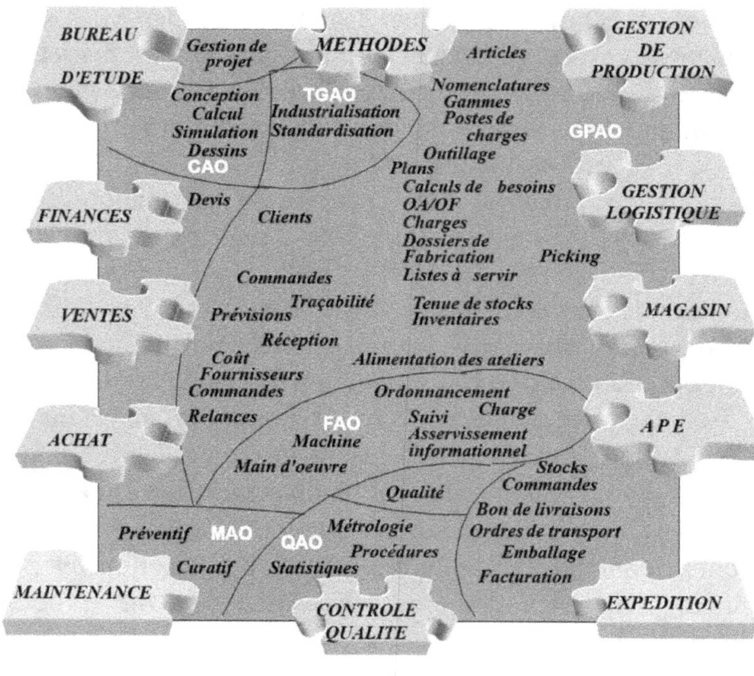

Figure I-1: Fonctions industrielles (X) Assistées par Ordinateur ; Source : (Abdellatif Benabdelhafid, 1998)

Cette figure fait apparaître le modèle d'organisation par fonction c'est à dire par « métier ». Chaque fonction doit être en mesure de dialoguer avec les autres fonctions. Elle met aussi en évidence des domaines où

[13] En effet si vous assemblez les morceaux de cette figure vous avez, à quelques approximations près, une représentation de l'ERP.

sont regroupées les activités élémentaires satisfaisant les finalités de l'entreprise. Ces domaines sont en interaction entre eux et avec l'environnement de l'entreprise. Deux cycles principaux caractérisent le comportement de l'entreprise dans son environnement : le cycle de vie d'un produit et le cycle d'une affaire. Un produit dans son cycle de vie se présente sous cinq états : Besoin fonctionnel ; Besoin spécifié ; Produit fini ; Produit réalisé ; Produit vivant (Abdellatif Benabdelhafid, 1998).

Dans l'approche utilisée au niveau de notre thèse de doctorat (Abdellatif Benabdelhafid, 1986), l'élément fédérateur des diverses fonctions, en ce qui concerne l'élaboration de produit fini, est la nomenclature de production de ce produit. Nous considérions la GPAO comme étant l'Outil qui permet la cohérence des vues du produit. Cependant la gestion de la seule vue production s'est avérée limitative : le bureau d'étude, par exemple, éprouve le besoin de gérer sa propre vue technique du produit, indépendamment de l'organisation physique et évolutive du processus de production.

Trois domaines relatifs aux systèmes d'information cohabitaient jusqu'alors dans l'entreprise, sans pour autant communiquer, ou mal, entre eux : CAO, FAO, GPAO. En effet, les entreprises industrielles confrontées de plus en plus aux lois de la concurrence, sont amenées à mettre en œuvre des outils leur permettant de réduire les cycles de conception, industrialisation, fabrication et commercialisation.

Elles trouvent ainsi, le plus souvent, des solutions dans la mise en place d'outils tels que : la CAO pour les bureaux d'études ; la FAO pour la fabrication ; la GPAO pour la gestion de production et la logistique.

Il manquait une dimension pour servir d'élément fédérateur à ces différents domaines et à d'autres relatifs à la gestion, et permettant également l'augmentation de la réactivité du processus de développement. Cette réactivité permettant de développer plus vite et de réagir plus vite aux évolutions, soit aux demandes externes (marketing), soit aux demandes internes (industrialisation), implique un changement radical dans la façon de travailler et de communiquer les informations au sein de l'entreprise et au sein d'un projet.

- Façon de travailler : Cela signifie qu'il faut travailler en parallèle et non plus en séquence. Le bureau des méthodes en charge de l'industrialisation n'attend pas que le bureau d'études ait fini pour commencer lui-même à travailler.

- Communiquer : Les différents intervenants devront accéder le plus rapidement possible et de la façon la plus sûre aux mêmes informations, donc avec des systèmes d'information qui communiquent entre eux. Ces informations concernent entre autres la conception, la production, la fabrication et la maintenance (dessins, plans, nomenclatures, gammes et plans de fabrication, suivi, expédition, ...).

Le vecteur permettant cette prise en compte le plus en amont possible des mêmes données par les acteurs est le Système de Gestion de Données Techniques (SGDT). Le SGDT permet de mémoriser la totalité des informations définissant un produit depuis les études d'ingénierie, la fabrication (articles, plans, photos, spécifications) jusqu'au Dossier Qualité (Abdellatif Benabdelhafid, 1998).

La nomenclature de définition du produit gérée dans le SGDT est différente de celle gérée dans la GPAO. La première définit le produit du point de vue fonctionnel, la seconde tient compte des contraintes de fabrication et de « logistique » (gestion des déclinaisons liées à la couleur, au conditionnement et à l'extinction). Cette seconde nomenclature évolue dans l'espace et dans le temps.

- Dans l'espace, parce que d'un site de fabrication à un autre, elle peut être différente du fait des impératifs et contraintes des processus de fabrication liés à un site donné.
- Dans le temps, parce que les besoins inhérents à la logistique ne sont pas figés : ils sont fonctions des choix logistiques, d'approvisionnement, de manutention, de stockage ...

On constate donc, que la même nomenclature d'étude peut se décliner en une ou plusieurs nomenclatures de GPAO. Le passage de l'une à l'autre ne peut se faire, en l'état actuel des moyens dont nous disposons, que de manière manuelle sécurisée par l'utilisation de procédures. L'optimisation et l'intérêt du travail en parallèle ou ingénierie simultanée, est de pouvoir de manière systématique et automatique faire communiquer au moins ces deux (voire d'autres) domaines complémentaires, les études et la fabrication. Cette mécanisation nécessite une modélisation prenant en compte les paramètres inhérents à :

- pour le bureau d'études (BE), la définition du produit ; sa codification; le lien avec le plan qui le décrit; l'évolution technique du produit et la gestion de cette évolution technique,

- pour le site de fabrication, son identification ; la définition du produit au sens fabrication; le lien avec la définition au sens bureau d'études; la ou les règles de déclinaisons liées à la couleur, au conditionnement, à l'extinction...

La problématique vise à intégrer les données et les systèmes. Cette intégration permet de créer une synergie dès le lancement du projet, de plus en plus en amont du lancement du produit par le constructeur ; et d'éviter ainsi des déperditions relativement lourdes de conséquences en termes de techniques, d'efficacité, de délais et économiques. Cette intégration permet également de créer la « mémoire de l'entreprise » d'une part, et un « catalogue de produits étagères » permettant de réagir et répondre rapidement aux besoins. C'est un exemple de réutilisabilité dans l'approche Objet. ; La mise en place d'une telle intégration, s'accompagne, voire est précédée, par la normalisation d'un certain nombre de concepts et règles qui régissent les métiers de l'entreprise et les produits qu'elle fabrique. La modélisation a conduit à la normalisation relative aux champs suivants :

- Codification des produits (règles et structure) ;
- Gestion des indices de modification au BE et leur répercussion en GPAO ;
- Codification et structuration (classification) des familles de définition des produits ;
- Codification et structuration (classification) des familles d'achats de produits ;
- Règles de déclinaison des produits par la couleur, le conditionnement, la symétrie… ;
- Structuration des nomenclatures au BE et les règles de leur enrichissement au bureau des méthodes (BM) pour que ces dernières soient exploitées par le processus de fabrication ;
- Règles de gestion des nomenclatures dans le cas d'une concurrence entre plusieurs sites de fabrication.

La grande difficulté réside dans la normalisation de la structure des nomenclatures de bureau d'études (pour la définition du produit) et de leur passage en GPAO (pour les besoins de la fabrication et de la logistique). Le système d'information qui gère ces objets et leurs relations tient compte des différents environnements. Cette gestion se fait au travers de plusieurs classes d'objets :

- le produit,
- la famille du produit (méta-classe de la classe produit),

- le métier auquel le produit est rattaché,
- le fabricant du produit,
- le(s) document(s) associé(s) (plans, dossiers techniques, cahiers des charges).

Le vecteur de cette normalisation concerne la codification des produits : celle-ci étant présente dans toutes les fonctions industrielles, financières et comptables. Elle constitue le langage commun et le lien entre les différentes composantes du S.I.E. (Système d'Information Étendu). C'est la raison pour laquelle nous avons apporté un soin particulier à la normalisation de la codification dans la conception du S.I.E. Un exemple concernant la construction automobile est donné dans (Abdelhafid & Reppert, 1995).

Dans (Abdellatif Benabdelhafid & Reppert, 1994) nous nous intéressons aux firmes sous-traitantes, constituant chacune un nœud de ce réseau, et s'intégrant ainsi dans une Organisation Productive Éclatée (OPE). Ces firmes n'envisagent plus, dans ce contexte, de gérer leur production sans l'aide d'un outil informatique conçu dans le cadre d'un SIE. Pour communiquer avec leurs partenaires, elles peuvent compter sur les évolutions des technologies de réseau, d'Internet et du Web. Ces évolutions aspirent à satisfaire les exigences de l'Homo communicant, qui a horreur d'attendre, qui n'admet pas de régresser en qualité et qui veut profiter des baisses de coût permises par le progrès (Abdellatif Benabdelhafid, 1998).

Le dilemme reste cependant inchangé pour une firme manufacturière constituant un nœud de l'entreprise-réseau ; comment assurer l'écoulement correct des flux de fabrication, vérifier la disponibilité prévisionnelle des composants avant lancement, ordonnancer les opérations sur les ressources, contrôler l'avancement des travaux et dégager la voie devant les commandes prioritaires ou susceptibles de se trouver en retard. La résolution de ce problème ne se résume pas à l'acquisition d'un logiciel. Au préalable, une réflexion sur le Système de l'entreprise dans sa globalité doit être menée :

Quel Système Physique (SP) ? Mais aussi, quel système de Décision (SD) et quel Système d'Information (SI) ? Ces questions reprennent la structuration, très connue, désignée par le modèle OID : Opérant-Information-Décisionnel (cf. figure I.9). Une réponse à ces questions est donnée dans (Abdellatif Benabdelhafid, 1998). Nous verrons plus loin pourquoi le paradigme SLI présenté dans l' « Introduction générale » est pertinent et plus efficient.

L'entreprise industrielle se définit aujourd'hui comme l'assemblage des pièces d'un puzzle informatique complexe. L'assemblage des différents morceaux du puzzle est notamment facilité grâce au développement des méthodes et outils de conception et de traitement de l'information. Chaque fonction doit être en mesure de dialoguer avec les autres fonctions. Ces domaines sont en interaction entre eux et avec l'environnement de l'entreprise. L'approche " productique ", basée sur la production intégrée par ordinateur, s'est donc déplacée en fonction de l'évolution très rapide des systèmes industriels vers une approche plus globale des activités de management et des activités techniques nécessaires pour assurer à un système des performances aux meilleurs coûts et délais *tout au long du cycle de vie d'un produit.* C'est l'approche logistique qui consiste à synchroniser les flux physiques et les flux informationnels (Abdellatif Benabdelhafid, 1998). Plus précisément, l'interface entre le plancher de l'usine et la salle du conseil d'administration (au sens schématisé) est un défi unique.

Il y a encore peu de temps[14], la plupart des sociétés dans le monde avaient recours à des rapports périodiques sur papier d'un domaine à l'autre. C'est la porte ouverte aux erreurs et aux retards, interdisant aux sociétés de prendre des décisions au jour le jour. Dans un environnement incroyablement compétitif, ce niveau de communication n'induit pas seulement à des pertes de temps et d'argent, il influe directement sur la capacité de développement ou de maintien des parts de marché de l'entreprise.

Dans un monde de plus en plus compétitif, l'intégration et l'automatisation de l'entreprise sont devenues plus une obligation qu'un choix. Cette intégration permet de contrôler les processus industriels, de réagir en « temps réel » aux sollicitations de l'environnement et d'élaborer des raisonnements évolués afin d'y répondre.

Le système de planification a besoin d'être alimenté par des informations précises et fiables concernant le fonctionnement des systèmes de production. La mise en place des ERP (Entreprise Ressource Planning) a accentué ce besoin. Ce « rebouclage » par des informations issues du terrain est nécessaire pour affiner et/ou corriger les données de référence utilisées, en prenant en compte l'observation du fonctionnement réel du procédé : temps de cycles, taux de marche,

[14] Une grande inégalité entre les pays développés et les autres demeure malgré tous les progrès technologiques. On trouve encore dans beaucoup de PME et TPME de pays africains par exemple l'utilisation du papier propice à l'informel.

cadences, rendements, dysfonctionnements et pannes. L'objectif de ce mémoire est de proposer un modèle d'intégration de la supervision et le système de planification dans le cas de l'entreprise manufacturière via le paradigme MES (Manufacturing Execution System). Cette intégration projette de fournir des solutions flexibles et modulaires permettant d'intégrer les services de contrôle de production aux systèmes administratifs. Elle doit gérer l'ensemble du processus d'acheminement de l'information, de son acquisition à sa remontée vers le système de gestion en passant par son stockage et son traitement en temps réel ou différé, garantissant un accès facile aux données de production à tous les niveaux.

Nous présentons dans ce qui suit :

1. La problématique d'intégration de la supervision et le système de planification dans le secteur manufacturier.
2. Quelques méthodes de modélisation des informations échangées entre le système de planification et le système de supervision de l'entreprise manufacturière.

1.1 L'intégration de la supervision dans la chaîne logistique : cas de l'entreprise manufacturière

Dans une économie qui se mondialise, où la concurrence s'accroît, où les entreprises cherchent à offrir davantage de services aux clients, l'information est de plus en plus une variable stratégique essentielle. Ainsi, l'information est nécessaire au sein des entreprises, pour décider, agir, apprendre, comprendre, prévoir, contrôler, etc. L'évolution des structures des entreprises (du fait des délocalisations, externalisations, fusions, développements de partenariats, etc.) caractérise l'actuelle économie. L'entreprise, quelle qu'elle soit, doit être capable de communiquer avec des entités géographiquement dispersées, de raccourcir le cycle de ses processus, de réagir très vite, d'être souple et flexible. Durant ces dernières années, il y a eu une migration de la production en série et des chaînes d'approvisionnements fixes à un nouveau modèle de conception de produits, de technologie distribuée, de chaînes d'approvisionnements flexibles et de solutions adaptées aux besoins du client basées sur la demande du consommateur. La clef de la réalisation de la flexibilité et de l'efficacité est l'information : « *accès facile à la bonne information de la bonne personne au bon moment* ». Pour pouvoir saisir et fournir la bonne information, les fabricants modernes consomment des produits de technologie de l'information à

un taux toujours croissant. Chacun de ces produits améliore la capture, l'acheminement et la livraison de l'information, ce qui permet à quelques activités de l'entreprise de fonctionner plus efficacement. C'est pourquoi les entreprises cherchent à développer leurs capacités de communication interne pour fournir aux différents acteurs les moyens d'agir et de réagir. Pour assurer les gains en performance, les entreprises tentent aujourd'hui l'intégration de l'ensemble des intervenants (fournisseurs aux clients). La communication externe (B to B pour Business to Business) avec les entreprises partenaires a pour objet de créer des réseaux d'échanges d'information pour optimiser la gestion de la chaîne logistique (Supply Chain Management ou SCM). La gestion de la relation client (Customer Relationship Management ou CRM) qui assure le suivi du contact avec le client final et de l'après-vente relève également d'une stratégie orientée vers le marché (Business to Consumer ou BtoC).
Nous présenterons d'abord la chaîne logistique qui forme l'environnement des entreprises manufacturières, ensuite la problématique de modélisation de l'intégration dans l'entreprise manufacturière. Nous listerons quelques travaux dans ce domaine.

1.1.1 Notion de la chaîne logistique

La « chaîne logistique » ne se contente pas d'une seule définition. Le lecteur trouvera facilement pléthore de définitions dans la littérature. Nous rappelons ici quelques-unes [15]:

- l'ensemble des entreprises qui interviennent dans le processus de fabrication, de distribution, et de vente du produit, du premier des fournisseurs au client ultime. Cette notion de chaîne logistique est ainsi très étendue et très complexe car les fournisseurs ont eux-mêmes leurs propres fournisseurs et les clients sont souvent fournisseurs d'autres clients,
- l'ensemble des processus logistiques de l'acquisition de la matière première jusqu'à la distribution des produits finis aux clients ultimes ; ce qui suppose plusieurs acteurs,
- un réseau d'installations qui assure les fonctions d'approvisionnement de matières premières, de transformation de ces matières en produits intermédiaires et

[15] Une grande partie de nos cours est consacrée à la définition du concept « logistique », https://d1n7iqsz6ob2ad.cloudfront.net/document/pdf/533ea40d87b05.pdf

en produits finis, et de distribution des produits finis aux clients.

Pour résumer, nous dirons que la chaîne logistique est un système constitué d'entités œuvrant ensemble pour une gestion du flux physique circulant à l'intérieur et à l'extérieur de ce système. Ce flux correspond à plusieurs processus[16].

Pendant très longtemps, on se limitait à deux processus distincts comme constituants de la chaîne logistique :

- Le processus de planification de la production et de gestion des stocks : la planification de la production désigne la gestion du processus de production (planification de la matière première, planification du processus de transformation et de manutention des matières). La gestion du stock désigne la gestion des politiques de stockage et des procédures de stock de matières premières, des en-cours et des produits finis ;
- Le processus de distribution : ce processus désigne la manière dont les produits sont acheminés des stocks de produits finis vers les clients, acheminement fait soit directement, soit à travers les centres de distribution.

Cette vision est aujourd'hui dépassée. La chaine logistique, considérée comme système, est constituée de plus de processus tenant compte du transport, de l'environnement, de la durabilité…

Ces processus interagissent pour constituer la chaîne logistique intégrée. La Figure I-3 donne un exemple de schématisation d'une chaîne logistique. Nous traitons en Parti II des modèles plus complets de la chaîne logistique.

[16] Le terme Supply Chain est certainement plus précis dans ce cas.

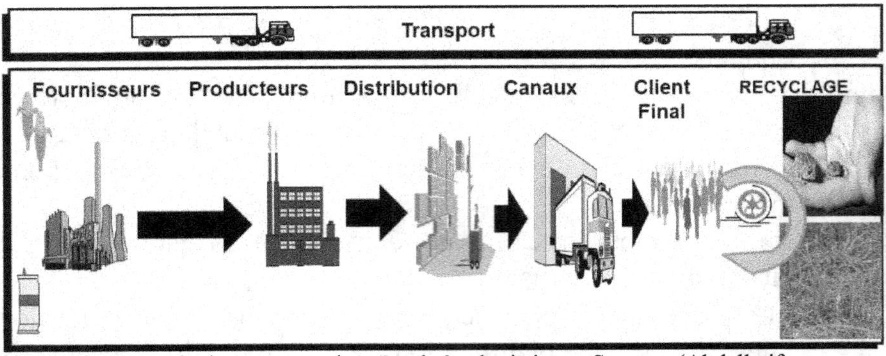

Figure I-3: Exemple de processus dans La chaîne logistique ; Source : (Abdellatif Benabdelhafid, 1998)

1.1.2 Les flux de matière et d'information dans la chaîne logistique

Certains auteurs définissent la chaîne logistique comme un ensemble de fournisseurs, producteurs, distributeurs, et de clients où les flux de matières circulent des fournisseurs aux clients et les flux d'informations circulent dans les deux sens. Deux principaux types de flux sont mis en évidence dans une chaîne logistique : les flux physiques (flux de matière) et les flux d'information.

Aujourd'hui, le flux d'information et le flux de matière ne suivent plus une forme linéaire depuis le fournisseur jusqu'au client. Avec l'évolution des nouvelles technologies d'information, le flux d'information ressemble plutôt à un échange simultané et ce grâce à des échanges électroniques entre l'ensemble des partenaires]

Les entreprises appartenant à une même chaîne logistique sont reliées par des flux de produits et des flux d'informations :

- Le flux de produits correspond au flux de matières entre les entreprises. Ce flux peut être bidirectionnel : il circule évidemment du fournisseur vers le client, mais il peut aussi, dans le cas d'une relation de sous-traitance, circuler du donneur d'ordre vers le sous-traitant ;
- Le flux d'informations contient toutes les données utiles dans le cadre des relations client/fournisseur. Il peut être partitionné en un flux de données et un flux de décisions.

1.1.3 Gestion et optimisation de la chaîne logistique

Pour optimiser leur fonctionnement, les entreprises impliquées dans une ou plusieurs chaînes logistiques doivent se coordonner dans le but de gérer globalement la production le long de chaque chaîne logistique en fonction de critères qui leur sont propres. La gestion d'une chaîne logistique (ou Supply Chain Management) comme étant un ensemble d'approches utilisées pour intégrer efficacement les fournisseurs, les producteurs, les distributeurs, de manière que la marchandise soit produite et distribuée à la bonne quantité, au bon endroit et au bon moment dans le but de minimiser les coûts et d'assurer le niveau de service requis par le client.

Le SCM est considéré par les praticiens, les consultants et les académiciens comme le chemin conduisant à l'Entreprise Étendue (Abdelhafid & Reppert, 1995). Nous traitons plus longuement ce concept en Partie II de cet ouvrage. L'avantage de l'entreprise étendue résulte de l'aptitude à exploiter rapidement non seulement les ressources internes d'une entreprise mais les ressources collectives de l'ensemble du réseau allant du fournisseur du fournisseur au client du client. Ainsi la complexité des produits d'aujourd'hui nécessite une gamme plus large de ressources, d'habiletés et de technologies qu'une entreprise seule ne peut posséder.

Le système de production est un maillon essentiel d'une « Entreprise Étendue », pas seulement parce qu'il génère une part importante de la valeur ajoutée, mais surtout parce qu'il se trouve sur le chemin critique des processus fondamentaux d'activité de la chaîne logistique. Ce découplage des fonctions de production impose un pilotage efficace sur le plan tactique (traitement des ordres de production) et sur le plan stratégique (amélioration et mise sur le marché de nouveaux produits).

1.1.4 **L'entreprise manufacturière** (Benabdelhafid, 2001; M. Benaissa, 2006)

Par définition, « une entreprise correspond à la plus petite combinaison d'unités légales qui constitue une unité organisationnelle de production de biens et de services jouissant d'une certaine autonomie de décision, notamment pour l'affectation de ses ressources courantes. Une entreprise exerce une ou plusieurs activités dans un ou plusieurs lieux. Une entreprise peut correspondre à une seule unité légale ». [17]

La fonction principale des entreprises manufacturière est la production ; Giard (Giard, 2003) définit la production comme étant « *une*

[17] https://www.schoolmouv.fr/definitions/entreprise/definition

transformation de ressources appartenant à un système productif et conduisant à la création de biens et de services ».
La production d'un bien s'effectue par une succession d'opérations consommant des ressources et transformant les caractéristiques morphologiques ou spatiales de « matières ». Un élément fondamental de la production est la notion de *flux* entre les différentes ressources. Un flux correspond à une circulation d'entités physiques ou informationnelles au travers d'un processus, caractérisé par un débit. En production, on pourra donc distinguer essentiellement deux types de flux : Les *flux de matières* et les *flux d'informations*.[18]

1.1.5 Typologie de la production

1.1.5.1 Structure du produit

Les systèmes de production peuvent avoir plusieurs structures selon le produit et le flux de sa production, on distingue la structure[19].
Convergente : c'est le cas des produits réalisés à partir de l'assemblage de composants. Cette structure « structure en A » est caractérisée par une arborescence présentant plusieurs niveaux qui correspondent à des sous-ensembles du produit final.
Divergente ou **« *structure* en V » *:*** cette structure est celle des produits réalisés à partir de la transformation d'une matière première unique : pétrole, lait, acier, etc...
Parallèle : les produits sont réalisés à partir de quelques matières premières faiblement transformées : industries de l'emballage, du pneumatique, ...
À points de regroupement *ou* « structure en T »*:* cette structure dérivée de la structure convergente, est typique des produits réalisés à partir de l'assemblage de composants soit spécifiques (structure convergente) soit standards (points de regroupement) : cas de l'industrie automobile, où un même moteur peut être implanté dans plusieurs véhicules différents. Une structure en T cherche à rapprocher la production de masse et la personnalisation des produits. Il s'agit en fait d'un produit de conception modulaire destiné à permettre la réalisation de produits sur mesure en combinant de différentes façons des sous-

---

[18] Nous n'oublions pas le flux financier qu'il faudrait synchroniser avec les deux autres flux. Aujourd'hui ce flux est devenu de plus en plus immatériel. Pour cela, on peut considérer qu'une chaîne logistique contient de types de flux, matériel et immatériel.
[19] Cette typologie peut être complétée par celle initiée par le CEGOS et notée VATIXO, https://www.cegos.fr/

ensembles dont certains sont standardisés. Une telle conception conduit ainsi à définir un produit complexe au moyen d'une nomenclature arborescente à plusieurs niveaux, chaque niveau correspondant à un stade de la décomposition.

1.1.5.2 Modes de production

Les entreprises Manufacturières qui réalisent des produits implantent et organisent leurs ressources de production en fonction non seulement de la structure du produit, mais aussi du volume de production. On peut ainsi établir une classification des modes de production :

Production unitaire ou par projet : le produit est généralement complexe, nécessite la coordination de plusieurs ressources devant intervenir simultanément ou séquentiellement afin de livrer au moment convenu. C'est le cas des grands projets industriels ou civils comme la réalisation d'un navire, de l'organisation d'une manifestation sportive internationale, ...

Production continue : elle correspond aux produits qui subissent des transformations en continu, par le biais d'opérations parfaitement synchronisées au niveau de leur temps opératoire : aciéries, cimenteries, stations d'épuration, raffineries sont des exemples de processus qui correspondent à cette typologie. Les équipements de production sont dédiés et d'un niveau d'automatisation très élevé.

Production de masse : caractéristique des produits à structure en V, réalisés par fabrication et/ou assemblage en très grande quantité, mais avec très peu de variantes. Les ressources de production (hommes et machines) sont donc fortement spécialisées et dédiées à des tâches précises. Le niveau d'automatisation est en général élevé.

Production en petites à moyennes séries, répétitives ou non *:* c'est le cas des produits à structure en T, « personnalisables » en fonction des besoins du client : produits de base avec possibilité d'options ou variantes. Les ressources de production sont très polyvalentes, flexibles, capables de passer rapidement d'une production à une autre. Le niveau d'automatisation est généralement faible ou nul.

1.1.5.3 Circulation des produits dans l'atelier

Cette typologie est très liée au critère précédent. On distingue 2 à 3 grandes classes : Circulation en Job Shop et en Flow Shop.

Circulation des produits en Job Shop : C'est le cas d'un atelier général, destiné à fabriquer une grande variété de pièces. Les produits circulent de machines en machines suivant un routage correspondant à leur gamme de fabrication.

Circulation des produits en Flow Shop : tous les articles suivent le même cheminement. C'est le cas des lignes transferts dédiées où les articles passent systématiquement par chaque poste de travail implanté sur la ligne, et toujours dans le même ordre. Cependant, les chercheurs ont décomposé cette classe en plusieurs sous-classes parmi lesquelles on trouve : les circulations de type « *pur flow shop* », où tous les temps opératoires sont positifs, les circulations de type « *flow shop généralisé* » où certains temps opératoires peuvent être nuls (la pièce ne devant pas subir une opération sur une machine particulière), et enfin les circulations de type « *flow shop de permutation* » dans lesquelles la séquence des pièces est la même sur toutes les machines (pas de dépassement autorisé).

1.1.5.4 Relation avec le client

Cette typologie distingue deux catégories de relation avec le client (Giard, 2003; M. Benaissa, 2006): Production sur stock, production sur commande et mixte.

Production sur Stock : Une production sur stock est déclenchée par anticipation d'une demande s'exerçant sur un produit dont les caractéristiques sont définies par le fabriquant. Ce type de production s'applique dans les cas suivants :

- l'éventail des produits finis est restreint,
- la demande des produits est prévisible,
- le délai de fabrication est supérieur au délai admissible par le client,
- la saisonnalité du produit est trop forte pour justifier le maintien de ressources en hommes et en machines qui seraient excédentaires une bonne partie de l'année.

Production sur commande : Cette situation semble être la plus favorable à l'entreprise car elle lui permet de produire uniquement sur commande, mais à condition que le délai du cycle (achat + fabrication + assemblage + livraison) soit inférieur ou égal au délai acceptable par le client. Dans certains cas où le délai de fabrication est trop long, il est possible d'anticiper l'achat et la fabrication des composants, et de procéder à l'assemblage dès que l'on a une commande ferme. On parle alors de Production Mixte, le principal inconvénient de la production sur commande ou mixte étant l'obligation d'avoir un système de production présentant le minimum d'aléas pour ne pas perturber les délais. La maintenance préventive et prédictive doit donc jouer un rôle très important.

1.1.5.5 Pilotage des flux de production (M. Benaissa, 2006)

Les principaux objectifs d'amélioration de l'Entreprise Manufacturière sont :

- La simplification des *flux physiques* (composants achetés, fabriqués, pièces de rechange, sous-ensembles, produits finis, etc....) par l'amélioration de l'implantation des équipements. Plusieurs méthodes ont été développées pour répondre à cet objectif : Technologie de Groupe (TG), méthode des chaînons, algorithme d'optimisation d'implantation, etc.... ;
- L'accélération des *flux physiques* en évitant les pannes, en diminuant les temps de changement de série, en améliorant la qualité, en développant la polyvalence des opérateurs, etc... La maintenance préventive et prédictive, le SMED (Single Minute Exchange of Die), la TPM (Total Productive Maintenance), le SPC (Statistical Process Control), sont des méthodes de plus en plus mises en œuvre dans les entreprises ;
- Rendre les *flux informationnels* plus cohérents et de faciliter la communication et l'échange de données. C'est ce dernier objectif qui présente le plus de difficultés pour les entreprises, compte tenu de la quantité, de la diversité et de la difficulté à fiabiliser des informations, mais aussi à cause de l'éclatement des données dans l'ensemble des services. La Gestion des Données Techniques (GDT), l'Echange de Données Informatisées (EDI), la norme STEP (Standards for the Exchange of Product data), etc.... répondent, tant bien que mal, aux interrogations des industriels dans ce domaine.

On distingue différents modes de pilotage des flux de production, eux-mêmes conditionnés par les flux d'informations qui contrôlent la production.

Pilotage centralisé : Ce mode de pilotage s'applique aussi bien à la production de masse qu'à la petite série, chaque fois que des produits définis et planifiables existent. Le pilotage est réalisé à partir d'un programme directeur de production (PDP) sur un horizon de planification de plusieurs semaines à plusieurs mois. Ce type de pilotage s'est particulièrement développé avec la création du MRP (Material Requirements Planning ou calcul des besoins nets) puis du MRP2 (Manufacturing Ressource Planning ou Management des Ressources de Production) ensuite ERP (Enterprise Ressourse Planning). Le flux d'informations est déconnecté du flux de produits par sa centralisation.

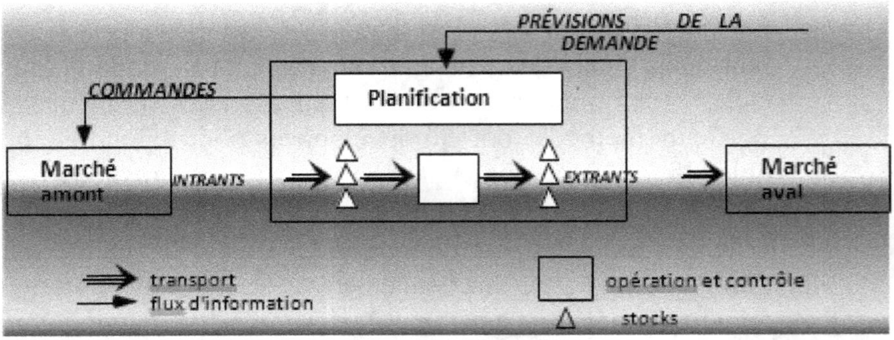

Figure I-4: Pilotage centralisé ; Source : (M. Benaissa, 2006)

Pilotage par l'aval et décentralisé : C'est le mode de pilotage développé par l'industrie japonaise au début des années 60 et dénommé « Kanban », du nom des étiquettes servant d'ordres de fabrication. Il est adapté aux productions en séries répétitives avec une demande régulière. C'est essentiellement un système de pilotage de l'atelier, ce qui fait qu'il se trouve souvent couplé avec un système centralisé de type MRP. Le flux de produits est tiré par l'aval (le client), ce qui correspond à un flux d'informations remontant à contrecourant le flux physique.

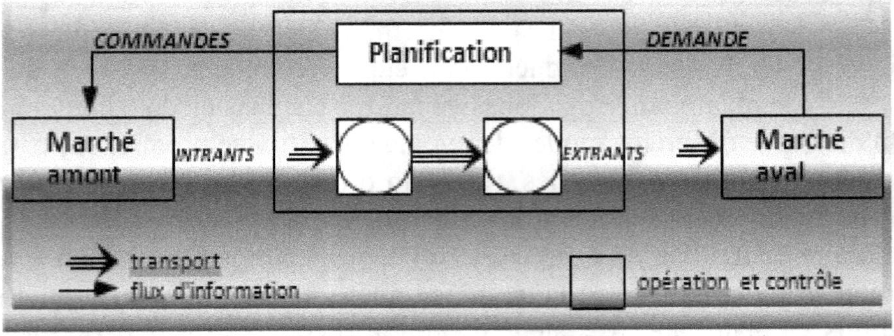

Figure I-5: Pilotage décentralisé ; Source : (M. Benaissa, 2006)

Pilotage par l'amont et décentralisé : Le flux de produit est dans ce cas poussé par l'amont. Ce pilotage est bien adapté à la fabrication sur commande de produits non planifiables, par petites séries non nécessairement répétitives.
Pilotage synchronisé entre flux physique et flux informationnel : Ce pilotage est particulièrement adapté aux processus dont le transfert de produit est automatisé (système de convoyage, chariots filoguidés, etc....). On peut ainsi associer à chaque produit toutes les informations nécessaires à son élaboration (par exemple à partir d'étiquettes électroniques).
Pilotage par les contraintes ou méthode OPT[20] : OPT s'adresse, à priori, à des entreprises déjà partiellement informatisées qui utilisent un logiciel de type MRP. Néanmoins les neuf règles de bon sens qui constituent son principe sont applicables par n'importe quelle entreprise, sans avoir nécessairement recours à l'informatique. Sa caractéristique est de prendre pour postulat l'existence d'une contrainte, un « goulet d'étranglement », quelque part sur la ligne de production : manque de personnel, machine inadaptée, etc....
Cette méthode est aussi désignée comme la *Théorie des Contraintes* ou *Management Par les Contraintes* (TOC ou MPC).

1.2 La problématique de la modélisation dans l'entreprise manufacturière

La modélisation de l'entreprise ne date pas d'aujourd'hui. Elle est née avec le début du monde des affaires. Plusieurs approches, architectures et outils, sont avancées pour appuyer cette discipline. Plusieurs paradigmes couvrent les mêmes secteurs et d'autres sont complémentaires. L'objectif majeur de la modélisation est d'inciter les personnes à comprendre, communiquer, développer et exécuter des outils d'aide à la décision tant aux niveaux stratégiques qu'au niveau opérationnel.
Comme pour tous les systèmes, la modélisation des données et des processus d'une chaîne logistique est primordiale dans toute démarche d'analyse. C'est un outil indispensable non seulement pour capitaliser la connaissance de la chaîne logistique et l'appréhender sous ses différents aspects, qu'ils soient structurels, fonctionnels,

[20] Le célèbre livre d'Eliyahu M. Goldratt « Le but - Un processus de progrès permanent » reste la référence pour cette méthode.

comportementaux, informationnels, organisationnels ou autres mais aussi de prévoir son évolution au cours du temps. Diverses notations, méthodes[21], méthodologies[22] et architectures de référence[23] ont été adaptées ou développées pour décrire les différents aspects de la chaîne logistique.

Ces aspects peuvent être regroupés en trois catégories :

- L'aspect processus ou fonctionnel ;
- L'aspect humain/organisationnel ;
- L'aspect informationnel.

La modélisation d'un système est une traduction d'une abstraction d'une partie du monde réel perçu en général au travers d'états complexes et variables, en une représentation plus au moins abstraite destinée à fournir un support pratique d'analyse. Cette représentation, est exprimée dans un langage formel (ayant une syntaxe et une sémantique bien définies), semi-formel (notation graphique normalisée) ou informel (description en langage naturel).

Selon Vernadat (1999) « La modélisation en entreprise est une discipline encore jeune qui consiste à décrire l'organisation, les processus et les activités d'une entreprise soit dans le but de simuler ces processus pour comparer divers scénarii, soit dans le but de les analyser et de les restructurer pour améliorer la performance de l'entreprise. Dans tous les cas, on cherche à comprendre le fonctionnement de l'entreprise soit pour aider à la prise de décision, soit pour améliorer son fonctionnement ».

Les secteurs des activités des entreprises manufacturières diffèrent. Un modèle d'entreprise fait pour des industries de pétrole ou de gaz diffère beaucoup, soit en contenu ou en forme, des modèles faits pour des industries d'automobiles ou d'alimentations. Cependant, beaucoup d'aspects et structures communes peuvent être trouvés entre plusieurs secteurs et plusieurs approches.

Dans l'histoire du développement de cette discipline, plusieurs paradigmes sont proposés :

---

[21] Une méthode est une technique caractérisée par un ensemble de règles bien définies qui conduisent, pour le problème, à une résolution correcte.

[22] Une méthodologie est composée d'une méthode de modélisation et de modèles qui s'appuient sur des outils de représentation.

[23] Une architecture de référence a été définie pour le domaine de la modélisation en entreprise. Il s'agit de fournir un cadre général et des points de repère indiquant les aspects à prendre en compte, les relations existantes entre ces aspects et terminologie admise dans le domaine.

CIM (Computer Integrated Manufacturing), JIT (« Just In Time »), Technologie concourante, Technologie en réseaux et Enterprise Integration (EI), etc.
Plusieurs méthodologies de modélisation sont proposées, nous en donnerons une synthèse dans le § 1.3. Avant cela, nous présenterons quelques idées sur la modélisation et sa problématique dans l'entreprise manufacturière.

1.2.1 Modélisation de l'entreprise

Le terme modèle est polysémique et peut donc être interprété de différentes manières. Pour un architecte, le modèle d'une maison pourrait être un patron construit de papier, pour un artiste une personne qui pose pour une photo, pour un directeur commercial un modèle automatisé d'un processus d'affaire…etc.
La modélisation de l'entreprise offre de plus en plus des moyens pour l'amélioration de la performance de l'entreprise. L'idée de créer un cadre de modélisation d'entreprise est établie sur la philosophie qu'un modèle d'entreprise peut être créé dans un cadre indépendant du secteur manufacturier.
La modélisation de l'entreprise doit évoluer afin de répondre à:

- La complexité accrue des marchés ;
- Plus d'utilisation de technologie de l'information et de communication ;
- Globalisation et produits adaptés aux besoins du client.

Il est devenu de plus en plus difficile de gérer toutes les informations requises pour contrôler la production. Le cycle de vie d'un produit se raccourcit pour répondre à un besoin de délai d'obtention plus court. Le travail doit être effectué dans un temps plus court. L'information doit être disponible tout au long du cycle de vie du produit et être conforme et valide. L'entreprise doit prendre en compte les informations issues de ses clients.
En raison de la pression croissante des gouvernements et la législation pour la protection de l'environnement, les entreprises sont dans l'obligation de fabriquer des produits à moindre pollution. L'industrie se rend plus compte de sa responsabilité vis-à-vis de l'environnement, ainsi que son rôle de le préserver par des produits et des processus plus propres en employant des matériaux recyclables.
Ces différents changements présentent un point commun, à savoir la nécessité d'avoir l'information et l'amélioration de son traitement.

1.2.2 Problématique de l'intégration dans l'industrie manufacturière

Pour toute gestion de structure productive de bien ou de service ; nous sommes confronté à la problématique illustrée par la figure I-5 : « il y a ceux qui planent dans le sens de planification et ceux qui rament dans le sens de ramification ».

Les « données » (data) restent la solution pour cette problématique et les STIC fournissent aujourd'hui le support de leur gestion.

Un modèle d'entreprise est toujours associé à une finalité et il doit, suivant les besoins, être capable de prendre en compte les aspects structurels, fonctionnels et comportementaux.

De par la nature de la chaîne logistique, considérée comme une succession d'activités couvertes par différentes fonctions d'une seule ou plusieurs organisations indépendantes la recherche de solutions et de performances dans une vision globale de la chaîne conduit à regrouper les diverses fonctions ayant des interactions directes ou indirectes dans un ensemble unique afin de traiter cet ensemble au lieu de traiter séparément chaque fonction (Abdellatif Benabdelhafid, 1998). Dans ce cas, il ne s'agit plus d'aborder la gestion des différentes fonctions de la chaîne logistique de manière séparée, mais d'adopter un nouveau mode de gestion qui traverse les frontières de chaque fonction pour tenir compte de leurs interactions et leurs liens.

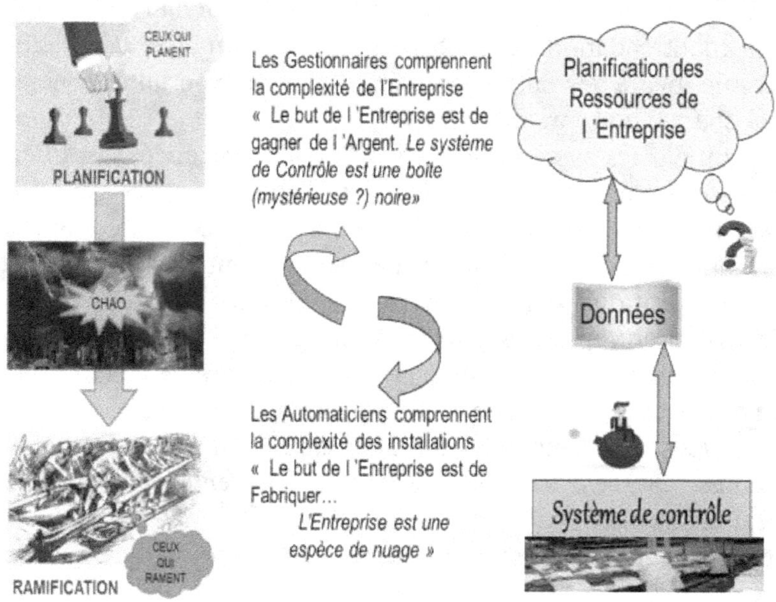

Figure I-6: Différences de points de vue entre les niveaux de planification ; Source : (Abdellatif Benabdelhafid, 2001)

Ce concept d'intégration de la chaîne permet ainsi particulièrement de décrire toutes les fonctions selon un tout cohérent et unifiant où chaque fonction, doit être vue dans la totalité de la chaîne et représentée selon sa finalité. Ce qui apporte une lisibilité en terme d'analyse des interactions et donne une vision globale plus claire permettant de recourir au bon moment (quand une demande existe ou est anticipée) aux bonnes ressources pour concevoir, fabriquer et livrer le bon produit au bon endroit dans les bons délais et au meilleur coût et prix Nous consacrons le dernier chapitre de cet ouvrage à l'intégration selon le paradigme LogiSTIC© mentionné dans l'« introduction générale ».

La mondialisation reste une précondition de l'intégration (Vernadat, 1999). Cette intégration existe à plusieurs niveaux : au niveau des différents flux transitant dans la chaîne logistique, au niveau des processus et des activités, au niveau des technologies et des systèmes mis en œuvre et enfin au niveau des acteurs. Toutefois, l'intégration des flux est la couche prioritaire puisque le succès ou l'échec d'une chaîne logistique est déterminé par sa capacité à permettre à l'offre de répondre de manière efficace et efficiente à la demande.

Cette intégration s'étend à l'ensemble des partenaires d'une chaîne comme montré dans la Figure I- 4. Elle est amenée à concilier une autonomie locale des entités coopérant avec une certaine cohérence au sein de chaque entreprise.
En passant par les systèmes qui reçoivent les exigences des clients aux systèmes qui soutiennent l'entretien des produits après-vente, chaque amélioration réclamera de nouveaux canaux d'écoulement de l'information et l'échange d'information est de plus en plus complexe.
Ce qui est critique dans l'échange de données entre les différents systèmes de l'entreprise est l'interprétation correcte des flux de données par les systèmes de réception, et les opérateurs qui l'emploient. La survie d'une entreprise nécessite de plus en plus une appréhension des données. Ces dernières essentielles pour l'entreprise, proviennent de différentes sources hétérogènes (bases ou entrepôts de données, applications, système d'exploitation). Aussi, les entreprises doivent les unifier, tant au niveau syntaxique (format) que sémantique pour faciliter leur gestion.
L'unification au niveau syntaxique garantit la faisabilité de l'échange de données entre les différentes fonctions de l'entreprise. En effet, il est nécessaire au sein de chaque fonction de connaître les données manipulées. L'unification sémantique permet la bonne utilisation de ces données au sein de chaque fonction. L'unification des données a donc pour objectif de construire et de fournir l'ensemble des informations nécessaires aux différents acteurs de l'entreprise. Elle permet donc de rendre cohérent le fonctionnement d'une entreprise perçue à travers les points de vue de ses acteurs en intégrant les différentes fonctions qui leur sont associées.

1.2.3 Problématique de l'intégration de la supervision / système de planification

Les applications de Gestion de Production, de Planification et d'Ordonnancement ont toutes besoin d'être alimentées par des informations précises et fiables concernant le fonctionnement des ateliers et des lignes de fabrication. La mise en œuvre des ERP (Entreprise Ressource Planning) a accentué ce besoin. Ce « rebouclage » par des informations issues du terrain est nécessaire pour affiner et/ou corriger les données de référence utilisées, en prenant en compte l'observation du fonctionnement réel du procédé : temps de cycles, taux de marche, cadences, rendements, dysfonctionnements et pannes. Il procure une meilleure connaissance, et au-delà une meilleure maîtrise du procédé.

1.2.4 La supervision des systèmes de production

Un système de production est un ensemble de systèmes physiques et de processus technologiques, conçu pour réaliser certaines tâches. Ces tâches peuvent être totalement ou partiellement remplies avec un certain niveau de qualité. Les composants du système de production peuvent évoluer sous différents modes de fonctionnement, parmi lesquels :

- les modes normaux sous lesquels la mission est totalement remplie, l'un d'eux est le mode nominal correspondant à une qualité parfaite de la mission,
- les modes anormaux sous lesquels la mission est partiellement ou totalement non remplie, incluant les modes défaillants, les modes interdits, …,
- les modes évolutifs qui caractérisent des modes, souvent transitoires, de passage d'un mode de fonctionnement à un autre.

Le diagnostic d'un système est l'identification du mode de fonctionnement, à chaque instant, par ses manifestations extérieures. Son principe général consiste à confronter les données relevées au cours du fonctionnement réel du système avec la connaissance que l'on a de son fonctionnement normal ou défaillant. Si le mode de fonctionnement identifié est un mode défaillant, le système de diagnostic peut localiser sa cause.

La supervision est définie comme étant la surveillance et le contrôle de l'exécution d'une opération ou d'un travail accompli par un homme ou par une machine. En présence de défaillance, la supervision prendra toutes les démarches nécessaires pour le retour du système vers un mode de fonctionnement normal. Un système de supervision traitant l'apparition d'un défaut peut être défini par les opérations suivantes :

- l'acquisition de mesures ou de compte rendus permettant de vérifier que les consignes envoyées vers le processus produisent exactement les effets attendus, cela est réalisé par des capteurs,
- la perception qui fournit des données prétraitées par des techniques de traitement du signal, extraction de caractéristiques …,

- le diagnostic qui consiste à déterminer dans quel état de fonctionnement se trouve le système. Il établit un lien de cause à effet entre un symptôme observé et la défaillance qui est survenue,
- éventuellement, le diagnostic prédictif qui permet une intervention préventive sur le système pour éviter qu'un mode non désiré ne se produise,
- enfin, la commande d'une séquence d'actions correctives destinée à rendre au système son état de fonctionnement normal.

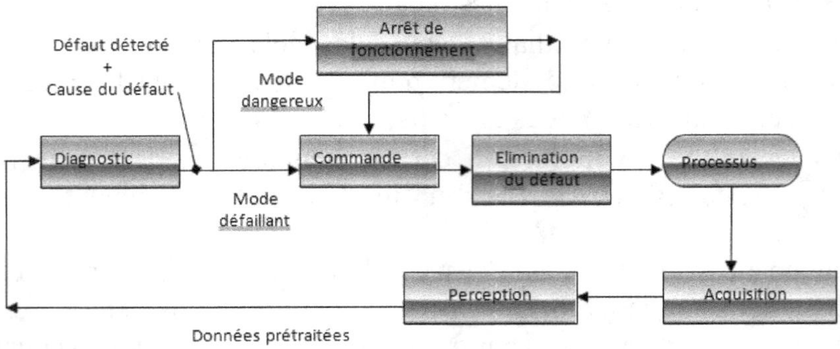

Figure I-7: Système de supervision traitant l'apparition d'un défaut ; Source : (M. Benaissa, 2006)

On trouvera dans (M. Benaissa, 2006) un classement de la supervision des systèmes de production selon leur architecture.

1.2.5 Le système de planification dans l'entreprise Manufacturière

Le système de production d'une entreprise est structuré en trois sous-systèmes (Rosnay, 1975; Abdellatif Benabdelhafid, 2001): le sous-système physique qui rassemble l'ensemble des ressources du système de production.

- le sous-système d'information qui regroupe les informations relatives au système de production et à son environnement, utilisées par le sous-système de décision,
- le sous-système de décision qui élabore, à partir des informations disponibles dans le sous-système d'information, des décisions permettant d'assurer un fonctionnement

convenable du système de production. Classiquement, le sous-système d'information et le sous-système de décision forment le système de gestion de production qui exerce quatre principales activités :

- la gestion des données techniques qui recense les nomenclatures (listes des composants et/ou matières premières requis pour réaliser un produit donné) et les gammes opératoires (listes ordonnées d'opérations permettant de réaliser un produit donné) nécessaires à la fabrication des produits de l'entreprise. Cette gestion présente un aspect d'autant plus dynamique que la personnalisation des produits est forte, la réalisation étant alors systématiquement précédée d'une phase d'étude qui aboutit à la description détaillée du travail réalisé. Ainsi la notion de gamme opératoire n'existe véritablement que dans le contexte de productions en moyennes et grandes séries. Dans le contexte de la petite série ou du projet unitaire, on utilise plutôt la notion de gamme générique, lorsqu'un certain niveau d'abstraction et de réutilisation sont possibles, ou plus généralement de structure de décomposition du travail lorsque le produit à réaliser présente un caractère unique,
- la gestion des matières qui assure l'approvisionnement en matières premières ou en produits semi-finis et le stockage des produits (finis ou semi-finis) fabriqués. Elle joue un rôle crucial dans le contexte d'une répartition des matières premières ou des produits entre plusieurs chaînes logistiques. En cas de pénurie due à des aléas, il faut en en effet procéder à des arbitrages qui ne sont pas sans conséquence sur l'atteinte des objectifs liés aux clients,
- la gestion des données commerciales qui reçoit les commandes et négocie les prix, quantités et délais de livraison souhaités.
- la gestion des données du travail qui organise dans le temps la réalisation des opérations nécessaires à la fabrication des produits sur les ressources en prenant en compte les données techniques et commerciales ainsi que les retours du suivi de fabrication.

Les décisions sont classiquement décomposées en trois catégories[24]. Nous distinguons les décisions stratégiques, tactiques et opérationnelles :

- les décisions stratégiques correspondent aux décisions politiques à long terme d'une entreprise. Ces décisions sont prises à partir de données très agrégées et relèvent de la direction de l'entreprise. Par exemple, la politique budgétaire, le choix de nouvelles orientations comme l'introduction de nouveaux types de produits sont des décisions stratégiques,
- les décisions tactiques correspondent aux décisions prises à moyen terme. Les données sont elles aussi agrégées mais avec un niveau de détail plus fin que pour le niveau stratégique. La définition d'un plan de production et d'un plan d'utilisation des moyens sont, par exemple, des décisions tactiques. Ces décisions sont du ressort des cadres de l'entreprise,
- les décisions opérationnelles correspondent aux décisions prises à court terme et à très court terme par des agents de maîtrise ou d'exécution. Les données sont ici beaucoup plus détaillées. L'ordonnancement des opérations de fabrication sur les ressources et l'affectation des ouvriers sont, par exemple, des décisions opérationnelles. L'ordonnancement consiste à organiser dans le temps la réalisation de tâches interdépendantes compte tenu de contraintes temporelles et de contraintes portant sur l'utilisation et la disponibilité des ressources requises.

1.2.6 Besoin d'intégration Planification/Supervision (M. Benaissa, 2006)

Dans la majorité des entreprises manufacturières, le système de gestion et d'organisation (GPAO ou logiciels de Planification et d'Ordonnancement…) est informatisé depuis de nombreuses années (Abdellatif Benabdelhafid, 1986). Ces systèmes utilisent des standards et des règles normalisés pour décrire, présenter et exploiter les différents flux de données directement liés à la gestion et à l'organisation de la production. Les différents services qui concourent à la gestion globale de l'entreprise sont fédérés à travers une vision unique de l'entreprise : l'ERP.

[24] https://www.techniques-ingenieur.fr/glossaire/

Dans l'atelier de production, le niveau exécutif est piloté et géré par un ensemble d'unités de commandes, locales ou centralisées, qui exécutent et contrôlent la réalisation des consignes de production émises par le système de gestion. Ces outils matériels sont les automates programmables, les PC (Personal Computer) industriels, superviseur, les robots et autres systèmes de contrôle-commande. Les outils logiciels associés à la mise en œuvre de ces équipements sont les superviseurs et l'ensemble des logiciels qui réalisent, contrôlent et visualisent ces exécutions de tâches de production. L'ensemble de ces informations, issues des systèmes de contrôle-commande et des différents outils de supervision, constitue la base de données « process » de l'entreprise.
Entre ces deux couches fonctionnelles existantes que sont la planification (dire ce que l'on doit faire) et la production (réaliser ce qui est prévu), il est nécessaire de déployer une couche fonctionnelle intermédiaire afin de préparer, d'adapter et d'optimiser les ressources du système de production.
Les ressources que gère l'atelier sont, pour l'environnement de l'entreprise manufacturière, les machines (tour, Centre d'usinage, robot, four, …), les équipements (postes de contrôle, périphériques, …), les divers outils informatiques (ateliers logiciels, superviseurs, …) et les opérateurs humains (exploitants, opérateurs, agents de maintenance, …).
Cette préparation et cette adaptation des ressources de l'atelier aux différents ordres du système de planification se concrétisent par la création et la mise en œuvre d'un ordonnancement temps réel qui doit prendre en compte la réalité de l'environnement de production : nous savons bien que la planification ne peut prévoir systématiquement et au coup par coup les divers aléas que rencontrent les équipes de production.
Pour un ordre de fabrication donné, ces aléas de l'environnement de production peuvent être :

- « la machine prévue pour cette production est en panne »,
- « l'opérateur titulaire de ce poste de travail est malade »,
- « la matière prévue pour réaliser la pièce n'a pas été livrée »,
- « une commande plus urgente, passant sur cette même machine, doit être prise en compte immédiatement ».

Pour adapter le planning demandé à la réalité de l'atelier, le responsable de production va modifier, automatiquement ou manuellement, l'ordonnancement de la journée ou la planification de la semaine. Cette

modification « temps réel » de la production est réalisée à partir de ces aléas de disponibilité des ressources de l'atelier, mais aussi en prenant en compte les nouvelles priorités de fabrication ou d'organisation imposées par le besoin de réactivité aux exigences des clients.
La réalisation de ce nouvel ordonnancement doit s'inscrire dans la logique de production, c'est à dire, avec le souci constant :

- de contrôler la fabrication (traçabilité, historisation, …),
- d'optimiser le processus de production et l'utilisation des ressources,
- de générer et de suivre les indicateurs de productivité,
- de réaliser le suivi de production,
- d'informer la gestion de ce qui s'est effectivement passé et de ce qui a été réellement produit.

Le concept MES (Manufacturing Execution System) tente aujourd'hui de répondre à la problématique exposée ci-dessus, mais les progiciels disponibles représentent un périmètre fonctionnel dont le contenu reste très variable, plus ou moins coloré par des domaines d'application privilégiés. Le système MES s'inscrit dans un processus de consolidation et d'exploitation des données temps réel, avec des acteurs et des utilisateurs multiples sur les sites de production. ISA-dS95[25] définit les interfaces entre le monde de gestion et le système opérationnel dans l'entreprise manufacturière. Afin de réaliser un bon fonctionnement du MES, une certaine intelligence est nécessaire tant au niveau planification qu'opérationnel. Principales approches d'intégration Planification/Supervision.
À l'origine, l'intégration d'entreprise est apparue comme un grand problème dans les secteurs manufacturiers surtout avec l'application de la technologie de l'information qui est devenue de plus en plus répandue, ce qui a rendu les entreprises manufacturières trop complexes et difficiles à manipuler par les méthodologies traditionnelles.
Plusieurs méthodologies et paradigmes existent dans le domaine d'intégration manufacturière, les plus populaires étant *IDEF* (ICAM Definition Method); GRAI-GIM (GRAI Integrated Methodology); CIMOSA (CIM Open System Architecture); et PERA (Purdue Enterprise Reference Architecture). Toutes ces méthodes ont servi comme guide et références dans la démarche d'intégration au sein des entreprises manufacturières. Nous les traitons dans le §1.3

[25] https://fdocuments.in/document/isa-sp95-enterprise-control-system-integration.html

Plusieurs travaux sont avancés dans le domaine de modélisation et d'intégration de l'entreprise manufacturière. Nous présenterons les deux qui nous paraissent directement liés au concept MES :

1.2.6.1 Les travaux de ISA « le comité SP 95 » [26]

Le domaine d'intérêt de l'ISA (Intrumentation, Systems and Automation Society) est le contrôle de la production industrielle :

- Mesure, analyse et instrumentation ;
- Automatisation et Contrôle de processus ;
- Exécution de la production.

La division « Standard & Practices » de l'ISA offre une structure d'accueil pour le développement de normes. Avec comme mission de définir le contenu de l'interface entre le système de production et l'Entreprise, le comité SP95 a démarré son activité au début de l'année 1997 sous l'impulsion d'un groupe hétérogène de fournisseurs de systèmes, d'utilisateurs et d'intégrateurs (M. Benaissa, 2006).

1.2.6.2 Les travaux de MESA « Projet MES »

Le MESA (Manufacturing Execution System Association) est une association professionnelle sans but lucratif fondée en 1992 par les principaux vendeurs de systèmes logiciels « MES » de pilotage de l'exécution de la fabrication. Le MESA supporte un modèle développé par l'AMR en 1993. La définition proposée par le MESA au système (cité dans (M. Benaissa, 2006)) :

« Le Manufacturing Execution System (MES) fournit les informations nécessaires à l'optimisation des activités de production allant de la création de l'ordre de fabrication au produit fini. Par l'utilisation d'informations à jour et précises, le MES guide, initie, réagit aux activités de l'atelier au fur et à mesure de leur déroulement, et fournit des rapports sur ces activités. Sa forte réactivité à l'évolution des conditions de fabrication, associée à un objectif de réduction des activités à faible valeur ajoutée, conduit à un fonctionnement plus efficace de l'atelier de fabrication, diminue les stocks et augmente les marges. En alimentant un flux bidirectionnel d'informations, le MES fournit à toute l'entreprise et à sa chaîne logistique, les données critiques sur les activités de fabrication. »

---

[26] https://fdocuments.in/document/isa-sp95-enterprise-control-system-integration.html

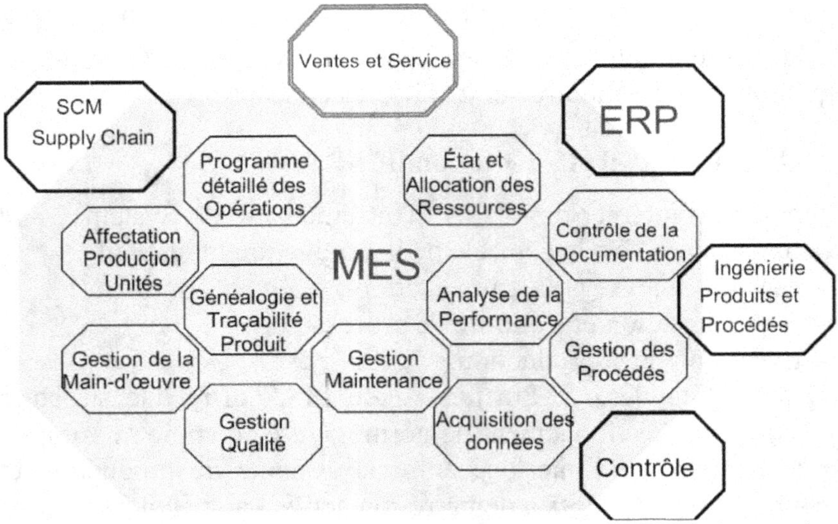

Figure I-8 : Fonctionnalités et environnement du système MES ; Source : (M. Benaissa, 2006)

Le MESA[27] décrit 11 fonctionnalités au MES :

- **(1) La collecte et l'acquisition des données :** Par sa connexion directe au processus, le progiciel de MES peut accéder aux données issues des équipements de production, les mettre en forme et les présenter aux différents consommateurs d'informations que sont les exploitants et les systèmes d'analyse et de gestion de la production ;
- **(2) L'analyse des performances :** A partir de ces informations, MES peut déterminer la valeur des indicateurs de performance prédéfinis (temps d'intervention, indicateurs qualité, …) et en proposer une analyse en temps réel pour provoquer une réaction automatique et/ou une alarme en direction de l'exploitant ;
- **(3) La traçabilité produit et la généalogie :** Le respect des contraintes et des normes imposées par le système d'assurance qualité ainsi que la maîtrise du savoir-faire obligent l'entreprise à assurer la traçabilité d'exécution du processus de fabrication, pour le lot ou pour chaque produit. Cette fonction permet de connaître à tout moment le niveau d'engagement d'un produit ou d'un lot. Elle met à jour un historique qui permet d'en connaître la généalogie. Nous détaillerons le concept de traçabilité dans le dernier chapitre de cet ouvrage ;

[27] https://www.researchgate.net/figure/MES-function-modelMESA-1997_fig1_264186122

- (4) **L'ordonnancement** : Par la prise en compte de la disponibilité réelle des équipements et du personnel associé, cette fonction organise les tâches et les ordres de fabrication pour optimiser la productivité de l'atelier ;
- (5) **La gestion des documents :** Par la gestion et la mise à disposition de tous les documents utiles à la production ;
- (6) **Le cheminement des produits et des lots :** Par le suivi des produits en temps réel, à travers les gammes de fabrication en prenant en compte les aléas de production, cette fonction permet l'optimisation des stocks et la prise en compte de tâches non prévues (maintenance, attente, ...) ;
- (7) **La gestion du personnel :** Par le suivi de l'activité et de la disponibilité des opérateurs ;
- (8) **La gestion de la qualité :** Par l'échantillonnage en continu tout au long du procédé de fabrication et l'analyse en temps réel des indicateurs qualité, cette fonction identifie les problèmes et en informe les exploitants (en proposant des actions correctives) ;
- (9) **La gestion du procédé :** par l'analyse en continu de l'évolution du procédé, cette fonction identifie les problèmes, en informe les exploitants et exécute ou propose des actions correctrices ;
- (10) **La gestion de la maintenance :** par le suivi des machines et la gestion des temps de marche et d'arrêt, cette fonction planifie les tâches de maintenance et met à jour l'historique des actions et des pannes ;
- (11) **La gestion des ressources :** par le suivi de l'utilisation et de la disponibilité de l'ensemble des ressources de l'atelier : machines, équipements, personnels et documents.

Bien que la description du MESA ait mérité son existence et a déjà été reprise par tous les fournisseurs de solutions logicielles, il subsiste encore néanmoins certaines interprétations ou incompréhensions. Malgré le fait que le concept MES soit resté à un stade d'application industrielle, il offre une grande opportunité au domaine de la recherche. Il se présente ainsi comme étant un cadre standard de développement des flux d'informations impliqués dans cette approche, ainsi que leur traitement et l'interfaçage avec les autres systèmes tant au niveau opérationnel qu'au niveau décisionnel.

1.3 Le flux d'information dans la modélisation de l'entreprise manufacturière

L'accomplissement des tâches de l'entreprise nécessite la prise en compte des interactions de ces différents niveaux. Par exemple, la connaissance nécessaire à la prise de décision au niveau du système de gestion dans une entreprise est constituée non seulement de la connaissance de ses membres mais aussi de la connaissance émergente de leurs interactions avec les différents acteurs au niveau de la production. L'entreprise se compose de trois sous-systèmes : un système de décision, un système d'opération et un système d'information. Le système de décision ou de pilotage a le rôle de contrôler et de prendre des décisions dans l'entreprise (stratégiques, tactiques et opérationnelles), à la connaissance d'événements provenant de son système d'information. Le système opérant ou de production exécute des tâches que le système de pilotage lui demande d'assurer dans un but de produire. Les sous-systèmes de pilotage et de production échangent des flux d'informations ascendants et descendants. Le système d'information permet la communication entre ses deux systèmes d'une part et avec l'environnement d'autre part. Le système d'information est considéré comme un système entre l'utilisateur et un ordinateur qui produit de l'information pour assister les personnes dans les fonctions d'exécution, de gestion et de prise de décision. Il utilise des équipements informatiques et des logiciels, des bases de données, des procédures manuelles, des modèles pour l'analyse, la planification, le contrôle et la prise de décision.

Le SI permet de modéliser les flux informationnels, au même titre que les flux financiers, les flux de matière, etc. Il permet la modélisation de l'entreprise par un modèle systémique (un système Opérant, un système d'Information, un système de Décision) au lieu d'un modèle cybernétique de base fondé sur un système de pilotage et sur un système piloté. Le système d'information est un pont entre les théories d'organisation de l'entreprise et celles de traitement de l'information (Arnaud & Le Moigne, 1990). La conception de l'architecture globale d'un SI fournit les spécifications pour l'ensemble des moyens d'automatisation : automatisation des processus, organisation des données techniques, communications internes et externes, et aide à la décision.

Une étape primordiale à toute démarche d'analyse, la modélisation des données et des processus de l'entreprise et par conséquent de la chaîne

logistique permet non seulement de capitaliser les connaissances du système étudié sous ses différentes vues, qu'elles soient fonctionnelles, comportementale, informationnelle ou organisationnelle, mais elle permet de aussi de prédire son évolution dans le temps (Abdellatif Benabdelhafid, 1998).
Comme annoncé précédemment nous rappelons dans le § suivant les différentes approches de modélisation pour une entreprise en général.

1.3.1 Approches de la modélisation en entreprise

Les travaux de recherches relatifs à la modélisation en entreprise ont permis de développer de nombreuses méthodes[28], méthodologies[29], architectures de références[30] et aussi de cadres de modélisation[31]. Selon la démarche adoptée, les principaux travaux se distinguent par le point de vue considéré pour la modélisation (fonction, ressource, information), selon le système faisant l'objet de la modélisation (système opérant, système de décision ou système d'information) ou selon l'objectif de la modélisation (audit, analyse ou conception).
Les différentes approches abordant la problématique de la modélisation en entreprise peuvent être répertoriées selon une typologie des familles d'outils reflétant les différentes démarches de modélisation, nous proposons de les regrouper de la manière suivante :

- Les approches structurées.
- Les approches systémiques.
- Les approches orientées processus.
- Approches orientées Objets.

1.3.1.1 Les approches structurées

Les approches structurées sont basées sur le principe de la décomposition descendante, modulaire, hiérarchique et structurée des fonctions en sous-fonctions, jusqu'à l'atteinte d'un niveau de granularité assez fine permettant d'appréhender toute la complexité d'un système.

---

[28] Une méthode est une technique d'investigation d'un système qui est caractérisée par un ensemble de régies établies.
[29] Une méthodologie de modélisation contient au moins un langage, une méthode et un outil de modélisation.
[30] Une architecture de référence peut être considérée comme un support à une méthodologie.
[31] Un cadre de modélisation est une structure de modèles partiels reposant sur des dimensions, au sein duquel on chemine afin de comprendre le tout.

Les principaux formalismes qui peuvent être classés dans cette catégorie d'approches sont :

1.3.1.1.1 SADT (Structured Analysis and Design Technique)

La méthode SADT introduit le principe de décomposition fonctionnelle et formalise le concept d'activité. Elle se présente comme un langage graphique permettant d'appréhender un système à travers une représentation structurelle d'activités et leur décomposition hiérarchique. Pour ce faire, elle se base sur un ensemble limité de primitives, des « boîtes » et des «flèches», pour la représentation des composants des systèmes et des interfaces (S Bendriss, 2009; Senouci Benmansour, 2009).

1.3.1.1.2 SA-RT (Structured Analysis – Real Time)

Cette méthode, complémentaire à SADT, se distingue par la prise en compte de l'aspect dynamique du système à analyser à travers la considération de la notion du temps. Adaptée à la représentation et à la gestion des informations et des données, notamment pour l'analyse et la conception de logiciels implantés sur des systèmes temps réel, elle nécessite une plus grande adaptation pour les flux physiques et leurs transformations.

1.3.1.1.3 IDEFx (Integration DEFinition)

La famille des méthodes IDEFx a été développée par l'ICAM « *Integrated Computer Aided Manufacturing* » de l'US Air Force au début des années 80, dans le but d'offrir un ensemble d'outils complet pour l'analyse et la représentation des différents aspects d'un système[32].

1.3.1.1.4 Les approches cartésiennes [33]

Les approches cartésiennes permettent d'avoir un panel de granularité assez étendu par rapport aux autres approches. En effet, celles-ci sont plus spécifiquement orientées vers un degré de précision dans la représentation de l'entreprise.

---

[32] https://www.idef.com/wp-content/uploads/2016/02/idef0.pdf

[33] On définit une approche cartésienne comme une approche pour laquelle tout objet ou système est expliqué par l'identification de sa structure interne.

1.3.1.1.5 Réseaux de files d'attente

Les files et les systèmes d'attente sont nés avec la recherche opérationnelle. La fiabilité des systèmes complexes peut être formulée par les réseaux de files d'attente. Les systèmes de production par leurs aspects flux et stock et par la présence d'éléments aléatoires comme « l'arrivée » d'une panne ou d'une demande de fabrication, sont un domaine où les réseaux de files d'attente trouvent leur place.

1.3.1.2 L'approche systémique (de Rosnay, 1975)

Contrairement au principe des approches structurées qui se basent sur la dissociation et la décomposition des systèmes, l'approche systémique rassemble et associe les différentes fonctions d'un système afin de prendre en compte l'ensemble d'une problématique de façon globale. Elle se base sur l'interaction des systèmes et plus particulièrement sur l'analyse des flux.

Selon cette approche, un système sociotechnique (qui pourra être une administration, un atelier de production, une usine, une chaîne logistique…etc.) est un système dynamique composé de trois sous-systèmes fondamentaux (Arnaud & Le Moigne, 1990) :

- Un système opérant chargé de la réalisation des tâches physiques grâce à des ressources ;
- Un système d'information qui gère les données et capitalise des connaissances ;
- Un système de décision qui fixe les objectifs et décide les choix.

Ces trois sous-systèmes mettent en œuvre trois types de flux, à savoir, le flux d'information comme intermédiaire entre le flux de décision nécessaire à la conduite au niveau du système de décision et le flux physique correspondant à l'exécution des tâches au niveau du système opérant (cf. figure I-9).

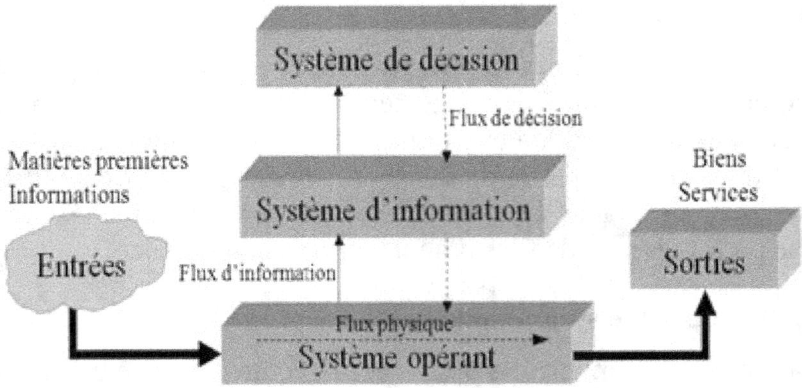

Figure I-9: Représentation d'un système sociotechnique selon l'approche systémique ; Source : (Arnaud & Le Moigne, 1990)

1.3.1.2.1 MERISE (Abdellatif Benabdelhafid & Reppert, 1994; Abdellatif Benabdelhafid, 1998; A Benabdelhafid, 2001)

La méthode MERISE est une méthode de conception des systèmes d'information « *SI* » et de réalisation de projets, centrées sur les données et les traitements. Pour l'étude de l'existant et l'analyse des besoins, la méthode MERISE propose d'intéressants modèles centrés d'une part sur les données et d'autre part sur les traitements, la représentation d'un système d'information par cette méthode est abordée en parallèle par trois types de modèles Un modèle conceptuel des données ou le « MCD ». Ce modèle permet, à travers un schéma, de représenter la structure d'un système d'information du point de vue des données, de manière à mettre l'accent sur les dépendances ou les relations entre les différentes données du système d'information.

- Un modèle conceptuel des traitements ou le « MCT », qui est un schéma représentant les traitements, en réponse aux événements à traiter ;
- Un modèle organisationnel des traitements « MOT » représentant les contraintes de l'environnement (spatio-temporel, organisationnel).

La conception d'un système d'information selon la méthode MERISE se fait par étapes. Pour ce faire, il s'agit de valider, une à une, chacune des étapes du cycle de développement d'un « SI » en prenant en compte les résultats de la phase précédente. Étant donné la méthode sépare entre les données et les traitements, il est nécessaire de vérifier à chaque fois la concordance entre données et traitements, afin de s'assurer que toutes

les données nécessaires aux traitements sont présentes et qu'il n'y a pas de données inutiles.
Comparée aux méthodes citées, Merise peut être considérée comme une solution cohérente et assez complète pour la représentation des flux d'informations, néanmoins les flux physiques ne sont pas vraiment pris en compte.

1.3.1.2.2 CIMOSA (Computer Integrated Manufacturing- Open System Architecture)

CIMOSA est une architecture pour la construction des systèmes intégrés de production, visant à unifier dans un même formalisme différent flux (matière, information et contrôle) L'architecture CIMOSA a été développée par le consortium AMICE dans le cadre de projets ESPRIT[34], elle se base sur trois principaux composants, un cadre de modélisation MFW « *Modeling FrameWork* », une plate-forme d'intégration IIS « *Integrating InfraStructure* » et une méthodologie d'intervention sur le cycle de vie d'un système CIM (SLC « *System Life Cycle* ») (Vernadat, 1999).

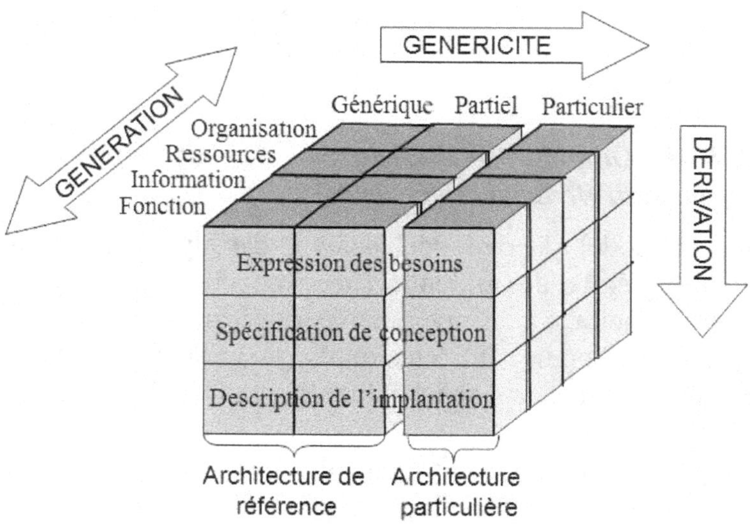

Figure I-10: Le cadre de modélisation CIMOSA « le cube CIMOSA » ; Source : (Vernadat, 1999)

[34] Cimosa: Open System Architecture for Cim, https://www.springer.com/de/book/9783540562566

Le cadre de modélisation de CIMOSA ou le *« cube CIMOSA »* (Cf. figure I-9) formalise trois principes fondamentaux et orthogonaux pour la modélisation en entreprise suivant une structure à trois axes :

- Un axe de généricité, suggérant de construire le modèle particulier de l'entreprise à partir de modèles génériques, partiels et spécifiques à l'entreprise. La généricité et la modularité forment une architecture de référence parfaitement réutilisable ;
- Un axe de génération qui propose de modéliser le système selon quatre vues complémentaires « fonctionnelle, informationnel, ressources et organisation » ;
- Un axe de dérivation, pour la couverture de l'ensemble du cycle de vie de la modélisation, il invite à modéliser d'abord les besoins précis de l'entreprise, puis la spécification de la conception pour enfin décrire de l'implémentation.

Malgré le fait que la méthodologie CIMOSA (Vernadat, 1999) permet de représenter les différents flux de l'entreprise à travers une modélisation cohérente et complète, depuis l'expression des besoins jusqu'à la description de l'implantation. Néanmoins, le manque d'un formalisme de représentation graphique ne permet pas, pendant l'analyse comportementale du système, de bien visualiser le comportement d'un processus.

1.3.1.2.3 GRAI (Graphes de Réseaux d'Activités Inter Reliés) (Abdellatif Benabdelhafid, 1986)

GRAI est une méthodologie de modélisation et d'analyse des systèmes de décision et de gestion des entreprises de production de biens ou de services, mise au point par l'Université de Bordeaux vers la fin des années 1970. Elle s'appuie sur deux outils, la grille GRAI pour la modélisation du système décisionnel et les réseaux GRAI pour le détail de chaque centre de décision.

La grille GRAI permet de décrire les centres de décision et leurs interactions, leurs structures, les liens décisionnels et informationnels entre eux. Elle se présente comme un tableau dont les cases sont les centres de décision. Chaque centre peut être analysé par les réseaux de GRAI, activité par activité en utilisant une représentation graphique. Cette représentation a pour but d'étudier la cohérence des centres et leurs synchronisations.

La méthode GRAI a été largement utilisée depuis 1981 pour l'analyse et la conception de systèmes de gestion d'entreprises manufacturières.

1.3.1.2.4 GIM (GRAI Integrated Method) (S Bendriss, 2009)

Développé par le laboratoire GRAI, GIM étend le cadre de modélisation GRAI à tout le système de production et non plus seulement au système de décision. Il propose un cadre de modélisation, des outils de modélisation et une méthodologie en intégrant les trois différents sous-systèmes du système de production, à savoir, le système de décision, physique et informationnel.

Le cadre de modélisation GIM permet de modéliser le système existant et de concevoir le modèle du système cible à partir de l'analyse de l'existant et des objectifs assignés au système Le système futur est défini au niveau conceptuel. Les fonctionnalités, les décisions, l'information et les ressources physiques sont organisées au niveau structurel.

1.3.1.2.5 PERA (Purdue Enterprise Reference Architecture) (S Bendriss, 2009)

Développée à la *Perdue University* aux Etats-Unis au début des années 1990. PERA est une méthodologie complète d'ingénierie des environnements industriels centrée sur une architecture fonctionnelle suivant deux points de vue, à savoir, la vue informationnelle incluant la décision, le contrôle et l'information et un point de vue opérationnel pour la fabrication ou le service. PERA a été l'un des éléments fondateurs de GERAM (cf. § suivant).

1.3.1.2.6 GERAM (Generalized Enterprise Reference Architecture and Methodology)

GERAM est une architecture de référence développée en 1999 par un groupe de réflexion sur les architectures pour l'intégration des entreprises « *IFAC/IFIP Task Force on Architectures for Enterprise Integration* »[35].

GERAM exprime une volonté d'unification de méthodes appartenant à plusieurs disciplines, à savoir, la gestion, la communication et le contrôle, mais elle représente aussi une architecture pour l'unification de deux approches distinctes de l'intégration d'entreprises, l'une étant

[35] https://www.ifac-control.org/publications/1998-2000/1999_1/

fondée sur le *« product models »* et l'autre sur le « *business process design* ». GERAM s'appuie sur sept composants jugés nécessaires par la « Task Force » pour l'intégration d'entreprise, parmi lesquels nous citons :

- GERA: Generic Enterprise Reference Architecture.
- GEEM: Generic Enterprise Engineering Methodology.
- GEMLs: Generic Enterprise Modeling Language.
- GEMTs: Generic Enterprise Modeling Tools.
- GEMs: Generic Enterprise Models.

En effet, GERAM peut être vue comme une sorte de généralisation de CIMOSA, de GRAI-GIM, de PERA et de quelques autres architectures comme ARIS.

1.3.1.2.7 UEML (Unified Entreprise Modelling Language)

UEML (Unified Entreprise Modelling Language) est un consensus entre les différents acteurs et les différents organismes de normalisation travaillant dans le domaine de l'ingénierie et de l'intégration d'entreprise. L'objectif de ce consensus est de proposer un ensemble clair de syntaxes et de sémantiques pour la modélisation en entreprise permettant à plusieurs modeleurs d'échanger des informations, des données et des connaissances contenues et déjà prises en compte au sein de leurs propres modèles établis au moyen de formalismes, de constructs[36] de base et de méthodes différentes : CIMOSA, GRAI, etc [37].

Pour l'unification des différents langages de modélisation, UEML propose un ensemble d'éléments principaux de modélisation et un ensemble d'éléments complémentaires. Les éléments principaux correspondent aux divers concepts nécessaires à la construction du modèle UEML, alors que les éléments complémentaires sont dédiés à un secteur d'activité.

1.3.2 Approches orientées processus

L'approche par processus est une méthode de modélisation qui permet de décrire, analyser et gérer les processus d'une entreprise, de manière à assurer une bonne maîtrise du système, de bien mettre en évidence les

---

[36] Un construct est un élément à caractère générique qui permet de représenter, d'une manière textuelle ou graphique, les éléments d'un modèle

[37] http://www.cimosa.de/Modelling/UEML02.html

relations entre les acteurs et d'évaluer la performance par la mesure d'indicateurs. Nous donnons deux exemples d'approches en insistant sur l'importance particulière du modèle SCOR pour notre concept de SLI.

1.3.2.1 ARIS (Architecture for integrated Information Systems)[38]

Développée en Allemagne dans l'université de Saarbruk, la structure de ARIS est similaire à celle de CIMOSA, elle peut être vue comme une approche orientée processus mais aussi comme un cadre de modélisation. Elle repose sur un concept d'intégration dicté par une vision globale des processus de l'entreprise. L'approche ARIS est supportée par l'outil de modélisation ARIS Toolset, qui permet de mener un projet de modélisation cohérent.

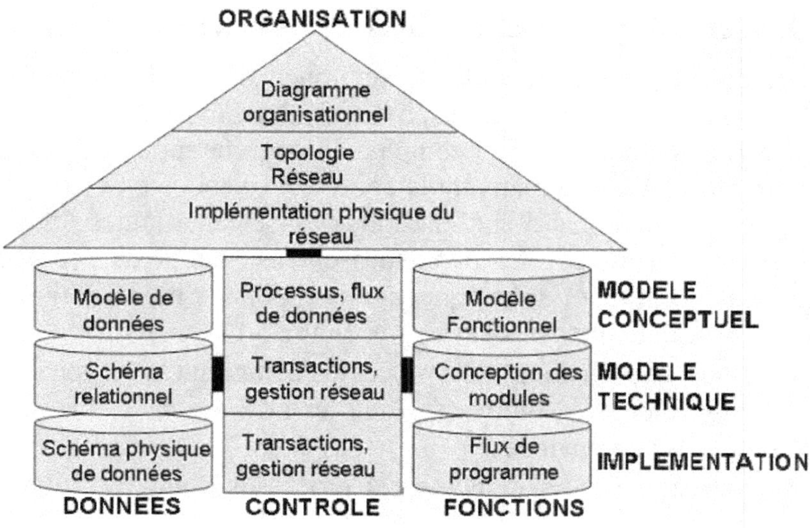

Figure I-11: Architecture ARIS[39];

La figure ci-dessus, schématise l'architecture globale de l'approche ARIS. Elle est structurée selon quartes vues descriptives, et trois niveaux de modélisation. Les niveaux de modélisation sont les même

[38] https://www.techopedia.com/definition/30659/architecture-of-integrated-information-systems-aris

[39] http://www.owlapps.net/owlapps_apps/articles?id=1800584&lang=en

que ceux de CIMOSA (expression des besoins, spécification de conception et la description de l'implémentation).
Les 4 vues descriptives de l'approche ARIS sont :

- *La vue organisation* : qui représente les unités organisationnelles (services, acteurs) ainsi que leurs relations (supériorité, appartenance) ;
- *La vue des données* : qui rassemble les informations utilisées et produites par l'entreprise ;
- *La vue des fonctions* : qui fait apparaître les différentes fonctions de l'entreprise ;
- *La vue de contrôle* : qui assure le lien entre les trois vues précédentes, en précisant les processus de l'entreprise, les enchaînements entre les fonctions, et les unités organisationnelles impliquées dans leur exécution.

1.3.2.2 SCOR (Supply Chain Operations Reference model)

SCOR est le premier modèle de référence de la chaîne logistique globale, il a été développé par le *Supply Chain Council*[40] sous la forme d'un cadre méthodologique complet et un référentiel de standards internationaux à adapter suivant le contexte. Le modèle SCOR permet de décrire les activités d'une entreprise associées à toutes les phases permettant de satisfaire les demandes clients, autour de 5 processus principaux constituant des briques de base pour la modélisation de la chaîne logistique globale, à savoir (cf. figure I-11) :

- **Plan** (planification) ; Ce processus comprend la reconnaissance aussi bien des commandes que les affectations des ressources pour les commandes.
- **Source** (approvisionnement) : processus d'approvisionnement des marchandises ainsi que les prestations de service afin de satisfaire la planification ou les demandes actuelles.
- **Make** (fabrication) ; ce processus Make transforme la marchandise en un produit fini afin de satisfaire la planification ou la demande actuelle.
- **Deliver** (livraison) : ce processus délivre des produits finis satisfaisant aux demandes ou à la planification des besoins.

---

[40] *Le Supply Chain Council* : Crée en 1997, c'est une organisation à but non lucratif regroupant aujourd'hui plus de 800 sociétés internationales. Aujourd'hui fusionnée avec l'APICS, https://www.ascm.org/

- **Return** (retour). : ce processus comprend aussi bien le retour de marchandise provenant du client (Deliver Process) que la réexpédition des marchandises au fournisseur (Return Source).

Finalement le modèle SCOR (Supply Chain Operations Reference) offre un référentiel mondial complet permettant d'harmoniser et d'optimiser les processus au sein d'une entreprise. Il permet l'évaluation la performance d'un processus par des indicateurs. Pour cela il s'appuie sur un référentiel mondial permettant le benchmarking des indicateurs et l'accès aux meilleures pratiques.

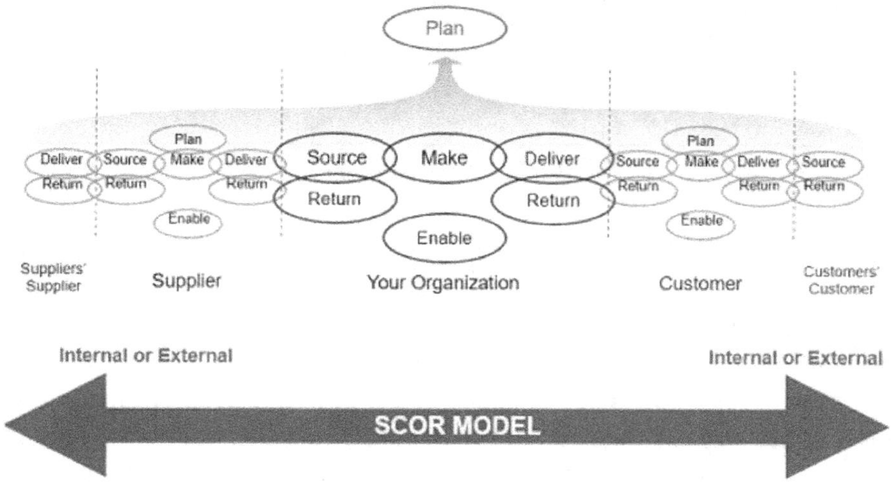

Figure I-12: Le modèle SCOR (SCOR v12, APICS, apics.org/myapics. 2017) ;

SCOR propose une approche d'analyse par processus selon une décomposition hiérarchique à base de modèles sur quatre niveaux, uniquement, les trois premiers niveaux sont décrits dans le modèle SCOR (Cf. figures I-12 et I-13).

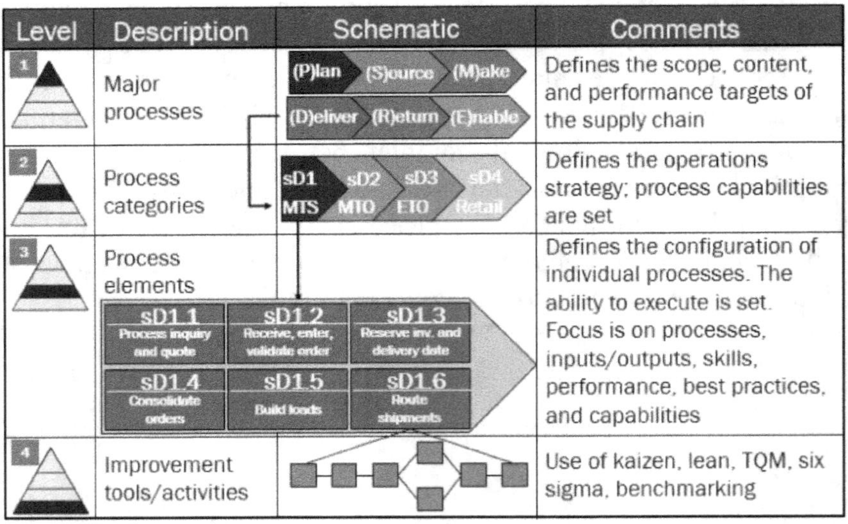

Figure I-13: Les différents niveaux du modèle SCOR (SCOR v12, APICS, apics.org/myapics) ;

1.3.3 Approches orientées Objets

Depuis le début des années 80, l'approche orientée-objet est devenue la norme dans la conception et l'analyse des systèmes de l'entreprise, en particulier les systèmes d'information.

Cette approche OOA a imposé la rupture avec les pratiques de l'approche procédurale (fonctionnaliste), où les données étaient séparées des fonctions et procédures qui les utilisent, alors que dans une orientation objet les données (attributs) et les traitements (méthodes) concernant ces données sont regroupés dans des entités appelées objets. En effet, la structuration du système en objets et non en fonctions, correspond mieux à la réalité des systèmes comme elle améliore également la lisibilité du modèle grâce aux propriétés que présentent les objets tels que le typage, l'encapsulation, l'héritage et le polymorphisme, surtout que la lisibilité, associée à ces propriétés, est très intéressante dans le cas des systèmes de grande taille, car elle permet de réduire le temps de développement du modèle en diminuant sa complexité par une structuration modulaire et hiérarchique, et en permettant la réutilisation de modèles ou de propriétés déjà définis.

1.3.3.1 OMT (Object Modeling Technique)

Proposée sous l'égide du *General Electric Research and Development Center* aux Etats-Unis, la méthode OMT est certainement une des méthodes les plus représentatives d'analyse et de conception orientées objets utilisée dans les entreprises avant l'apparition de UML[41] .

La *Technique de Modélisation d'Objets* OMT est basée sur trois points de vue ou trois modèles, à savoir, objets, dynamique et fonctionnel.

- *Le Modèle des objets* présente les aspects statiques, les structures et les données d'un système en fournissant l'environnement aux deux autres modèles. Les diagrammes présents dans ce modèle sont de deux types :
    - *Des diagrammes de classes pour la description des classes d'objets, leurs hiérarchies et leurs relations ;*
    - *Des diagrammes d'objets montrant des implantations possibles d'un système avec leurs relations particulières.*
- *Le Modèle Dynamique* représente les aspects du système affectés par le temps et par l'ordonnancement de l'exécution des opérations à travers la description de l'évolution temporelle des objets d'un système, en utilisant un diagramme appelé « diagramme d'états » ;
- *Le Modèle Fonctionnel* pour la description des opérations d'un système, il comprend des descripteurs d'opérations et optionnellement des diagrammes de flux de données orientées objet, des diagrammes d'interaction d'objets, des diagrammes d'interaction concurrents et du pseudocode et du code.

1.3.3.2 OOD (Object Oriented Design)

Définie pour le département de la défense des Etats-Unis, la méthode *Booch* ou OOD est présentée avec les notions de concepts essentiels qui composent une série de modèles utilisés selon deux points de vue différents, à savoir, une vue logique/physique et une vue statique/dynamique. Les deux points de vue de la méthode sont utilisés pour représenter les produits de l'analyse et de la conception. Les diagrammes qui composent ces modèles peuvent être vus comme des projections de ceux-ci.

- *Les modèles logique/physique* permettent de faire la distinction entre ce qui relève de l'analyse du problème (modèle logique) et ce qui relève de son implantation informatique (modèle physique). Pour cela, quatre types de

---

[41] https://docplayer.fr/142695285-Presentation-generale-du-langage-de-modelisation-objet-u-m-l-rumbaugh-booch-al.html

diagrammes sont proposés, un diagramme de classe, d'objets, de modules et des diagrammes de processus. Les quatre types de diagrammes précédents, décrivent essentiellement la structure statique du problème. Pour en décrire l'aspect dynamique, il existe :

- *Les modèles statique/dynamique* dérivent comment les objets sont créés puis détruits et comment ils s'échangent des messages. Pour ce faire, deux types de diagrammes sont utilisés, à savoir, le diagramme de transition d'états et le diagramme de temps.

1.3.3.3 OOSE (Object Oriented Software Engineering)

La méthodologie OOSE d'Ivar Jacobson est issue d'un centre de développement d'Ericsson en Suède. Elle est fondée principalement sur l'analyse des besoins des utilisateurs, à travers les diagrammes des cas d'utilisation qui ne sont que la représentation graphique des suites d'interactions entre l'utilisateur et le système. Cette description des interactions Homme/Machine permet d'étudier le comportement de l'utilisateur et de s'entendre sur les besoins des groupes d'utilisateurs du système. La méthodologie OOSE est basée sur 5 modèles et 3 types d'objets :

- *Le modèle des besoins* pour la description des interactions entre l'individu et l'environnement.
- *Le modèle d'analyse* pour la définition des relations entre les objets, les acteurs et le système.
- *Le modèle de conception* pour la modélisation des relations du modèle d'analyse à travers différents diagrammes.
- *Le modèle d'implémentation* permet le passage au code.
- *Le modèle de test* basé sur les essais d'actions et d'interactions du système.

Les types d'objets sont :

- Les entités représentant un objet.
- Des contrôles permettant différentes vérifications.
- Des interfaces représentant des classes abstraites.

1.3.3.4 UML (Unified Modeling Language)[42]

Booch et *Rumbaugh* ont décidé d'unifier leurs méthodes *« OMT et OOD »*, ce qui a donné naissance à la première version d'UML *« version 0.8 »*, pour être rejoint en 1996 par *Jacobson (OOSE)* et par la suite, en 1997 par un consortium de partenaires industriels regroupant *DEC, HP, i-Logix, Intellicorp, IBM, ICON Computing, MCI Systemhouse, Microsoft, Oracle, Rational Software, TI et Unisys.* De cette collaboration naît la description d'UML version 1.1 remise à l'OMG (*Object Management Group)* en septembre 1997 et accepté comme standard en novembre 1997.

La méthodologie UML décrit un système sous forme de trois vues liées mais distinctes, dont chacune saisit un aspect particulier du système. Une vue statique ou structurelle décrivant les données du système et donc la structure de ces objets, une vue dynamique ou opératoire décrivant le comportement du système, et une vue fonctionnelle décrivant le fonctionnement système.

Chacune de ces vues donne lieu à un modèle et est représentée graphiquement par un diagramme, UML en définit neuf types différents (Cf. tableau ci-dessous) :

Tableau I-1: Les diagrammes UML ;

Diagramme	Représentation graphique	Modèle
1. Cas d'utilisation	Les fonctions du système du point de vue de l'utilisateur, il présente les acteurs, symbolisés par des petits personnages et les cas d'utilisation symbolisés par des ellipses.	Fonctionnel
2. Classes	La structure statique en termes de classes et de relations.	Structurel
3. Objets	Les objets et de leurs relations, une sorte de diagramme de collaboration sans envois de message.	Structurel
4. Composants	Les composants d'implémentation et de leurs relations, Il s'attache à l'architecture logicielle d'une application en termes de modules.	Structurel
5. Déploiement	Le déploiement des composants sur les dispositifs des matériels, il s'attache à l'architecture physique et matérielle.	Structurel

[42] James Rumbaugh, Grady Booch, Ivar Jacobson, « Le guide de l'utilisateur uml », Collection Technologies, édition Eyrolles, 2000.

6. Etats-transitions	Le comportement d'une classe en termes d'état, les transitions sont déclenchées par des instances d'évènements.	Opératoire
7. Séquence	Une représentation temporelle des objets et de leurs interactions.	Opératoire
8. Collaboration	Une représentation spatiale des objets et de leurs interactions.	Opératoire
9. Activité	C'est une représentation du comportement d'une opération en termes d'actions.	Opératoire

1.3.4 Les outils dérivant du paradigme de l'ingénierie simultanée (S Bendriss, 2009)

Ces outils de modélisation s'intéressent ici non seulement aux interactions des systèmes, mais aussi à leur cycle de vie à travers une vision pluridisciplinaire.

1.3.4.1 IEM : Integrated Enterprise Model

Cette méthode de modélisation fonctionnelle d'entreprises orientée objet, s'appuie sur les développements d'autres approches de modélisation, notamment IDEF0 et CIMOSA. IEM modélise essentiellement les aspects fonctionnels et informationnels. L'aspect fonctionnel est représenté par des activités génériques connectées par des opérateurs formant ainsi une chaîne d'activités. Ces opérateurs modélisent des comportements comme le séquencement, le parallélisme, l'alternative ou encore le bouclage. L'aspect informationnel est représenté par des objets ayant un cycle de vie illustrant leurs différents états. La différence fondamentale avec IDEF est que les entrées et les sorties sont décomposées en trois classes génériques : ordres, produits et ressources.

- les ordres sont toutes les informations requises pour le fonctionnement de l'entreprise (planification, pilotage, contrôle…),
- les produits représentent le but de l'entreprise, produit au sens large (objet manufacturier, service, …),
- les ressources sont tous les éléments requis pour le bon déroulement d'une action, et qui peuvent aussi bien être physiques (matières premières ou opérateur humain) qu'informationnels.

Un processus est défini comme une chaîne d'activité. Chaque activité est formée d'une fonction pilotée. Chaque fonction est constituée d'une action ayant des entrées et des sorties. Les fonctions permettent une certaine granularité en autorisant une décomposition en sous fonctions. IEM ne modélise que des processus structurés (déterministes). Les éléments stochastiques comme l'occurrence d'une panne ou d'une défaillance ne peuvent pas être pris en considération.

1.3.4.2 TOVE : TOronto Virtual Enterprise

TOVE a pour objectif la création d'une base de modèles génériques et réutilisables. Ces modèles sont fondés sur des activités (processus de transformation de base) modifiant l'état du système. Un arbre d'états permet de déterminer les relations entre les activités. Le processus est donc interprété comme un chemin dans cet arbre. L'accès aux branches suivantes se fait en respectant les conditions pré-requises.
L'apport majeur de TOVE est son axe « ontologie »[43] qui fournit une sémantique précise de chaque terme nécessaire à la caractérisation de l'entreprise. Cette caractérisation est déduite automatiquement d'un « questionnaire » qui permet une analyse de l'état d'une entreprise. Une représentation graphique permet une communication plus efficace. Actuellement la caractérisation par TOVE d'une entreprise prend en compte de nombreuses facettes dont les activités, le temps, les causalités, les ressources, le coût, la qualité, la structure organisationnelle, la production et son agilité. L'inexistence de cohérence entre les dix facettes qui composent TOVE en forme la principale difficulté.

1.3.5 Approche « kénétique » – Les systèmes multi-agents (SMA)[44]

Nous retraiterons cette approche, avec plus de détails et à travers une application dans le dernier chapitre de cet ouvrage. Nous introduisons ici simplement le concept de SMA. Les systèmes multi-agents s'intéressent à l'intelligence provenant d'un système artificiel, qui est défini comme une société d'agents coopératifs. Les techniques développées pour les systèmes multi-agents permettent la réalisation d'outils d'aide à la décision et à la coopération. Cette approche

[43] Une ontologie est une spécification explicite d'une conceptualisation. Une conceptualisation est un modèle abstrait qui indique la façon dont les personnes conçoivent les choses réelles dans le monde (Gruber, 1993).

[44] L'approche de modélisation « kénétique » est basée sur le paradigme d'intelligence artificielle distribuée. Cette approche, définie comme une évolution de la systémique se focalise sur le comportement des interactions des systèmes. La kénétique est la scienceet la technique des organisations artificielles. https://archipel.uqam.ca/5684/1/M12885.pdf.

s'intéresse notamment à la représentation des connaissances, à la mise en place de protocoles de communication et à la construction de plans d'action Le système multi-agents est essentiellement orienté vers le système d'information et son pilotage. Nous détaillerons dans la Partie II le concept de SMA.

1.4 Conclusion

La modélisation en entreprise est un domaine scientifique qui permet de représenter cette dernière dans sa globalité (économique, logistique, ...). Ainsi, par l'intermédiaire de langages ou de méthodes comme la suite IDEF ou comme CIMOSA, les entreprises peuvent être modélisées afin de mieux analyser et comprendre leur fonctionnement. Certaines méthodes se sont spécialisées dans un aspect particulier : par exemple SADT ou IDEF0 pour la modélisation des activités, ou Merise pour la modélisation des systèmes d'information. GRAI prend en compte les aspects physiques du système de production, les aspects informationnels, et les moyens de pilotage et de prise de décision au sein de l'entreprise.

Chacune de ces méthodes présente un pouvoir d'expression qui lui est propre et ne modélise pas en général la totalité de l'entreprise. D'autre part, chaque outil ou méthode possède ses propres concepts et ses propres définitions. Les travaux liés à ceux qui ont donné naissance à UEML, veulent proposer une ontologie commune à l'ensemble du domaine de la modélisation en entreprise. Les concepts mis en œuvre permettent de dégager l'ensemble des artefacts de modélisation nécessaire à la représentation d'un système de production. Toutefois, nous pouvons remarquer, à travers ces outils, que cette modélisation ne tient pas encore compte de systèmes de production distribués (entreprises virtuelles,). Même s'il est possible de modéliser ce type de système avec les méthodes existantes, aucune d'entre elles ne propose d'artefact spécialisé. Ainsi, un problème comme la confidentialité des informations au sein d'un tel système n'est pas pris en compte.

Cependant nous pouvons noter qu'UML s'inscrit dans la méthodologie orientée objet, ce qui offre la possibilité de réutiliser des éléments d'un développement à un autre. On peut citer aussi la simplicité du modèle objet qui ne fait appel qu'à cinq concepts fondateurs (les objets, les messages, les classes, l'héritage et le polymorphisme) pour exprimer de manière uniforme l'analyse, la conception et la réalisation d'une interface ou application informatique. La force de l'approche objet provient de sa double capacité à décomposer, différencier, à recomposer, et réunir du fait de la richesse de ses mécanismes d'intégration qui concernent à la fois les aspects statiques et dynamiques d'une application. Dans (M. Benaissa & Benabdelhafid, 2005) nous montrons que la sélection de SADT et d'UML a permis d'avoir en premier lieu une modélisation hiérarchique des différentes fonctions entre la supervision et le système de planification de l'entreprise manufacturière et ceci par l'utilisation de SADT tout en se basant sur le standard MESA. Pour l'aspect dynamique de l'échange d'informations entre les fonctions couvertes par MESA, UML s'est révélé très utile.

Chapitre 2 Le Transport dans la Chaine Logistique

Dans la Figure I-3 du chapitre 1, nous avons montré que le transport est une fonction transversale de la chaîne logistique. Il ne peut être considéré comme un simple maillon de la circulation des marchandises. D'autant plus que nous avons insisté sur le fait que pour avoir un SLI efficient, toutes ses composantes sont d'une importance capitale. L'importance du Transport dans une chaîne logistique est équivalente à celle de la circulation du sang dans le corps humain. En tant que tel, le transport subit l'influence et le contrôle exercés par les autres maillons. Il reçoit un flux de produits et d'information et il émet à son tour à l'intention des autres maillons, des biens et des informations. Il subit, par ailleurs, les influences du milieu dans lequel baigne toute la chaîne logistique.

2.1 Concept du transport

Formé par les racines latines « trans », à travers, et « portare », porter, le terme transport désigne l'activité qui consiste à faire passer d'un lieu à un autre, aussi bien des hommes que des marchandises ou encore de l'information. Par extension, « les transports » renvoient à l'ensemble des moyens employés pour transporter les marchandises et les personnes.[45]

D'un point de vue technique, chaque moyen de transport comprend, d'une part, une infrastructure (chemin de fer, voie d'eau, route, aéroport…), c'est à dire une portion d'espace affectée exclusivement à une technique de transport, et d'autre part, un véhicule[46] (locomotive, bateau, automobile, avion…), qui se caractérise par des techniques de guidage, de propulsion, de contrôle, d'utilisation de sources d'énergie

D'un point de vue décisionnel, la planification du transport est parmi les principales décisions logistiques d'une entreprise, elle se rattache aux trois temps de la gestion :

- Niveau stratégique : Ce niveau concerne les décisions planifiées à long terme et qui se rapportent à la configuration

[45] Larousse https://www.larousse.fr/dictionnaires/francais

[46] Est considéré comme véhicule tout engin susceptible de se mouvoir par un dispositif propre, que ce soit par un moteur, mais aussi un animal, voiles, rames, pédalier. Cela comprend les engins terrestres, aériens, maritimes ou fluviaux, que ce soient des engins de transport ou de travail.

de la chaîne par le choix des partenaires, du réseau de distribution en terme de l'espace couvert, la détermination du nombre des sites logistiques (terminaux, dépôts, etc.) à utiliser et de leur localisation, le type du service offert au client en terme de chargement (chargement partiel ou complet), du mode du transport (rail, route, mer, air ou voie d'eau), du type de gestion (compte propre ou compte d'autrui), du type de livraison (directe ou intermodale), etc.

- Niveau tactique : À ce niveau, les décisions sont à moyen terme, elles concernent la définition des plans d'approvisionnement, de production, de distribution, en essayant de définir les services de transport, pour faire la liaison entre les différents sites.
- Niveau opérationnel : Ce niveau influé par les décisions prises au niveau tactique, concerne les décisions à prendre à court terme, il se rapporte à la synchronisation des activités de production et de transport, pour réaliser la production avec la qualité de service demandée. Il concerne aussi la planification des opérations courantes du transport telles que l'affectation des véhicules aux axes du réseau suite à une variation de la demande, la répartition des véhicules en temps réel, le contrôle des transporteurs, etc.

En raison de la mondialisation et de la globalisation des économies, les flux de matière entre les centres de production et de distribution ont connu un accroissement important. Par ailleurs, la volonté de réduire les coûts de stockage a contribué également à cette croissance en conduisant à de plus fréquents trajets des véhicules par la diminution des tailles des envois. Simultanément, la montée en puissance des nouvelles technologies de l'information a permis l'organisation et le contrôle des flux physiques par le suivi télématique individuel des objets, grâce aux outils de tracing (traçabilité), de traking (suivi en temps réel) et d'échanges de données informatisés (EDI) (Abdellatif Benabdelhafid, 1998).

Enfin, d'un point de vue macro-économique, l'abaissement continu des coûts de transport, l'agrandissement de la taille des entrepôts et la réduction concomitante de leur nombre, augmentent les distances de transport et contribuent directement à l'augmentation des échanges et à l'élargissement d'espaces géographiques de plus en plus indépendants.

Tous ces changements conduisent à modifier en profondeur les relations qu'ont les entreprises avec leurs fournisseurs, leurs clients et leurs partenaires, ce qui contribue à redéfinir l'approche de la chaîne logistique qui succède désormais à une logistique mouvante, en réseaux ouverts, et à réinventer continuellement. Dans ce contexte changeant, le transport est devenu un élément stratégique incontournable, il s'étend au-delà d'un simple maillon de la logistique pour former, par analogie avec l'organe vivant, le système circulatoire du corps socio-économique de la chaine logistique. Ce système assure à tous les tissus de la chaîne un transfert continu du flux physique où son fonctionnement résulte d'un mécanisme décisionnel complexe, qui concerne différents secteurs fonctionnels à l'intérieur de la chaîne. [47]
Le transport joue un rôle critique dans la gestion d'une chaîne logistique où il est implicitement indiqué dans les critères liés au coût total du produit, au délai de livraison, à la gestion des stocks, à la localisation géographique des fournisseurs, etc... L'influence du transport sur la gestion industrielle est donc stratégique.

Tableau II-1: Rapport entre les décisions stratégiques et les paramètres du transport de marchandises[48] ;

	Quantité de marchandises	**Choix modal**	**Type de véhicule**	**Utilisation de véhicules**	**Itinéraire**	**Calendrier de livraison**
Mise au point du produit						
Conception du produit	•	•	•	•		
Emballage	•	•	•	•		
Gamme	•	•	•	•		
Marketing et ventes						
Secteur du marché	•	•	•		•	
Circuits de commercialisation	•	•	•	•	•	
Stratégie de vente/promotion	•	•	•	•		•
Exécution des commandes						

[47] Notons que depuis un certain temps, plusieurs transporteurs ont choisi pour leur enseigne la dénomination « Intégrateur Logistique ».
[48] http://docplayer.fr/23078173

Emplacement des installations de production et de distribution	•	•			•	
Approvisionnement	•	•			•	
Système de production	•		•	•		•
Gestion des stocks	•	•	•	•		•
Manutention	•	•	•	•		
Service après-vente	•		•	•		•
Recyclage/logistique de retour	•	•	•	•	•	

Notons que le « transport de marchandises » n'est qu'un sous-ensemble du « transport ». En effet, la branche des transports couvre un champ bien plus large puisqu'elle comprend aussi le transport de voyageurs, y compris toutes sortes de mobilités des citoyens. Le cadrage de l'activité du transport, d'une part, par les caractéristiques et les contraintes des chaînes productives et des processus logistiques associés et d'autre part, par les préoccupations sociales et environnementales, complexifient son analyse et rend ainsi sa gestion difficile (Barus et al., 2011).

2.1.1 Différentes représentations du transport (Senouci Benmansour, 2009)

2.1.1.1 Représentation en plan

Le transport se déploie horizontalement dans l'espace selon un agencement d'arcs et de nœuds constituant un réseau. Si les arcs (routes, voies ferrées, rivières, etc.) sont associés à la définition même du transport (notion de déplacement) les nœuds sont à la fois les points d'entrée et de sortie du réseau et les lieux d'agencement des arcs (terminaux d'entrée et sortie, gares, ports, etc... Le coût de production et la qualité de service du transport se jouent tout autant dans les nœuds que dans les arcs du réseau.
Cette représentation topologique horizontale se prête bien à toute analyse formelle. Pour identifier les composants du transport, il est important d'examiner d'abord sa structure selon une coupe verticale, distinguant les couches fonctionnelles qui le constituent.

2.1.1.2 Représentation en couches

La décomposition du système de transport en réseau selon des couches superposées est une pratique courante pour la compréhension mais aussi pour la gestion de ce système.

Un réseau est également constitué de couches superposées. On peut en effet distinguer, quatre couches principales constituées respectivement des infrastructures, sur lesquelles circulent les véhicules, qui transportent les produits (et aussi les personnes), lesquels enfin, sont pris dans des transactions industrielles, commerciales ou sociale, justifiant de leur déplacement de l'origine à la destination. Ce schéma de base peut être enrichi autant que de besoin de couches supplémentaires pour rendre compte de tel ou tel dispositif observé. On peut également qualifier la nature de l'interaction entre deux couches adjacentes : l'addition de l'infrastructure et du véhicule engendre le trafic[49] ; celle du véhicule et de la cargaison (ou/et des personnes) accomplit le transport proprement dit ; enfin le mouvement de la marchandise (ou/et des personnes) pour réaliser la transaction industrielle, commerciale, ou sociale qui est la finalité du transport est réglé par la logistique. Quant au système d'information, il n'est pas intermédiaire entre telle et telle couche mais, omniprésent, il apparaît plutôt comme un élément de cohésion transversal, recoupant toutes les autres composantes (cf. figure II-1).

---

[49] Le terme « trafic » est associé à l'origine au négoce, à la circulation et à l'échange des marchandises...

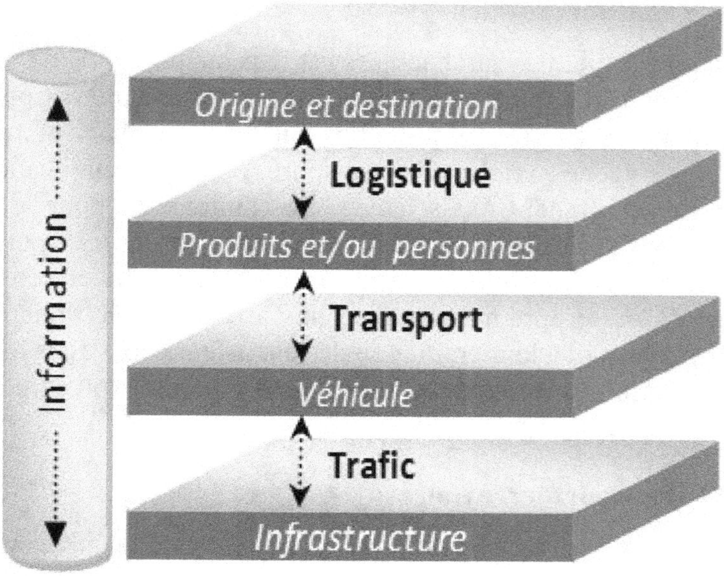

Figure II-1: Représentation en couches du transport ; Source : (Senouci Benmansour, 2009)

Si les couches du schéma sont désignées par des objets, l'interaction entre deux niveaux adjacents de couches se traduit par un procès. Chaque procès ainsi désigné ordonne le procès situé au niveau immédiatement inférieur : la logistique commande le transport, qui se traduit par un trafic. Réciproquement, chaque procès rend possible et contribue au procès situé au niveau qui lui est supérieur.
Il convient d'insister sur l'importance de la couche infrastructure dont sa disponibilité en bon état est un préalable à la mise en œuvre de toutes les autres couches. De manière plus relative, la qualité des infrastructures influe directement sur l'efficacité et le coût des opérations de transport dont elles sont le support, et indirectement, sur les activités économiques consommatrices de transport.
Avant de nous focaliser sur le trafic routier, nous donnons dans ce qui suit un panorama des différents modes de transport.

2.1.2 Modes de transport (S Bendriss, 2009)

Chaque mode de transport est caractérisé par une structure technique (infrastructures, matériels), logistique et économique différente. Il en résulte que, pour assurer un type de trafic déterminé sur un trajet défini, il existe le choix entre plusieurs modes transport

2.1.2.1 Transport routier

Le transport routier de marchandises est le principal mode de transport et il représente une part majoritaire des tonnes-kilomètres produites, compte tenu de sa flexibilité et sa compétitivité, surtout pour des distances moyennes faibles. Le transport routier de marchandises se divise en deux grands sous-secteurs. Le camionnage pour le compte d'autrui, c'est-à-dire les entreprises qui effectuent du transport contre rémunération et le transport pour son propre compte, les entreprises qui transportent leur propre marchandise en y affectant spécifiquement des chauffeurs qui sont à leur emploi ou des chauffeurs dont elles louent les services. Le transport routier à l'avantage d'être direct ou combiné aux autres modes de transport.

2.1.2.2 Transport ferroviaire

La part du fret ferroviaire en tonnes-kilomètres est plus faible en Europe comparé aux USA[50]. En termes de coût, le transport par rail est de moins en moins cher et il a le potentiel de croissance le plus prometteur sur les grandes distances. Le transport par rail peut être direct entre deux sites industriels s'ils possèdent un prolongement de la voie ferrée jusqu'à leur site de production, ou une Installation Terminale Embranchée (ITE). Les ITE offrent des délais performants pour les transports massifs (de 200 à 1200 tonnes). En France, beaucoup d'entreprises industrielles ont adopté cette technique d'ITE[51]. Dans le cas le plus général, le transport par rail est combiné avec les autres modes de transport et en particulier avec la route.

2.1.2.3 Transport aérien

Bénéficiant de la libéralisation du ciel, le transport aérien a vu son volume de marchandises quadrupler depuis 1970 jusqu'à la veille du COVID 19. L'Association internationale du transport aérien (IATA) note au début avril 2020, un effondrement du nombre de vols dans le monde de 80 % par rapport à la même période en 2019. IATA prévoit une chute de 55 % du chiffre d'affaires des compagnies aériennes par rapport aux revenus de 2019. Avec le Covid19, à part quelques vols de fret et quelques vols de rapatriement, les avions sont cloués au sol pendant une période que personne ne peut déterminer. « Le trafic

[50] https://hal.archives-ouvertes.fr/tel-02197401/file/TH2019PESC2016.pdf

[51] https://www.sncf-reseau.com/sites/default/files/2019-09/DRR2021-doc%20principal_0.pdf

commence à se redresser, mais il ne reviendra pas au niveau de 2019 avant 2024 ou 2025 ».[52]

Ce type de transport a cependant beaucoup d'avantages pour assurer les échanges internationaux, à savoir sa rapidité, sa sécurité et sa capacité volumétrique. De plus, il est particulièrement adapté au transport des denrées périssables et des biens de luxe. Cependant, son coût élevé reste un facteur désavantageux de son choix en comparaison avec le transport terrestre. Le transport aérien entre les sites industriels n'est jamais direct, mais combiné avec la route.

2.1.2.4 Transport fluvial

Silencieux, fiable, d'une grande capacité d'emport et peu consommateur d'énergie, le transport fluvial peut apporter une alternative pertinente face à l'engorgement des villes et aux enjeux liés à l'environnement. De plus, il garantit un degré élevé de sécurité, en particulier pour le transport de marchandises dangereuses. En moyenne, le transport intra-européen par voie fluviale représente environ 8 % en tonne/Km du transport total. En France, 47 % du trafic par voie d'eau est réalisé avec l'Union Européenne et, à l'intérieur, 35 % du trafic se fait depuis ou vers les ports maritimes Le transport fluvial est rarement direct puisqu'il suppose que l'entreprise soit implantée au bord d'eau. Dans le cas le plus général, il est combiné à la route et/ou au transport maritime. C'est un atout majeur dans le cas du corridor de la vallée de Seine[53].

2.1.2.5 Transport maritime

La mondialisation croissante de l'économie a été largement autorisée par le transport maritime et sa rapide évolution, tant au niveau de l'organisation, de l'évolution technologique que des prix de transport. Il génère un trafic couvrant près de 90 % de la demande de transport intercontinentale de fret. Sa force repose surtout sur sa grande capacité permettant d'assurer des transports lourds et volumineux. C'est également le plus économe des modes de transport. Le transport maritime est très ancien et reste vital pour le commerce international et les échanges massifs (notamment pétroliers) à longue distance. Il est aussi très important pour les échanges à courte distance (cabotage) dans

---

[52] https://www.lesechos.fr/industrie-services/tourisme-transport/les-aeroports-europeens-redoutent-limpact-durable-de-la-crise-sur-linvestissement-1324606

[53] Ce corridor est décrit dans le chapitre 3 de la Partie II de cet ouvrage.

les régions irriguées par les mers, notamment en Europe où la navigation maritime est l'une des plus importantes au monde en termes de volume de trafic ou de densité de port. Le transport maritime est dans la majorité des cas, combiné aux autres modes de transport

Il est à noter que les modes transport peuvent se concurrencer ou se compléter en termes de coût, rapidité, service, accessibilité, sécurité, etc. Nous consacrons dans la partie II un chapitre au système intelligent de transport. Le tableau suivant donne un comparatif entre modes de transport.

Tableau II-2: Avantages et inconvénients des modes de transport ; Source : (S Bendriss, 2009).

Modes de transport	Caractéristiques et techniques	Avantages	Inconvénients
Transport maritime	- Diversité et adaptation des différents types de navires (porte-conteneurs, navires, routiers, polyvalents ou spécialisés). - Très forte utilisation de conteneur car (gains de temps et de sécurité), réduit le coût de la manutention et des assurances.	- Taux de fret intéressant sur certaines destinations. - Possibilité de stockage dans les zones portuaires. - Possibilité de desservir le monde entier.	- Délai de transport assez long. - Certaines lignes ne sont pas conteneurisées. - Ruptures de charges et manutention source d'avarie. - Assurance plus élevée et emballage plus coûteux.
Transport aérien	- Appareils mixtes et tout cargo. - Chargement en ULD (igloos, palettes, conteneurs).	- Rapidité, sécurité pour la marchandise. - Emballage peu cher. - Frais financiers et de stockage moindres.	- Prix élevé qui limite l'envoi de marchandises denses ou de faibles valeurs - Capacitée limitée. - Prohibé à certains produits dangereux - Rupture de charges
Transport routier	- Possibilité d'utiliser la conteneurisation et possibilité de combiner rail et route.	- Service en porte à porte, sans rupture de charge. - Délais relativement rapides.	- Sécurités et délais varient selon les pays parcourus et les conditions climatiques. - Utilisé beaucoup plus en Europe continentale pour les distances moyennes.
Transport ferroviaire	- Expédition par wagon isolé entre 5 et 60 tonnes et possibilité de trains entiers	-Développement du transport combiné et	- Inadapté aux distances courtes.

	pour des tonnages supérieurs (automobiles pondéreux, granulats, etc.) - Diversité du matériel disponible et utilisations de caisses mobiles.	possibilité de porte à porte. - Fluidité du trafic et respect des délais. - Adaptation aux longues distances et aux tonnages importants.	- Réseau ferroviaire limité. - Nécessite un pré- et un post-acheminement en dehors du combiné. - Rupture de charge.
Transport fluvial	- Utilisation des voies navigables naturelles et des canaux (Europe du nord, bassin Rhénan, quelques livraisons fluvio-maritimes).	- Bonne capacité d'emport, 300 à 2500 tonnes selon le convoi. - Moindre coût.	- Lenteur et immobilisation de la marchandise pendant le transport. - Coût de pré- et post- acheminement. - Rupture de charge.

2.1.2.6 Le transport multimodal

L'augmentation du nombre de véhicules automobiles dans le monde et l'impact des émissions à effet de serre ont rendu les agglomérations les plus peuplées et souvent les plus dynamiques, les plus polluées. La pollution de l'air due aux polluants liés à la circulation des véhicules est devenue un problème de grande importance.

Les différents travaux de recherche liés aux systèmes complexes du transport durable et de la modélisation des émissions de gaz à effet de serre, entre autres, montrent les, les limites du mode routier dans le transport des marchandises (Syafrizal, 2015; Chekoubi, 2020).

La multimodalité est donc devenue la solution, si on considère les contraintes économiques, sociales et environnementales. Le rééquilibrage des modes devient donc une nécessité.

Enfin précisons la différence entre la multimodalité et l'intermodalité dans le transport.

a. Le transport multimodal est défini comme « l'acheminement d'une marchandise empruntant deux modes de transport différents ou plus ». C'est également, le recours à plusieurs modes de transport pour satisfaire des besoins de déplacements. Il s'agit donc de l'offre de plusieurs moyens de transport pour un déplacement entre une origine et une destination.

b. Le transport intermodal correspond à « l'acheminement d'une marchandise au moyen d'un seul contenant, appelé Unité de Transport Intermodal (UTI), utilisant plusieurs modes de transport et sans manutention de la marchandise lors des changements de mode ». Par extension, « l'intermodalité caractérise un système de transport en vertu duquel deux modes de transport ou plus sont utilisés par la même unité de chargement ou le même véhicule routier, sans empotage ou dépotage[54], pour permettre une chaîne de transport porte à porte ». Ainsi le transport intermodal est un type particulier de transport multimodal. Comme mentionné dans les définitions précédentes, des unités de transport intermodal sont utilisées pour le transport des marchandises, elles sont de trois types[55]:

- Les semi-remorques, qui sont les premiers UTI, surtout pour le transport combiné terrestre ;
- Les conteneurs maritimes, qui sont d'une grande résistance mécanique pour permettre leur gerbage (jusqu'à 7 niveaux) à bord des navires. Il existe diverses dimensions de conteneurs, selon la nature de la marchandise à transporter (fourgons, citernes, conteneurs vrac, isothermes, frigorifiques, etc.), mais la dimension de référence est l'unité Équivalent Vingt Pied « EVP » (6,20 m × 2,50 m × 2,50 m) ;
- Les caisses mobiles, qui sont adaptées de manière optimale en fonction des véhicules routiers et équipées d'éléments de saisis permettant le transbordement entre modes. Le changement de modes des UTI se déroule dans ce qu'on appelle le terminal de transbordement et qui possède de nombreuses fonctions telles que :
    - La préparation te l'optimisation des chargements du mode de transport ;
    - Le contrôle de poids des UTI et de la sécurité du transport des matières dangereuses.
    - La gestion du stock d'UTI ;
    - La transmission des informations aux différents intervenants de la chaîne du transport ;
    - La réparation des UTI en cas de besoin, etc.

La spécificité et la complexité du transport multimodal font que celui-ci s'intègre désormais entièrement dans la chaîne logistique et le font sortir comme une activité logistique à part entière, d'où la notion de la logistique de transport, Désormais, avec le transport multimodal, le simple fait de transporter des marchandises par l'intermédiaire de

---

[54] L'empotage est l'opération de chargement des marchandises à l'intérieur d'un conteneur. L'empotage est souvent l'affaire de l'expéditeur, il peut être effectué, soit dans les locaux de l'expéditeur, soit sur le terminal de départ. L'opération inverse est le dépotage. https://www.glossaire-international.com

[55] http://www.uirr.com/

plusieurs modes devient une activité logistique nécessitant une gestion des flux de chaque mode, la gestion des départs de fret, la gestion des arrivées de fret, la gestion du stockage des conteneurs, la gestion des retours de conteneurs vides, etc.

2.2 Le trafic

En général, le mot trafic désigne un ensemble d'éléments ou de choses en mouvement (objets, informations, passagers, biens, véhicules) qui se déplacent sur un canal ou un réseau donné en vue du transport, d'une transaction, d'un échange ou transfert de ces d'éléments. Dans le domaine des transports, le trafic s'exprime volontiers en termes de flux, de circulation, de densité, de mobilité, de communication, de rapidité. Il se mesure, le plus souvent, en véhicules-kilomètres et il s'effectue à travers la notion de véhicules (automobiles, trains, aéronefs, navires, ...) et d'infrastructures. Les infrastructures constituées elles-mêmes : des voies de communication (routes, voies ferrées, canaux, fleuves, ...) et d'aménagements (parkings, ports, aéroports, ...) destinés à transborder les marchandises ou les véhicules. Quant au véhicule, c'est un engin mobile, qui permet de déplacer des personnes ou des charges d'un point à un autre, sur des distances variables. Son type est cohérent avec l'infrastructure utilisée, ainsi le couple infrastructure-véhicule constitue le mode de transport ou le type de trafic. On distingue autant de types de trafic correspondants : le trafic routier, le trafic ferroviaire, le trafic aérien, le trafic fluvial et le trafic maritime. A chaque type, ses domaines de pertinence technique et économique, ses opérateurs, ses interventions publiques, sa population professionnelle, etc.
Le trafic routier est depuis longtemps devenu le type de trafic dominant[56], il nécessite donc une attention particulière dans le SLI...

2.2.1 Trafic routier (Senouci Benmansour, 2009)

Ce type de trafic est engendré par l'interaction de l'infrastructure routière avec des véhicules automobiles qui l'empruntent (cf. figure I.15). Selon le type de véhicule automobile, on distingue trois types de flux utilisant la même infrastructure routière :

- Flux de personnes, utilisant des véhicules possédés ou mis à la disposition des ménages et des entreprises : automobiles, véhicules à deux roues ;

---

[56] https://www.e-tlf.com/dossiers-tlf/chiffres-cles/

- Flux de voyageurs, en milieu urbain ou interurbain, utilisant les autocars et des autobus ;
- Flux de marchandises ou de biens, assuré par des entreprises spécialisées de transport (transport pour compte d'autrui) ou par des entreprises non spécialisées pour leurs propres besoins (transport pour compte propre).

Vu que l'infrastructure routière n'est pas prisonnière d'un site propre et d'horaires fixes comme les autres infrastructures. Elle va partout, sans rupture de charge et à tout moment. Le trafic routier reste le type de trafic le plus important, que ce soit pour les personnes ou pour les marchandises, et il représente la part majoritaire des véhicules-kilomètres et tonnes-kilomètres produites, surtout pour des distances moyennes et faibles où les politiques de juste à temps orientent le choix du transport vers le mode routier (S Bendriss, 2009). La conséquence immédiate de cette intensification du trafic routier qui dépasse de plus en plus les capacités des infrastructures routières, est l'apparition d'énormes problèmes dont la congestion est le plus pénible.

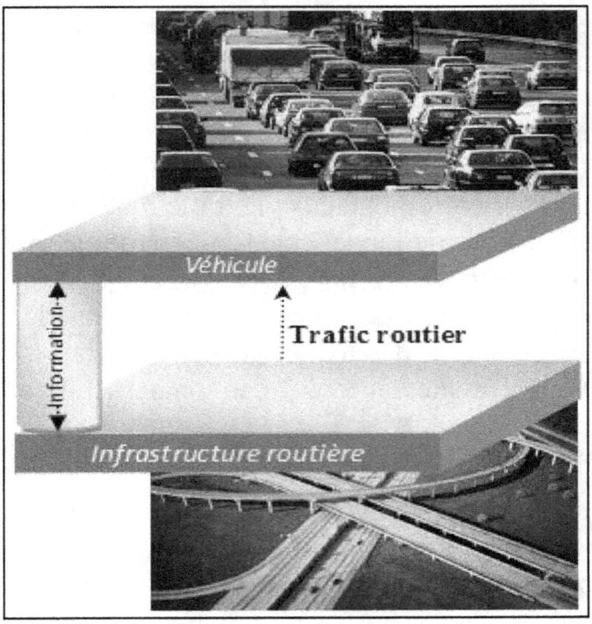

Figure II-2: Création du trafic à travers l'interaction de l'infrastructure et des véhicules ; Source : (Senouci Benmansour, 2009)

2.2.1.1 Congestion du trafic routier : un phénomène de grande ampleur

L'apparition du phénomène de congestion pose de plus en plus de problèmes accrus. Ce phénomène génère des risques de pertes de compétitivités des pays européens en matière de transport routier[57].

Pour les utilisateurs de l'infrastructure routière, la congestion commence quand ils ne peuvent plus se déplacer librement, c'est-à-dire lorsque les camions et voitures doivent réduire leur vitesse du fait de la présence d'autres utilisateurs des routes, à savoir lorsque la densité de trafic atteint des niveaux qui gênent la libre circulation.

Pour les ingénieurs de trafic routier, la congestion intervient plus tard : quand la densité de trafic atteint un point où le flux descend au-dessous de la capacité maximale de l'infrastructure de transport.

Les conséquences négatives sont :

- **environnementales** dues à la pollution de l'air, à l'effet de serre, aux nuisances sonores, à l'intrusion visuelle, à la consommation d'énergie etc. (Syafrizal, 2015),
- **sociales** dues aux pertes de temps sur les trajets (sans appréciation économique), à la restriction des déplacements quotidiens obligatoires (domicile travail) ou volontaires (achats, visites, loisirs), au stress, aux accidents de la route, etc. ,
- **économiques** liés aux énormes pertes de productivité à cause des arrivées tardives du personnel, des livraisons, et des services.

Diverses mesures d'exploitation peuvent être mises en œuvre afin d'améliorer les conditions de circulation, nous citons :

- La construction de nouvelles infrastructures ;
- Le rééquilibrage modal[58];
- L'optimisation de la gestion globale des déplacements routiers.

Parmi les trois solutions évoquées, les deux premières sont les plus onéreuses. Plus particulièrement, l'accueil réservé à la construction de nouvelles infrastructures est, en beaucoup d'endroits, de moins en moins favorable. Le manque d'espace, le niveau très élevé des coûts, les

---

[57] https://www.trans-missions.eu/livre-blanc-les-leviers-pour-une-mobilite-urbaine-plus-durable/

[58] Ce concept se définit par l'enchaînement de plusieurs modes de transport pour un seul déplacement.

contraintes physiques (ou géographiques) et les préoccupations environnementales compliquent sans cesse la construction de ces infrastructures, surtout dans les zones densément peuplées.
La démarche de rééquilibrage modal, repose essentiellement sur une logique de complémentarité qui associe les avantages de massification des modes de transport lourds aux avantages de souplesse et de capillarité du transport routier.
L'optimisation de l'utilisation des infrastructures existantes devient primordiale. Cette optimisation s'effectue grâce à une meilleure gestion du trafic, allant de mesures réactives sur la circulation à un niveau local (par exemple, la régulation des carrefours) à des mesures proactives au niveau du réseau (par exemple, réguler le trafic pour mieux orienter les flux économiquement importants vers les centres économiques vitaux pendant les heures de pointe). Néanmoins, la concrétisation de ces mesures n'est possible qu'à travers un modèle de trafic routier. Ce modèle permet de décrire et de représenter le phénomène de l'écoulement du trafic, il traduit son comportement et prévoit son évolution : il constitue ainsi un socle solide de conception d'outils opérationnels d'évaluation, de prévision, d'aide à la décision ou de régulation, tous nécessaires au gestionnaire dans sa mission.
Nous consacrons le chapitre 3 de cette partie à la modélisation du trafic routier.

2.2.1.2 Synthèse

L'activité du transport, notamment l'activité routière, est devenue un élément stratégique incontournable, s'étendant au-delà d'un simple maillon de la circulation et de la logistique pour former, par analogie avec l'organe vivant, le système circulatoire du monde socio-économique. Ce système, assure à tous les tissus de la chaîne logistique un transfert continu du flux physique. Son fonctionnement résulte d'un mécanisme décisionnel complexe, qui concerne différents secteurs fonctionnels à l'intérieur de la chaîne. Par conséquent, la gestion de ce système de transport d'une manière séparée sans tenir compte de ses nouveaux liens avec les différents secteurs fonctionnels, ne permet pas de réussir le délicat exercice d'équilibre du transport en conciliant un degré de mobilité qui répond aux besoins de la population avec des préoccupations logistiques, économiques, sociales et environnementales.

Dans ce contexte, l'aspect intégration, devient important. Le recours à un nouveau mode de gestion qui permet de redéployer, de coordonner et de synchroniser l'activité du transport avec l'ensemble des chaînes productives et des processus logistiques, est une nécessité pour satisfaire les différentes exigences évoquées.
Afin de faciliter son étude ainsi que son intégration dans la chaîne logistique, le transport est décomposé en réseau selon des couches superposées. Il convient d'insister sur l'importance de la couche inférieure, représentant l'infrastructure, dont sa disponibilité en bon état est un préalable à la mise en œuvre de toutes les autres couches. L'interaction de cette couche avec la couche adjacente, représentant le véhicule, engendre le trafic qui s'exprime volontiers en termes de flux, de circulation, de densité, de mobilité et d'échange entre régions. Selon le couple infrastructure-véhicule autant de types de trafic sont distingués : trafic routier, trafic ferroviaire, trafic aérien, trafic fluvial et trafic maritime. Étant donné que plus de 85% des déplacements se font sur l'infrastructure routière, le trafic routier est devenu le type dominant. La conséquence immédiate de cette intensification du trafic routier qui dépasse de plus en plus les capacités des infrastructures routières, est l'apparition d'énormes problèmes dont la congestion qui bloque les artères de communication routières.
Confrontée à une telle situation de circulation aussi insupportable humainement qu'inefficace socio économiquement, la garantie d'un bon fonctionnement des infrastructures routières est devenue, ainsi, un défi capital que les centres de gestion de trafic essayent de relever en se dotant de toute une panoplie de mesures et d'instruments.
Dans cette optique, diverses mesures d'exploitation peuvent être mises en œuvre afin d'améliorer les conditions de circulation. Toutefois, elles se heurtent aux réalités économiques actuelles. Il est donc aujourd'hui primordial d'optimiser la gestion globale des déplacements routiers, en utilisant au maximum les infrastructures routières existantes. Néanmoins, en règle générale, ce concept d'optimisation de la circulation ne peut pas surmonter tous les effets néfastes de la congestion s'il est mis en œuvre isolément sans tenir compte des caractéristiques et des intérêts de l'ensemble des activités tout au long de la chaîne logistique.
La concrétisation de ce concept d'optimisation n'est possible qu'à travers une modélisation de trafic routier décrivant le phénomène de

l'écoulement du trafic. Nous donnons quelques éléments pour concevoir cette modélisation.

2.2.2 Modélisation du trafic routier : problématique, objectifs, principes et difficultés

2.2.2.1 Problématique et objectifs

La modélisation du trafic quel qu'il soit, en particulier le trafic routier, est une tâche relativement complexe compte tenu de la forte variabilité des caractéristiques propres à l'écoulement lui-même. Elle relève de plusieurs domaines (l'ingénierie, la physique, des mathématiques, l'informatique, l'automatique, l'aménagement du territoire...) (Sassi, 2019).
Cette modélisation doit permettre de décrire le comportement dynamique global de la circulation de véhicules au sein d'un réseau comme elle permet de se focaliser sur le comportement individuel des véhicules lors de l'apparition des événements aléatoires ou de modifications de comportement de conducteurs. Ainsi elle doit être adaptée pour traiter des tronçons particuliers de routes tels que les ronds-points, les rampes d'entrée-sortie, etc.(Senouci Benmansour, 2009).
Avant de présenter les différents modèles d'écoulement existants et de montrer comment ils appréhendent le phénomène du trafic, nous allons tout d'abord commencer par une description rapide des différentes propriétés des tronçons de routes sur lesquels le phénomène de l'écoulement se produit. Ainsi, les variables nécessaires à la compréhension de ce phénomène observé seront présentées. [59]

2.2.2.2 Paramètres et variables

La description de l'évolution du trafic sur un tronçon de route donné nécessite l'obtention de différents types d'information tels que :

- Les paramètres caractérisant le tronçon sur lequel circulent les véhicules ;
- Les données spatio-temporelles caractérisant la dynamique des véhicules considérés individuellement ou collectivement sur le tronçon routier.

---

[59] Nous nous limitons à une description minimale. Pour plus de détails le lecteur peut se référer aux travaux de la thèse (Senouci Benmansour, 2009).

2.2.2.2.1 *Paramètres caractéristiques des tronçons de route*

Un tronçon de route est un support de déplacement ayant pour rôle d'assurer une circulation du trafic entre deux intersections. Il est caractérisé par un certain nombre de propriétés telles que :

- La structure du tronçon, traduite par un ensemble de caractères tels que la sinuosité et la configuration des voies, l'agencement, l'existence d'un séparateur central de chaussées, la pente, le sens de circulation, etc. ;
- La capacité du tronçon, désignée par un certain nombre de paramètres dont les plus importants sont la longueur du tronçon, le nombre et la largeur des voies, la capacité d'écoulement du tronçon 60 et la vitesse maximale de déplacement ou le temps de parcours minimum pour traverser le tronçon. Cette vitesse limitée étant par exemple déterminée en fonction de l'infrastructure et des limitations imposées par le code de la route ou permises par la voie elle-même sur l'axe de circulation considéré ;
- Le type du tronçon, qui peut indiquer la nature de la route à laquelle appartient le tronçon, tel qu'une autoroute, route nationale, ou route départementale.

Suivant le niveau de détail avec lequel on souhaite reproduire la situation du trafic sur un tronçon, ce dernier est subdivisé en un nombre fini de segments (ou cellules) dont la longueur est de l'ordre de quelques mètres (4,5m ou 7,5m) pour une vision microscopique, à quelques centaines de mètres voire quelques kilomètres (100m – 3km) pour une vision macroscopique.

2.2.2.2.2 *Données spatio-temporelles du trafic routier*

La description de l'écoulement du trafic en tout point du réseau et à tout instant, est définie à travers un ensemble de variables adéquates. Ces variables se distinguent en deux catégories : macroscopiques ou microscopiques suivant le niveau de détail avec lequel on souhaite reproduire la situation du trafic sur le réseau.

- Variables microscopiques, utilisées pour exprimer le comportement individuel des véhicules en fonction des conditions de trafic qu'ils rencontrent :

[60] La capacité d'un tronçon se définit généralement par le nombre maximum de véhicules pouvant parcourir ce tronçon dans un sens pour une durée donnée.

- Distance inter-véhiculaire (DIV) ;
- Temps inter- véhiculaire (TIV).

- Variables macroscopiques, utilisées pour exprimer le comportement moyen des flots de véhicules sur le réseau routier. Elles sont définies de la manière suivante :
    - Densité moyenne ;
    - Débit moyen ;
    - Vitesse moyenne d'un flot de véhicules.

Pour mesurer ces variables macroscopiques sur le terrain, il est nécessaire d'utiliser un échantillonnage spatio-temporel adapté au flux véhiculaire. L'échantillonnage est effectué à travers des capteurs implantés dans des endroits essentiels sur les axes routiers et aux abords des intersections. Ces capteurs sont reliés à des détecteurs[61], eux-mêmes faisant partie d'une station de mesure équipée d'un moyen d'acquisition[62], d'un moyen de stockage et d'un moyen de transmission permettant de restituer les mesures effectuées. Parmi les principaux types de capteurs utilisés pour mesurer ces variables macroscopiques du trafic, citons : capteurs à effet Doppler, boucles électromagnétiques, capteurs pneumatiques, capteurs à ultrasons, capteurs vidéo et véhicule traceur.

2.2.3 Modèles de l'écoulement du trafic le long d'un tronçon de route

Modéliser l'écoulement du trafic le long d'un tronçon de route, revient à établir une représentation simplifiée du phénomène de la circulation des véhicules en fonction des différentes propriétés de la section de route sur laquelle circulent ces véhicules. Généralement, cette représentation passe par une définition des paramètres caractéristiques, des variables descriptives et des équations mathématiques reliant ces différentes variables et paramètres, traduisant ainsi le comportement de la circulation sur la section considérée. La résolution de ces équations détermine la manière dont progressent dans le temps des véhicules sur le tronçon de route à partir d'un état initial donné (le nombre de véhicules qui veulent entrer dans ce tronçon et le nombre de véhicules qui peuvent en sortir) et de conditions de circulation sur le tronçon (restriction de capacité, incidents, etc.).

---

[61] Détecteur : dispositif électronique servant à mettre en forme le signal issu du capteur.

[62] Acquisition : tâche permettant de fournir des données élaborées à partir de signaux de détecteurs.

Un très grand nombre de modèles de l'écoulement coexistent et que l'on peut classer en deux grandes catégories selon le niveau de détail sur lequel ils reproduisent l'écoulement du trafic le long du tronçon de route (Senouci Benmansour, 2009) :

- Les modèles microscopiques ;
- Les modèles macroscopiques.

Nous détaillerons dans le chapitre 3 un exemple utilisant l'approche Bond Graph pour la modélisation du trafic routier.

2.3 Conclusion

Les différentes études menées pour cerner le phénomène du trafic ont conduit à définir des paramètres caractéristiques, des variables descriptives et des équations mathématiques reliant ces différentes variables et paramètres, établissant ainsi des modèles de trafic qui permettent de traduire le comportement de la circulation aux différents niveaux de détails sur une section de route considérée. Dans l'histoire de ces modèles, il est rapidement apparu deux grandes catégories de modèles, chaque catégorie étant fondée sur une vision différente du trafic. Il s'agit :

- Des modèles microscopiques, qui expriment le comportement de chaque véhicule en fonction des mouvements des autres véhicules l'environnant sur sa voie de circulation, d'une part ;
- Des modèles macroscopiques, qui représentent et étudient le trafic routier comme un flux continu, sur la base d'une analogie avec l'hydrodynamique, d'autre part.

Les modèles microscopiques offrent l'avantage du détail des phénomènes à décrire et de la richesse des informations à fournir. Toutefois, ils nécessitent un grand nombre de paramètres pour leur fonctionnement et dont le calibrage s'avère souvent long et difficile.

Quant aux modèles macroscopiques, ils ont pour avantage majeur, outre leur simplicité, de donner un accès direct à des variables globales en sortie du modèle : la densité, le débit et la vitesse moyenne du flux de trafic. Ce qui permet de généraliser la représentation du trafic à travers tout le réseau routier. Toutefois, ce type de modèles, présente plusieurs difficultés lorsqu'il s'agit de prendre en compte l'aspect dynamique qui représente un sujet intéressant de recherche.

En outre, du point de vue de l'exploitation de ces modèles, la quantité de données à traiter par les modèles microscopiques et la complexité de leurs équations[63] excluent la résolution analytique de ces modèles et rendent le calcul d'une résolution numérique très lent pour une exploitation en temps réel. Quant aux modèles macroscopiques, ils sont basés sur des équations aux dérivées partielles nécessitant souvent de recourir aux techniques de discrétisation, source de plusieurs erreurs d'approximation, pour les résoudre.

Nous présentons dans le chapitre suivant un exemple de modélisation du trafic routier par l'approche Bond Graph.

---

[63] Cette complexité est due au temps de retard induit par le temps de réaction des conducteurs.

Chapitre 3 Modélisation de la Circulation routière par l'approche Bond Graph

Le choix de cette approche n'est pas anodin, il nous permet d'utiliser dans la modélisation du SLI traitée dans la partie II. Nous empruntons cette étude aux travaux décrits dans la thèse (Senouci Benmansour, 2009).

3.1 Introduction

La montée en puissance des préoccupations d'intégrer l'activité routière dans la chaîne logistique globale, met en tension la nécessité d'introduire de nouveaux outils permettant de redéployer, de coordonner et de synchroniser l'activité routière avec l'ensemble des activités de la chaine logistique dès la phase de conception (A Benabdelhafid, 2008). Ce qui nous conduit à rechercher de nouveaux modèles permettant de répondre aux besoins exprimés, afin de répondre au mieux à la problématique de trafic.
L'approche Bond Graph, emprunté aux « déplacements des électrons », se révèle un outil efficace pour du trafic routier (S Benmansour et al., 2011). En effet, cette approche induit un esprit universel, fondé sur l'analogie et la dualité entre phénomènes. Elle permet d'exprimer la sémantique des phénomènes de trafic, qui se produisent sur le réseau routier, à travers une représentation phénoménologique[64] permettant de mettre en évidence la nature physique et la localisation des variables d'états du trafic[65]. Parmi les attraits de cette approche, on peut souligner sa vision graphique qui contribue à clarifier l'analyse, sa formulation systématique des équations mathématiques qui permettent une prédiction précise du comportement du système étudié, et sa méthodologie automatique pour l'élaboration de modèles qui ouvre des perspectives vers la modélisation intelligente.
Une description rapide des principes de base de l'approche BG fera l'objet des paragraphes suivants.

---

[64] L'approche phénoménologique conduit à respecter la posture de chaque personne et à accéder à son vécu personnel en respectant le sens de son expérience...
[65] https://slideplayer.fr/slide/1185284/

3.2 La modélisation des systèmes dynamiques par l'approche bond graph

L'approche phénoménologique[66] Bond Graph (BG) ou graphe de liaisons est une technique de modélisation pour représenter graphiquement, le comportement dynamique des systèmes physiques. Elle utilise un langage unique, applicable à tous les domaines de la physique (électrique, mécanique, pneumatique, hydraulique, chimique, thermique…) facilitant ainsi considérablement l'étude des systèmes composés et hétérogènes. Le besoin d'une telle approche unifiée des systèmes dynamiques trouve leur origine avec G. Kirchhoff[67] qui pensait que toute la physique pouvait être représentée sous forme de réseau. Finalement « le formalisme bond graph permet plusieurs niveaux d'abstraction (niveau technologique, niveau phénoménologique, niveau mathématique) et engendre une hiérarchie des modèles[68] ».

3.2.1 Outils de base de la modélisation par BG

Dans cette partie, nous allons présenter le principe et les outils de base de l'approche BG. La représentation graphique du transfert d'énergie entre les différents phénomènes physiques impliqués dans un système sera suivie par la définition des différentes variables généralisées mises en jeu.

3.2.1.1 Principe

L'approche BG repose essentiellement sur la caractérisation des phénomènes d'échange de puissances au sein du système. Elle se propose de représenter graphiquement l'articulation des transferts d'énergie entre les différents constituants du système, où cette articulation est en accord avec le principe fondamental de conservation de l'énergie et de continuité de la puissance. Cette représentation graphique procède par une démarche descendante consistant à décomposer fonctionnellement le système en sous-systèmes de plus en plus simples jusqu'au niveau le plus élémentaire constitué de

---

[66] La méthode des récits phénoménologiques est collaborative entre le chercheur et les participants avec des interprétations qui sont proposées et validées.
[67] Gustav Kirchhoff (1824-1887) physicien allemand. Il est surtout connu dans le domaine de l'électricité après avoir énoncé deux règles importantes exprimant la conservation de l'énergie et de la charge dans un circuit électrique, connues sous le nom des lois de Kirchhoff.
[68] https://tel.archives-ouvertes.fr/tel-00281583/document

composants de base échangeant de l'énergie à travers des structures de jonction qui vérifient les lois de Kirchhoff. Ces composants permettent de représenter les aspects de type phénoménologique dans le système, à savoir : fourniture, stockage, dissipation, transfert ou transformation de l'énergie.

3.2.1.2 Liens de puissance

L'approche BG illustre les transferts énergétiques dans le système en utilisant des **liens de puissance**. Un lien (bond, en anglais) de puissance est symbolisé par une demi-flèche décrivant l'interaction entre deux sous-systèmes. L'orientation de cette demi-flèche indique le sens conventionnel d'échange de puissance ou d'écoulement d'énergie. La figure III-1 représente l'écoulement d'énergie du sous-système (composant) ***A*** vers le sous-système (composant) ***B***. Ces liens de puissance véhiculent les variables dynamiques mises en jeu dans le calcul.

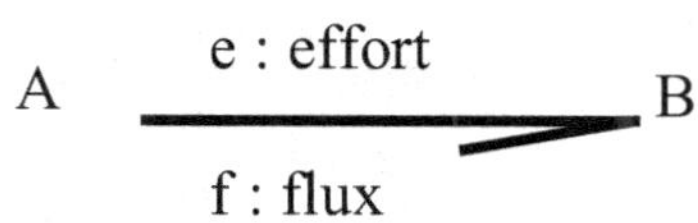

Figure III-1: Représentation du transfert d'énergie par le lien de puissance ;

3.2.1.3 Variables dynamiques mises en jeu dans le calcul

On distingue deux types de variables : les variables de puissance et les variables d'énergie. Indépendamment du domaine considéré, ces variables sont appelées variables généralisées. À chaque lien de puissance sont associées deux variables génériques complémentaires : l'effort e et le flux f, dont le produit exprime la puissance transmise par le lien.

La connaissance à chaque instant de ces couples de variables, dites de puissance, constitue l'information nécessaire et suffisante pour décrire l'interaction entre les sous-systèmes.

Ces deux variables ont une signification physique dans pratiquement tous les domaines de la physique.

L'énergie transférée est calculée par l'intégrale de la puissance échangée par rapport au temps :

On distingue alors deux variables d'énergie p et q qu'on peut définir par l'intégration des variables de puissance par rapport au temps :
$p(t)$: dite variable du moment généralisé.
$q(t)$: dite variable du déplacement généralisé
Les variables ont pour rôle de constituer les variables d'état, dont la connaissance au niveau des composants dynamiques permet de connaître le comportement dynamique global du système considéré.
Le tableau suivant présente quelques exemples de domaines d'applications.

Tableau III-1: Correspondances physiques des variables généralisées ; Source : (Senouci Benmansour, 2009)

Domaine physique	Variables de puissance		Variables d'énergie	
	Effort $e(t)$	Flux $f(t)$	Moment $p(t)$	Déplacement $q(t)$
Électrique	Tension u	Courant i	Flux magnétique ϕ	Charge q
Mécanique de translation	Force F	Vitesse V	Moment p	Déplacement x
Mécanique de rotation	Couple r	Vitesse angulaire ω	Moment angulaire h	Angle θ
Hydraulique	Pression P	Débit volumique Q	Impulsion pression Γ	Volume V
Chimique	Potentiel chimique μ	Flux molaire $\dot{n}$	Non utilisé	Masse molaire n
Thermodynamique	Température T	Flux d'entropie $\dot{S}$	Non utilisé	Entropie S
Acoustique	Pression P	Vitesse volumique ϕ_v	Impulsion Γ	Volume V
Économique	Prix unitaire P_u (\$/unité)	Flux de commande f_c (unité/période)	Investissement I ((\$/unité).période))	Commande C (unité)

Pour certains domaines, il est plus conforme d'utiliser des variables d'effort et de flux, dont le produit ne correspond plus à la dimension d'une puissance.[69]

[69] On emploie dans ce cas le terme de « Pseudo BG ».

3.2.1.4 Liens d'information

Lorsqu'une des variables véhiculées par un lien de puissance est très faible, seul un échange d'information (signal) entre deux sous-systèmes peut avoir lieu, aucun échange de puissance n'intervient. Le lien est alors un lien d'information et non plus un lien de puissance.
Un tel lien véhicule qu'une seule variable (effort ou flux) et utilise la représentation classique d'un signal (flèche entière) (cf. figure III-2) :

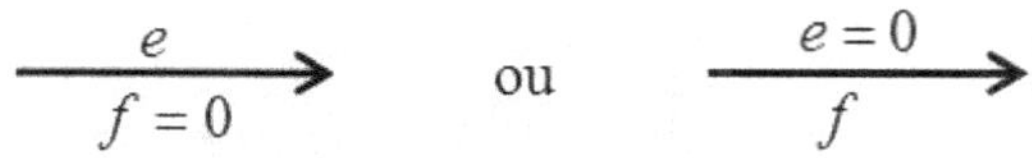

Figure III-2: Représentation du transfert d'information par le lien d'information ;

Ce type de lien permet d'intégrer dans le modèle BG des capteurs, des instruments de mesure, des opérateurs de calcul (intégrateurs, sommateurs, comparateurs…etc.) et des correcteurs délivrant un signal de commande.

3.2.1.5 Éléments de base du BG

La terminologie de l'approche BG n'est pas unifiée uniquement pour les variables dynamiques mises en jeu, mais aussi pour les éléments élémentaires constituants les systèmes physiques. Ces éléments peuvent être classés en fonction de leur comportement énergétique en plusieurs classes :

- L'élément dissipatif : R ;
- Les éléments de stockage : C et I ;
- Les éléments sources : Se et Sf ;
- Les éléments détecteurs : De et Df ;
- Les éléments de jonctions : *1, 0, TF* et *GY.*

Les aspects de type phénoménologique représentés par ces éléments sont donnés par la figure III-3.[70]

[70] Pour les définitions de ces éléments, se référer à la thèse (Senouci Benmansour, 2009).

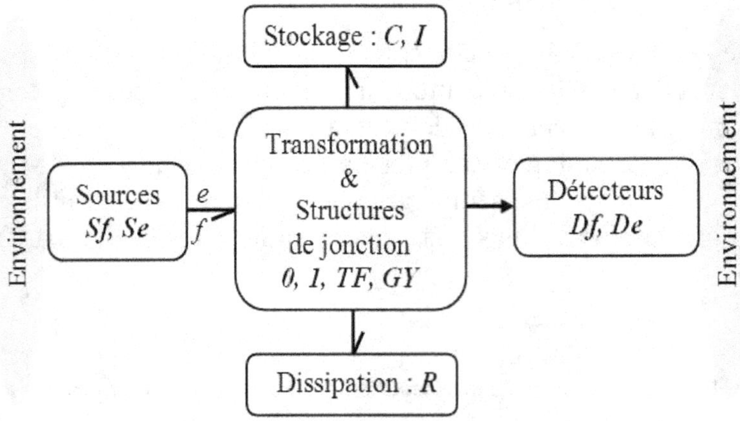

Figure III-3: Aspects phénoménologiques d'un modèle BG ; Source : (Senouci Benmansour, 2009)

Il est important de noter que les éléments R,Sf, S_e, TF et GY acceptent d'être modulés par une information (signal). Leur désignation est alors précédée éventuellement d'une lettre « M » tels que MR, MSf, MSe, MTF et MGY. Les relations constitutives caractérisant ces éléments sont exprimées en fonctions des signaux de modulation qui y sont connectés à travers les liens d'informations.

3.2.1.6 Construction d'un modèle Bond Graph

La construction d'un modèle BG est réalisée en deux étapes :
La première étape consiste à construire l'architecture globale du système par un BG à mot (ou Word Bond Graph en anglais) en décomposant le système à modéliser en sous-systèmes décrits par des boites noires (sans le détail des liens et éléments BG) dont l'interconnexion est assurée par des couples de variables effort-flux. Cette décomposition conduit à un modèle fonctionnel au même titre que le modèle SADT[71] traité dans le chapitre 1.
La deuxième étape consiste à reproduire graphiquement tous les phénomènes physiques pris en compte dans les hypothèses de modélisation pour chaque sous-système. À ce niveau, des procédures systématiques sont mises en œuvre.

---

[71] *C'est une méthode d'analyse et de conception de système qui a été proposé par D. T. Ross en 1977. Elle adopte une approche systémique en ce sens qu'elle considère que tout système complexe est une structure composée de systèmes plus simples en interaction* (Vernadat, 1999).

3.2.1.7 Concepts de causalité et de bicausalité en BG

Le concept de la causalité constitue une qualité très appréciable de l'approche BG. Il permet de mettre en évidence les relations de cause à effet au sein du système. Cette notion complémentaire à la transmission de puissance permet ainsi :

- De transformer le modèle BG initial (acausal), qui est un schéma représentant l'architecture du système et les transferts de puissance entre ses composants, en un schéma représentant des échanges d'informations à travers une structure de graphe orienté (l'orientation des variables effort et flux sur chaque lien);
- D'introduire explicitement la distinction entre cause (ou donnée) et effet (ou conséquence), distinction absente dans la plupart des représentations graphiques courantes (les digraphes, les graphes de fluence, les schémas blocs...etc.) ;
- D'associer au modèle BG une structure de calcul qui guide systématiquement l'écriture des modèles mathématiques sans aucun calcul et les présenter sous la forme d'un schéma de calcul structuré implantable directement sur calculateur
- D'offrir des possibilités, en termes d'analyse systémique, de déterminer graphiquement (sans calcul) les propriétés structurelles du système (commandabilité, observabilité, rang structurel, découplabilité, surveillabilité, détermination des sensibilités, ...), en parcourant le modèle BG causal suivant des chemins particuliers appelés chemins causaux ;
- De garantir l'assemblage cohérent d'éléments BGs, et de découvrir les problèmes numériques en cours de conception avant de passer à l'écriture du code de calcul.

Le concept de la bi causalité permet d'étendre la notion de causalité en ajoutant la possibilité d'orienter les deux variables d'un lien (effort et flux) dans un même sens (cf. figure III-4). Une telle extension permet également d'aborder la problématique d'inversion du système, problématique qui va dans le sens d'une approche systémique de la conception qui préconise une démarche descendante en partant de la connaissance des réponses désirées du système pour retrouver les entrées.

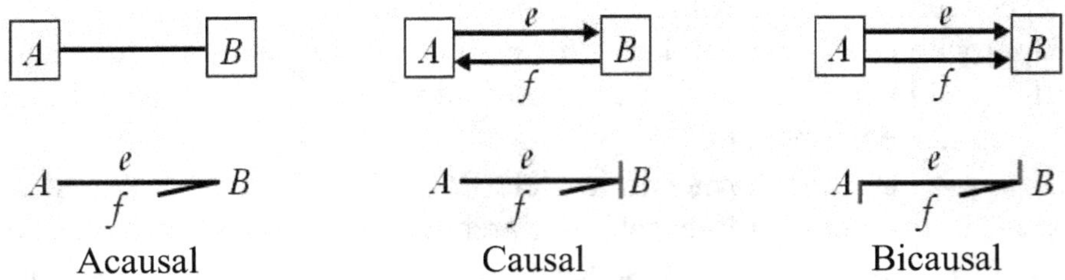

Figure III-4: Les possibilités d'affectation de la causalité et de la bicausalité et les orientations correspondantes des variables de puissance ;

Les 2 tableaux suivants récapitulent les causalités possibles sur les différents éléments BG ainsi que les schémas de calcul mathématique et les schémas blocs associés[72].

Tableau III-2: Les règles d'affectation de la causalité pour les éléments de base BG-(1) ;

Élément	**Causalité**	**Symbole**	**Schéma de calcul associé**	**Schéma bloc associé**
Transformateur TF	Effort rentrant	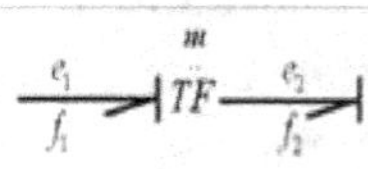	$\begin{cases} e_2 = \frac{1}{m} e_1 \\ f_1 = \frac{1}{m} f_2 \end{cases}$	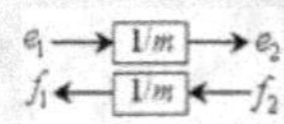
	Flux rentrant	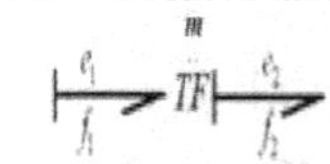	$\begin{cases} e_1 = m\, e_2 \\ f_2 = m\, f_1 \end{cases}$	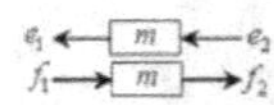
Gyrateur GY	Effort rentrant	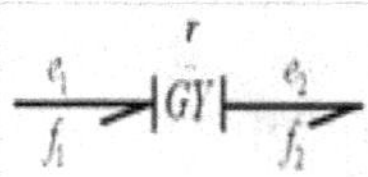	$\begin{cases} f_2 = \frac{1}{k} e_1 \\ f_1 = \frac{1}{k} e_2 \end{cases}$	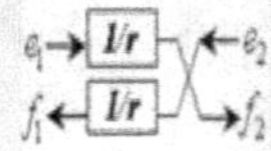
	Flux rentrant	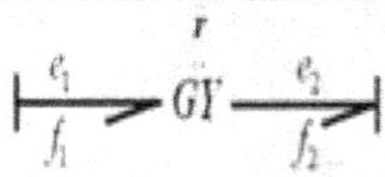	$\begin{cases} e_1 = k\, f_2 \\ e_2 = k\, f_1 \end{cases}$	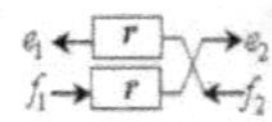
Jonction 0	Un seul trait près de la jonction 0	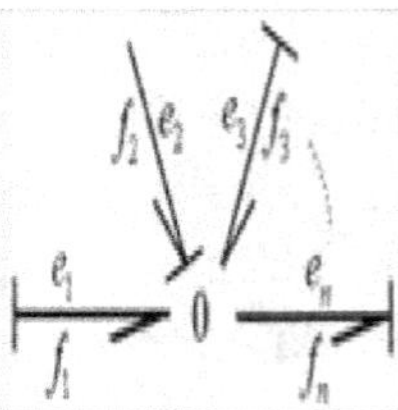	$\begin{cases} e_1 = e_2 \\ e_3 = e_2 \\ e_n = e_2 \\ f_2 = -f_1 - f_3 + \cdots + f_n \end{cases}$	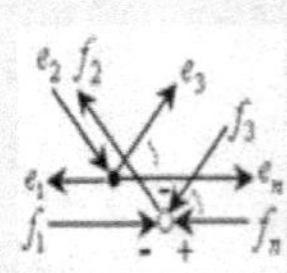

[72] On Peut trouver chez la communauté du BG quelques différences dans le formalisme.

Jonction 1	Un seul trait loin de la jonction 1	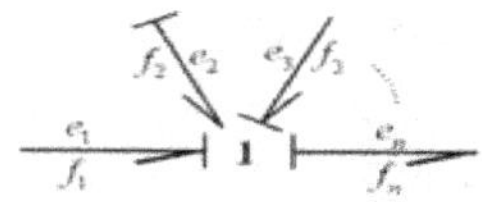	$\begin{cases} f_1 = f_2 \\ f_3 = f_2 \\ f_n = f_2 \\ e_2 = -e_1 - e_3 + \cdots + e_n \end{cases}$	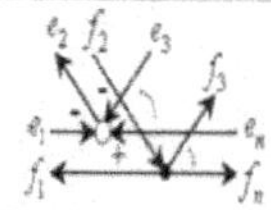

Tableau III- 3: Les règles d'affectation de la causalité pour les éléments de base BG-(2) ;

Élément	**Causalité**	**Symbole**	**Schéma de calcul associé**		**Schéma bloc associé**
			En générique	Cas linéaire	
Source de flux *Sf*	Obligatoire		f imposé par Sf		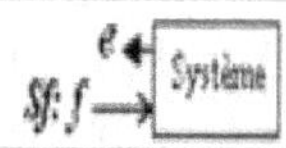
Source d'effort *Se*		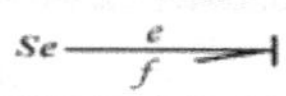	e imposé par Se		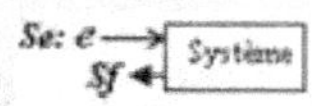
Détecteur de flux *Df*	A titre indicatif	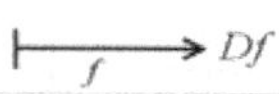	f mesuré par Df		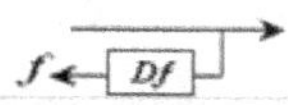
Détecteur d'effort *De*		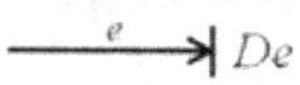	e mesuré par De		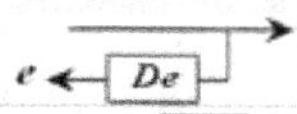
L'élément R	Conductance		$f = \varphi^{-1}R(e)$	$f = \frac{1}{R}.e$	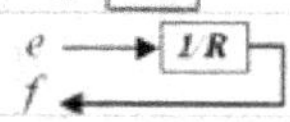
	Résistance	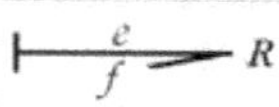	$e = \varphi_R(f)$	$e = R\,f$	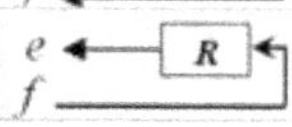
L'élément C	Intégrale		$e = \varphi_C(\int f\,dt))$	$e = \frac{1}{c}\int f\,dt$	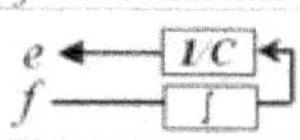
	Dérivée		$f = \frac{d}{dt}(\varphi^{-1}(e))$	$f = C\,\frac{de}{dt}$	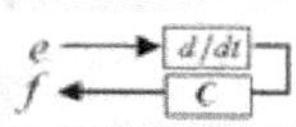
L'élément I	Intégrale		$f = I(\int e\,dt))$	$f = \frac{1}{I}\int e\,dt$	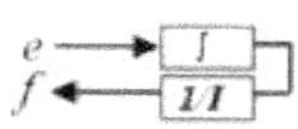
	Dérivée		$e = \frac{d}{dt}(\varphi^{-1}(f))$	$e = I\,\frac{df}{dt}$	

La combinaison de l'ensemble des propriétés énoncées dans une seule approche, en l'occurrence l'approche BG, peut contribuer d'une manière significative à la modélisation des systèmes pluridisciplinaires tels que le trafic routier (S Benmansour et al., 2011). Nous listons les apports de cette approche dans le paragraphe suivant.

3.2.2 Apports de l'approche BG dans le domaine du trafic routier (Senouci Benmansour, 2009)

L'approche BG semble bien adaptée à la modélisation du trafic routier pour les raisons suivantes :

Son aspect phénoménologique qui permet d'exprimer la sémantique des phénomènes qui régissent le trafic, tels que les phénomènes de génération et de stockage du flux de véhicules, ainsi que les phénomènes d'apparition d'obstacles et d'incidents, de rétrécissement de la chaussée, de changement du comportement de conducteur résultant de l'état aval du trafic, etc. Cette explication de la logique propre des phénomènes permet de mettre en évidence la nature physique et la localisation des variables d'états du système. Ce qui donne une idée rapide sur l'évolution du trafic ;

Son langage unifié pour tous les domaines physiques, fondée sur la notion d'analogie entre phénomènes, qui permet de représenter les différents phénomènes de natures diverses du trafic selon un tout cohérent et unifiant, ce qui permet de faciliter la perception de ces phénomènes dans leur globalité et d'apporter une lisibilité en termes d'analyse des interactions. D'autre part, cette unification du langage permet une communication entre les différentes communautés scientifiques et facilite ainsi le partage disciplinaire de l'expertise. Cet apport facilite énormément la tâche d'intégration de l'activité routière dans la chaîne logistique globale ;

Sa représentation graphique structurée qui permet de visualiser la topologie des échanges entre les phénomènes et d'afficher explicitement les relations de cause à effet à travers le concept de la causalité[73] , ce qui permet de mener directement sur le schéma BG l'analyse du modèle et l'étude des propriétés structurelles[74] du trafic (stabilité interne, commandabilité, observabilité, platitude, détermination des sensibilités, …) ;

Sa formulation systématique des modèles analytiques (matrices de transfert, équations d'état linéaires ou non linéaires, système

---

[73] C'est le respect de la relation cause-à-effet définit par Spinoza en 1675 Cette relation qui règne dans les phénomènes physiques implique qu'un comportement a nécessairement une cause et évidemment cette cause doit précéder son effet https://books.openedition.org/psorbonne/152?lang=fr.

[74] On désigne par « propriété structurelle » toute propriété d'un modèle qui ne dépend que du type des éléments qui composent ce modèle et de la manière dont ils sont interconnectés, sans utiliser la valeur numérique de leurs paramètres.

d'équations différentielles) à partir desquelles il est possible d'analyser, de simuler, d'évaluer les performances et de contrôler l'écoulement du trafic. Ceci est un avantage considérable puisqu'il n'est plus nécessaire d'avoir recours aux techniques de discrétisation pour résoudre les équations aux dérivées partielles décrivant le trafic qui sont remplacées par les équations aux dérivées ordinaires dans le modèle BG ;

Son caractère évolutif qui permet aisément d'affiner le modèle obtenu par simple ajout de nouveaux éléments sans avoir à reprendre la démarche de modélisation depuis le début, cela autorise d'une part une correction en temps réel lors de la phase de conception et d'autre part de suivre les modifications de l'infrastructure routière dues à des situations nouvelles ;

Son caractère modulaire consiste à modéliser séparément chaque élément de base d'un réseau routier complexe par des blocs génériques d'éléments BG puis construire le modèle complet. Cette association (modularité-généricité) autorise par la suite une construction systématique du modèle BG pour un réseau quelconque, en permettant la réutilisation des modèles et des concepts existants ;

Son nombre réduit de composants, caractérisés par leur nature générique, adaptables à n'importe quel domaine, offrant par conséquent une grande flexibilité de modélisation et permettant de rendre intelligible un phénomène perçu complexe ;

Son caractère pédagogique qui permet de guider le concepteur dans la démarche souvent complexe de modélisation et d'analyse, en suivant des règles allant de la construction de modèles à leur mise en équations ;

Son caractère flexible qui offre la possibilité d'évoluer progressivement vers une granularité de plus en plus fine, selon les hypothèses simplificatrices consenties en regard des objectifs de conception. En ce sens, cette flexibilité de modélisation permet de rechercher le modèle de trafic pour le niveau d'analyse visé ;

Son pouvoir calculatoire représenté par le concept de bicausalité qui étend la notion de causalité en inversant le sens physique des relations de cause à effet. Une telle inversion permet également d'aborder le problème d'inversion du système et de forcer la définition de l'information dans le sens souhaité par le concepteur en partant de la mission confiée au système pour remonter aux contraintes résultantes. La synthèse bicausale permet ainsi d'aborder graphiquement des problèmes pratiques tels que l'optimisation, la représentation explicite de l'état initial dans le modèle, l'identification des paramètres, le dimensionnement du réseau et la synthèse des lois de commande du trafic aux points d'articulation du réseau ;

Ses caractères multi-niveaux de modélisation qui permet d'intégrer, dans un même modèle, plusieurs aspects : fonctionnel, structurel et comportemental. L'aspect fonctionnel consiste à concevoir le modèle comme l'encapsulation de plusieurs modèles élémentaires échangeant des flux et des informations, ce qui apporte une grande aptitude à la hiérarchisation. Quant à l'aspect structurel, il consiste à reproduire graphiquement tous les phénomènes pris en considération et de faire apparaître les relations de cause à effet. Enfin, l'aspect comportemental consiste à guider de façon systématique l'écriture et l'organisation des équations mathématiques.

La figure suivante résume les différentes phases de représentation dans l'étude par BG.

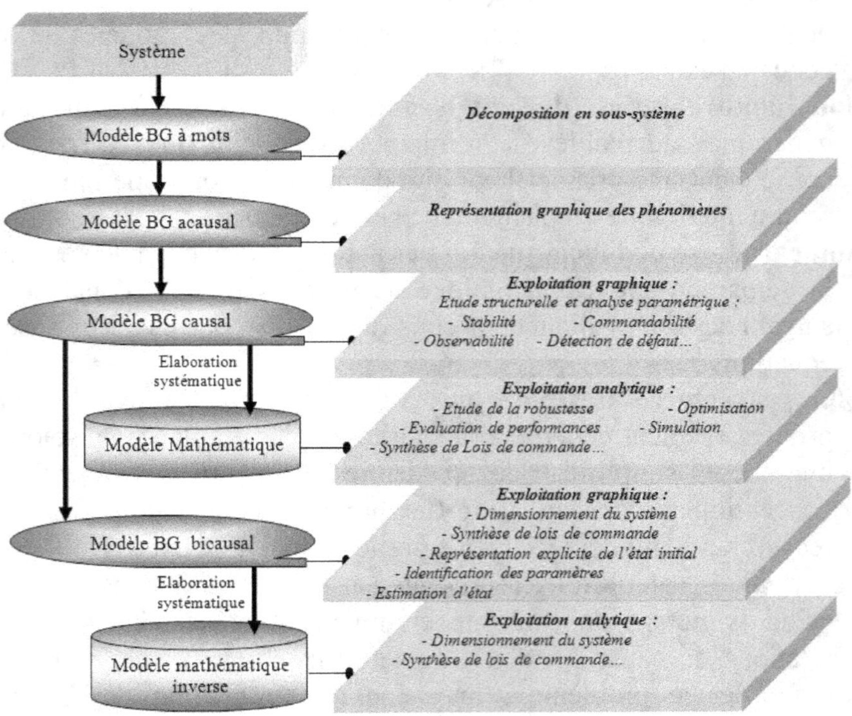

Figure III-5: Différentes phases de représentation dans l'étude par BG ; Modélisation de la circulation routière par l'approche bond graph (S Benmansour et al., 2011)

Ce résumé d'exemple de modélisation par le BG est extrait de la thèse (Senouci Benmansour, 2009). Il permet d'illustrer les concepts avancés.

Précédemment. Il s'agit d'une représentation du trafic sur un tronçon de route donné, que ce soit en milieu urbain ou interurbain. Ce modèle doit faire, dans sa description du trafic, la différence entre le niveau macroscopique destiné à tous les axes d'un réseau routier donné et le niveau microscopique destiné uniquement aux endroits du réseau dont le traitement requiert une certaine précision.

3.2.2.1 Modélisation macroscopique

Afin de parvenir à une description macroscopique BG de l'écoulement du trafic, nous nous basons sur une analogie entre les lois régissant le trafic et celles du BG, tout en procédant à une discrétisation spatiale adaptée.

3.2.2.1.1 Niveau de discrétisation requis

La discrétisation spatiale à cette échelle macroscopique, consiste à subdiviser le tronçon de route, auquel on souhaite appliquer le modèle, en un nombre fini N de segments équidistants $[x_{i-1}, x_i]$. De longueur $\Delta x_i, i = 1, \ldots, N$; La longueur d'un segment représente la distance entre deux capteurs implantés sur la chaussé. Usuellement, elle est choisie de quelques centaines de mètres à quelques kilomètres (100m – 3km) selon le type du tronçon (urbain ou interurbain)]. Les grandeurs caractéristiques de l'écoulement (le débit $_i$, la densité ρ_i et la vitesse v_i) sur chaque segment ne sont plus dépendantes de la position, elles sont supposées dépendre uniquement du temps.

3.2.2.1.2 Modèles macroscopiques BG

Selon la structure du tronçon, différents types de segments peuvent se présenter.

- Segment à sens unique ;
- Segment à double sens ;
- Deux segments consécutifs.

Nous présentons dans cette section les modèles macroscopiques BG de ces différents types de segments et, par conséquent, nous déduisons par simple assemblage le modèle macroscopique BG du tronçon que celui de la route.

↳ Modèle BG d'un segment à sens unique

On se place sur un segment de route sur lequel les véhicules allant tous dans le même sens, et par souci de simplicité, on considère que le segment ne comporte aucun flux d'entrée ou de sortie secondaire (pas de rampe d'accès r_i ou de sortie s_i) (cf. figure III-6).

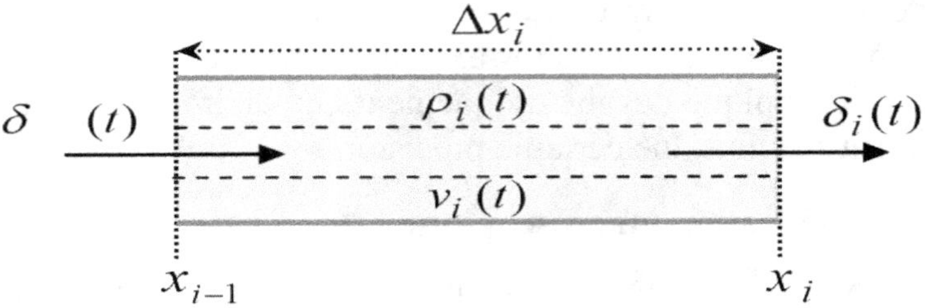

Figure III-6: Schéma de principe d'un segment à sens unique ;

Dans le modèle BG, ce segment de la route est représenté par un élément-C du BG connecté causalement à une jonction-0, comme le montre la figure III-7.

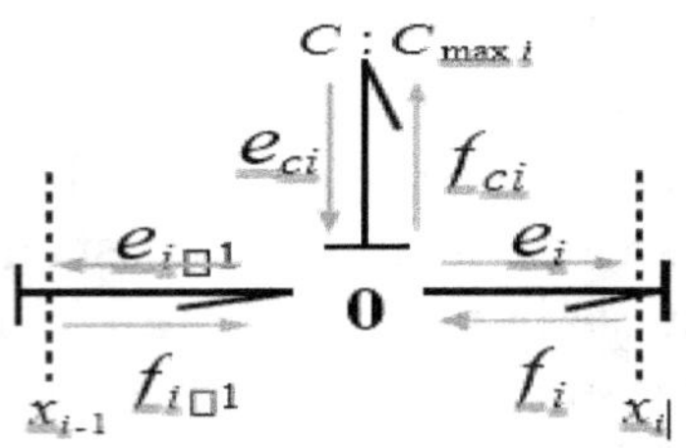

Figure III-7: Élément BG du segment i de la route ;

La valeur de la capacité de l'élément–C, $Cmax_i$, représente la capacité limitée du segment i. Elle correspond au nombre maximum de véhicules qui peuvent être présents sur le segment $[x_{i-1}, x_i]$ à l'instant t. Ainsi, $Cmax_i$ s'exprime comme :

$Cmax_i = \rho max_i \cdot \Delta x_i$

ρmax_i est la densité maximale du segment i, celle pour laquelle tous les véhicules sont à l'arrêt (le régime du trafic atteint une situation de blocage), et Δx_i est la longueur du segment i.

↬ Modèle BG d'un segment à double sens

Dans le cas d'un segment à double sens, la capacité totale $Cmax_i$ est partagée entre deux voies (a priori on choisit un partage équitable) comme illustré à la figure III-8.

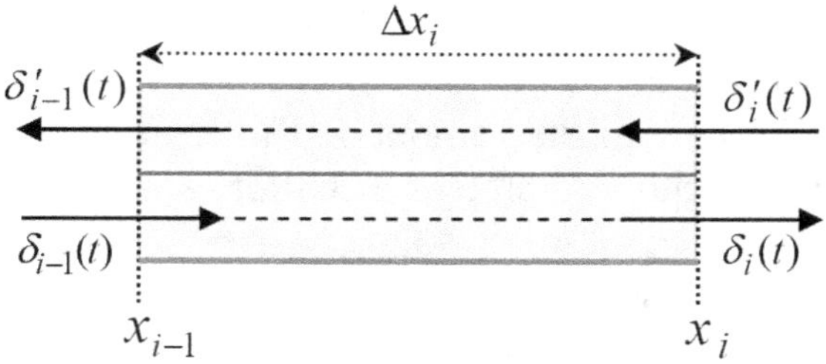

Figure III-8: Schéma de principe d'un segment à double sens ;

Chaque voie du segment est modélisée par un modèle BG élémentaire de la figure III-7. Ainsi, le modèle BG du segment à double sens, peut être obtenu intuitivement par la mise en parallèle des deux modèles BGs élémentaires associés aux voies du segment, comme le montre la figure III-9.

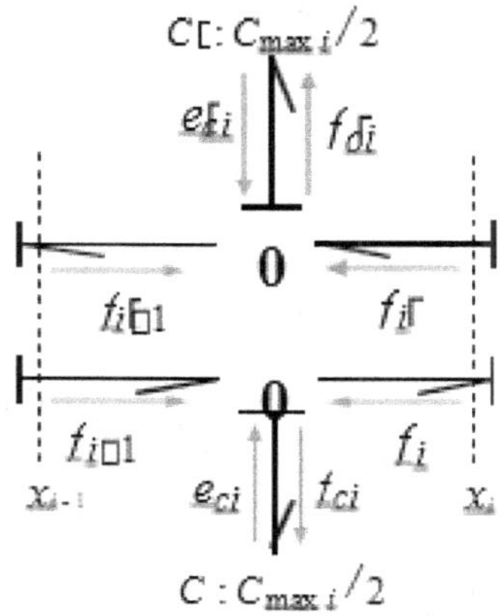

Figure III-9: Modèle BG d'un segment à double sens ; (S Benmansour et al., 2011)

3.2.2.2 Modèle BG de deux segments consécutifs

3.2.2.2.1 Prise en compte de contraintes d'offre et de demande

On appelle la limite entre deux segments adjacents i et $(i+1)$ une interface. C'est le lieu où les conditions de trafic aval seront transmises aux véhicules. Par conséquence, le débit $\delta_i(t)$ au niveau de cette interface dépend à la fois :

De la demande du segment i en amont de l'interface correspondant au nombre de véhicules qui s'apprêtent à quitter, à un instant donné, ce segment ;

Et de la contrainte d'offre imposée par le segment $(i+1)$ en aval de l'interface correspondant au nombre maximum de véhicules qui peuvent entrer dans ce segment (Cf. figure III-10).

On considère qu'un débit frontière $\delta_i\ (t)$ appartient à la fois au segment amont dont il est le débit de sortie et au segment aval dont il est le débit d'entrée.

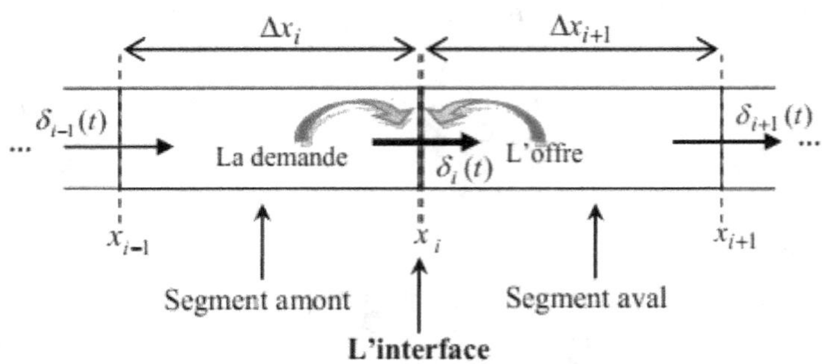

Figure III-10: Calcul du débit à l'interface en fonction des contraintes de demande et d'offre imposées respectivement par les segments amont et aval ; (S Benmansour et al., 2011)

Le débit $\delta_i\ (t)$ au niveau de l'interface s'exprime donc en fonction du nombre de véhicules se trouvant, à un instant donné, dans le segment amont i et du nombre d'emplacements disponibles dans le segment aval $(i+1)$.

3.2.2.2.2 Représentation BG

En nous inspirant du travail fait auparavant dans le domaine des systèmes de production, nous pouvons modéliser cette interface par une jonction MTF de module d'adaptation m_i, placé entre une jonction-1 et un élément R, comme le montre la figure III-11.

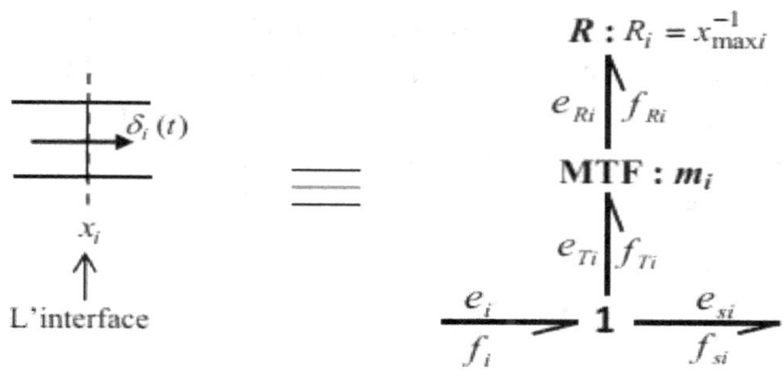

(a) Schéma de principe de l'interface *(b) Modèle Bond Graph partiel associé*

Figure III-11: Modèle BG partiel de l'interface entre le segment amont i et le segment aval (i+1) ; (S Benmansour et al., 2011)

Ces relations montrent que le débit est identique en amont et en aval des interfaces, ce qui garantit la conservation des véhicules.
L'élément R est introduit en liant linéairement la variable d'effort à la variable de flux. Il correspond à l'inverse de la fréquence de passage maximale d'un flot de véhicules.
R_i représente le temps de séjour minimal du flot de véhicules dans le segment amont de l'interface i (temps moyen nécessaire pour qu'un véhicule traverse le segment en circulant à la vitesse libre).
Le transformateur modulé MTF est introduit afin de tenir compte des conditions de trafic en amont et en aval de l'interface. Son module m_i est identifié de telle sorte que le débit au niveau de l'interface soit estimé à partir du nombre de véhicules se trouvant, à un instant donné, dans le segment amont i et du nombre d'emplacements disponibles dans le segment aval $(i + 1)$. Ce module permet de représenter le changement du comportement des conducteurs résultant de l'état aval du trafic (réaction du conducteur relativement à la situation du trafic en aval).
La causalité est assignée à l'ensemble de la jonction 1, du MTF et de l'élément R de telle sorte que le débit au niveau de l'interface soit calculé par l'intermédiaire du transformateur. Ce transformateur reçoit sur l'un de ses deux liens, à travers la jonction 1, l'information sur la charge, via les variables d'effort, des deux segments amont i et aval $(i + 1)$. A son tour, cette information est transmise à l'autre lien du transformateur après avoir subi une transformation via le module d'adaptation m_i. Quant à la jonction 1, un seul lien devra regagner l'information produite par le transformateur concernant le débit des

véhicules au niveau de l'interface et la réinjecter, à travers les autres liens de la jonction, dans les segments amont i et aval $(i + 1)$. Il est alors nécessaire de procéder à l'affectation préférentielle de la causalité *effort rentrant* au transformateur MTF, ce qui entraîne l'association de la causalité conductance à l'élément R. La règle de causalité à la jonction 1 est ensuite propagée. Le modèle BG causal correspondant est donné par la figure III-12.

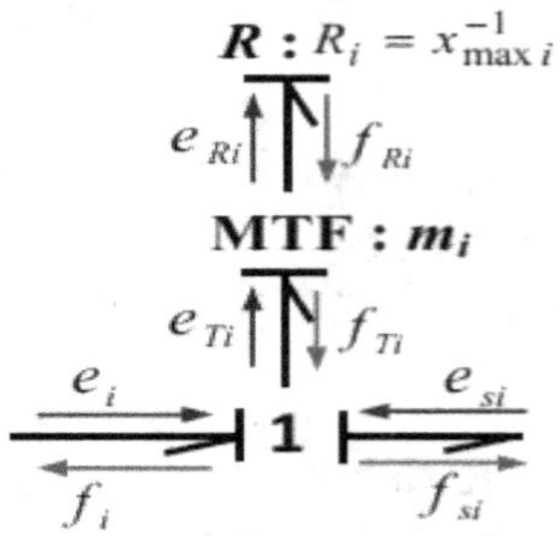

Figure III-12: Modèle BG partiel causal de l'interface ;

Afin de préserver le caractère anisotrope[75] de la circulation des véhicules dans le modèle BG développé et de garantir que les véhicules dans les segments se déplacent seulement en avant[76], l'information sur l'état du trafic du segment aval $(i + 1)$doit être transmise aux véhicules dans le segment amont i seulement par un lien d'information via le module m_i du transformateur MTF au niveau de l'interface i. Par conséquence, le lien qui porte le débit sortant de l'interface i, fsi doit être un lien d'information et non plus un lien de puissance. Ce lien ne peut être traversé causalement que dans un seul sens. Par conséquent, le retour de la variable d'effort e_{si} est interdit. (e_{si}*=0)*.

Nous assurons l'écoulement des véhicules d'un segment à l'autre par l'introduction d'une source de flux modulée. Ainsi, la source de flux

[75] Le trafic est anisotrope, lorsque les véhicules ne réagissent qu'à des stimuli provenant de l'aval.

[76] Afin de garantir qu'aucun débit négatif ne peut apparaître et par conséquence d'éviter de telles solutions non physiques.

modulée représentée par la figure III-13, modélise l'écoulement des véhicules du segment amont i au segment aval $(i+1)$.

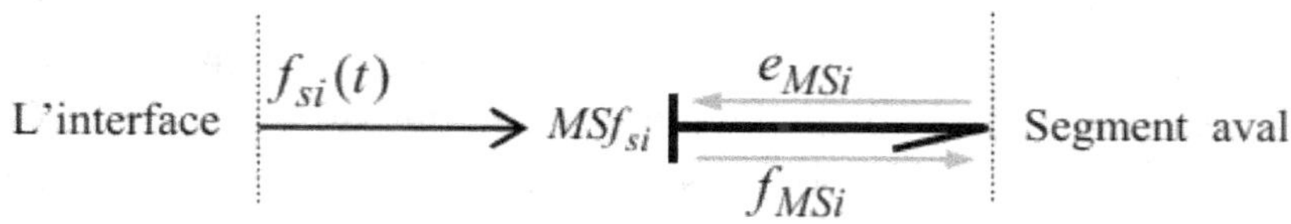

Figure III-13: Modélisation de l'écoulement des véhicules d'un segment à l'autre par une source de flux modulée ;

La source MSf_{si} est modulée par le débit de véhicules instantané $f_{si}(t)$ sortant de l'interface i pour régénérer le flux de véhicules fM_{Si} , qui sera, à son tour, imposé au segment aval $(i+1)$ indépendamment de sa variable complémentaire d'effort eM_{Si} qui dépend des caractéristiques de ce segment aval. Sachant que le flux généré fM_{Si} prend la même valeur instantanée fournie par le signal de modulation $f_{si}(t)$.
Finalement, chaque segment de la route est modélisé par un modèle BG élémentaire de la figure III-14.

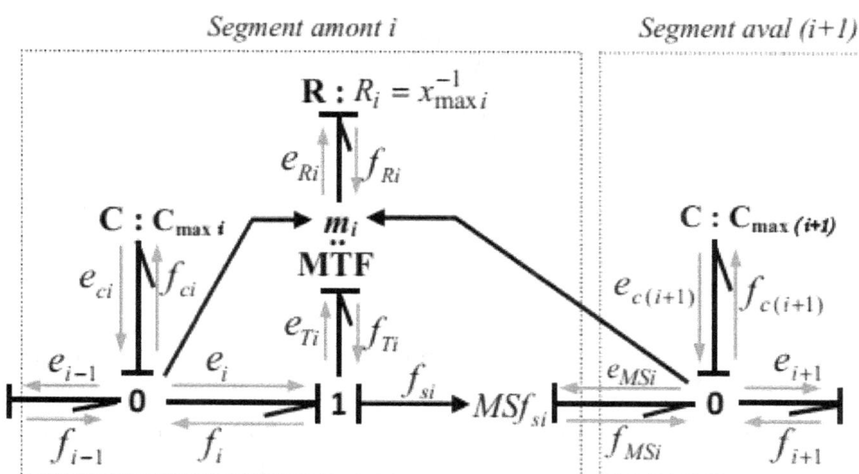

Figure III-14: Modèle BG élémentaire d'un segment de la route ; (S Benmansour et al., 2011)

3.2.2.2.3 *Formulation systématique d'équations d'état associées au modèle macroscopique BG*

Grâce au concept de la causalité, le modèle BG guide systématiquement l'écriture des modèles mathématiques (matrices de transfert, équations d'état linéaires ou non linéaires, système d'équations différentielles) sans aucun calcul et permet de les présenter sous la forme d'un schéma de calcul structuré implémentable directement sur calculateur. Ce qui donne ainsi l'accès à de nombreuses possibilités, telles que la simulation, l'optimisation, l'évaluation de performances, ou encore l'élaboration des lois de commande. En plus de la détection systématique des équations d'état par les BGs, ceux-ci donnent une réalité physique importante aux variables d'état en les considérants comme des variables d'énergie associées aux éléments de stockage ***I*** et $\boldsymbol{C}$. Nous résumons la représentation d'état d'un système dans la figure III-15.

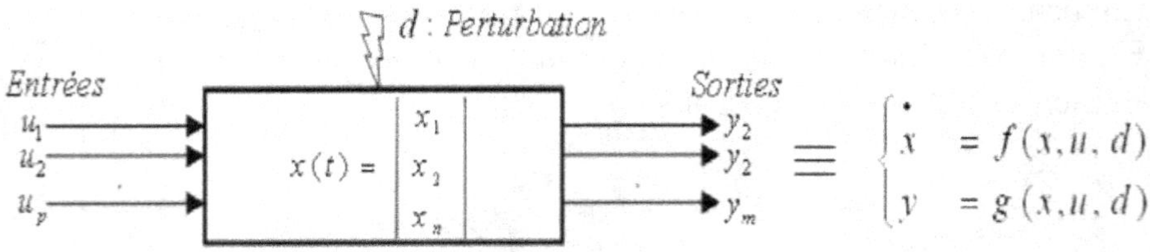

Figure III-15: Représentation d'état du système ;

$\dot{x}$: Le vecteur d'état, représente la mémoire du système (variables internes) ;
u : Le vecteur de commande ;
d : Représente la perturbation ;
y : Le vecteur de la sortie du système correspond aux états souhaités observés.

L'équation d'état associée au modèle macroscopique BG d'une section (tronçon) de route est obtenue systématiquement en identifiant la dérivée du vecteur $\dot{X}$ d'état dont les composantes sont les variables de flux f_C attachées aux éléments C du BG.

Par conséquent, les variables d'état représentées par le modèle BG d'une section de la route, traduisent le nombre instantané de véhicules dans chaque segment de la section. La connaissance de ces informations à un instant donné t_0 permet de connaître l'état du trafic dans la section considérée à tout instant donné $t > t0$. Ces informations disponibles à chaque instant, peuvent être prises en compte par les systèmes de contrôle (ou gestionnaires) afin de prendre une décision plus pertinente face à l'occurrence d'un événement imprévu.

$f_0(t)$: Le débit entrant dans le premier segment qui est matérialisé par une source de flux.

Cette équation d'état est de la forme globale :

$$\begin{cases} \dot{x} = A(x).x + B.u \\ \dot{y} = C.x \end{cases}$$

La matrice $A(x)$ est variable et évolue en même temps que l'état x, ainsi l'équation d'état est globalement non linéaire.

Cette formulation systématique des équations d'état décrivant le comportement dynamique du trafic, apporte une aide précieuse dans la synthèse des lois de commande pour la régulation du trafic. En effet, au contraire de ce qui s'observe dans les modèles du trafic basés sur des équations aux dérivées partielles où les variables de commande ne sont pas explicites et toute démarche d'exploitation de ces modèles passe par une (et le recours aux techniques de discrétisation des équations est une nécessité) méthode de discrétisation des équations (source de plusieurs erreurs d'approximation), dans les équations d'état déduites du modèle macroscopique BG, les variables de commande sont mises en évidence ($u = f_0$)[77] et le recours aux techniques de discrétisation du modèle n'est plus une nécessité.

Notons que le modèle macroscopique BG permet aussi de prendre en compte la présence des rampes d'entrée et de sortie. Le cas de la présence d'une rampe d'entrée peut facilement être matérialisé par l'ajout d'une source de flux modulé. Ce qui permet, d'un point de vue régulation, d'envisager facilement la commande du flux par la rampe d'accès.

Si le modèle macroscopique BG offre la possibilité de représenter, graphiquement, le comportement d'un flot de véhicules d'une manière globale et permet d'envisager des perspectives d'études, il demeure assez "grossier" dans la description du trafic au niveau de certains endroits du réseau requérant une certaine précision. Dans la section suivante, nous nous intéressons également à l'intégration de ce niveau microscopique de la représentation du trafic dans le modèle BG développé.

---

[77] Cette expression explicite des variables de commande traduit les actions à mettre en œuvre pour agir sur la demande en trafic à l'entrée de la section étudiée.

3.2.2.3 Modélisation microscopique

Pour parvenir à une description plus fine de l'écoulement du trafic, nous allons identifier de nouveau les paramètres du modèle BG déjà développé en exploitant, d'une part les définitions du modèle AC du trafic qui a été établie dans le chapitre II et, d'autre part le principe de AC discrétisation spatiale (S Benmansour et al., 2011).

3.2.2.3.1 Niveau de discrétisation requis

En se basant sur le modèle de trafic AC , chaque segment *i* d'un tronçon de route peut être subdivisé en un ensemble de *n* cellules homogènes de longueur $dx = 7{,}5\ m$.
(Correspond à la longueur d'un véhicule augmentée de la distance inter-véhiculaire) dont un véhicule avance d'une cellule à la suivante. Chaque cellule peut être occupée à la fois par un seul véhicule au maximum comme l'illustre la figure III-16.

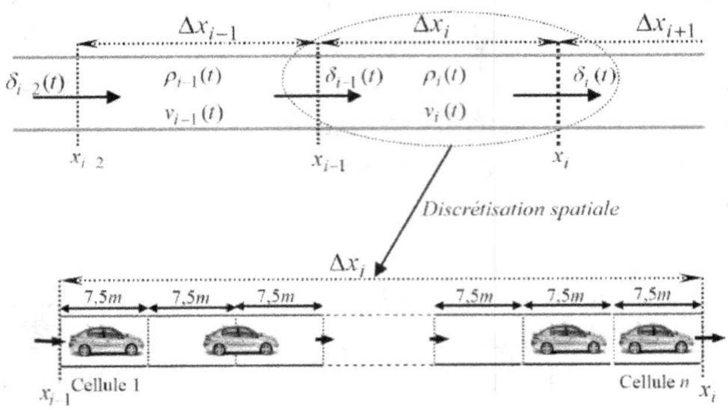

Figure III-16: L'adaptation de la discrétisation spatiale pour une vision microscopique ; Source : (Senouci Benmansour, 2009)

3.2.2.3.2 Modèles microscopiques BG

Le modèle microscopique BG d'un segment de route peut être obtenu par la mise en série d'un ensemble de modèles BGs élémentaires associés aux cellules du segment.
Nous pouvons représenter chaque cellule d'un segment par un modèle BG élémentaire de la figure III.13. Toutefois, les paramètres de ce modèle doivent être ajustés de manière à pouvoir reproduire la dynamique individuelle de chaque véhicule.
Étant donné que l'approche adoptée par le modèle BG élémentaire de la figure III.13 est une approche continue, le nombre instantané de

véhicules présents dans chaque cellule i prend une valeur dans [0,1]. Par conséquent, ce modèle BG représente l'état de chaque cellule par des variables continues à travers les variables de puissance de BG : effort et flux.

3.2.3 Modèle BG global du réseau routier

Le modèle BG global du trafic, pour un réseau entier, peut être obtenu intuitivement par la mise en place de l'ensemble des modèles BGs élémentaires cohérents, que nous avons proposés ci-dessus, associés aux tronçons et aux intersections. L'assemblage systématique des différents modèles BGs élémentaires, de manière à modéliser le réseau routier à étudier, prouve l'intérêt de cette approche modulaire.
Le modèle se doit dans la mesure du possible représenter la propagation physique des véhicules sur le réseau tout en générant les véhicules aux entrées du réseau, ensuite faire circuler ces véhicules de l'entrée des tronçons vers leurs sorties, les répartir dans les intersections du réseau en fonction de coefficients de distribution, et enfin de les faire disparaitre aux points représentant leurs destinations finales.
Dans ce modèle, le flux à un point du réseau est calculé d'une manière cohérente en fonction des interactions entre les conditions du trafic aux niveaux des tronçons et des intersections. En effet, à chaque nouvel instant le modèle élémentaire d'intersection détermine les nouvelles conditions de trafic dans les intersections. Un nouvel instant correspond à un nouveau pas de temps (si le temps est discrétisé selon un pas de temps déterminé) ou à chaque nouvel évènement (si la discrétisation est évènementielle). Le modèle de tronçon calcule alors la propagation du trafic sur tous les arcs du réseau en supposant les nouvelles conditions limites fournies par le modèle d'intersection constantes jusqu'au prochain instant.
Un tel modèle apporte à l'exploitant une vision globale plus claire de l'état du réseau facilitant ainsi l'évaluation de mesures d'exploitation. En effet, ce modèle vise non seulement la compréhension et la description des phénomènes du trafic, mais peut également intervenir dans le processus de commande des systèmes de régulation (commande des feux, commande par rampe d'accès, commande du débit à l'entrée de la section routière principale et commande par les vitesses autorisées) où le modèle participe au processus d'optimisation. Ce modèle peut également être intégré au système d'aide à la décision en tant qu'instrument d'évaluation de stratégies applicables au trafic.

La figure suivante présente une transcription schématique d'un rondpoint qui a servi de zone-test pour le modèle BG du trafic (SENOUCI et al., 2012).

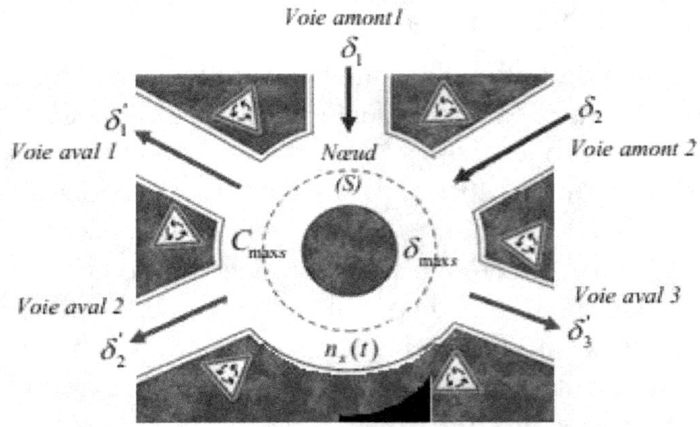

Figure III-17: Représentation schématique d'un rondpoint ;

Le modèle BG complet de cette structure d'intersection est donné dans la figure suivante :

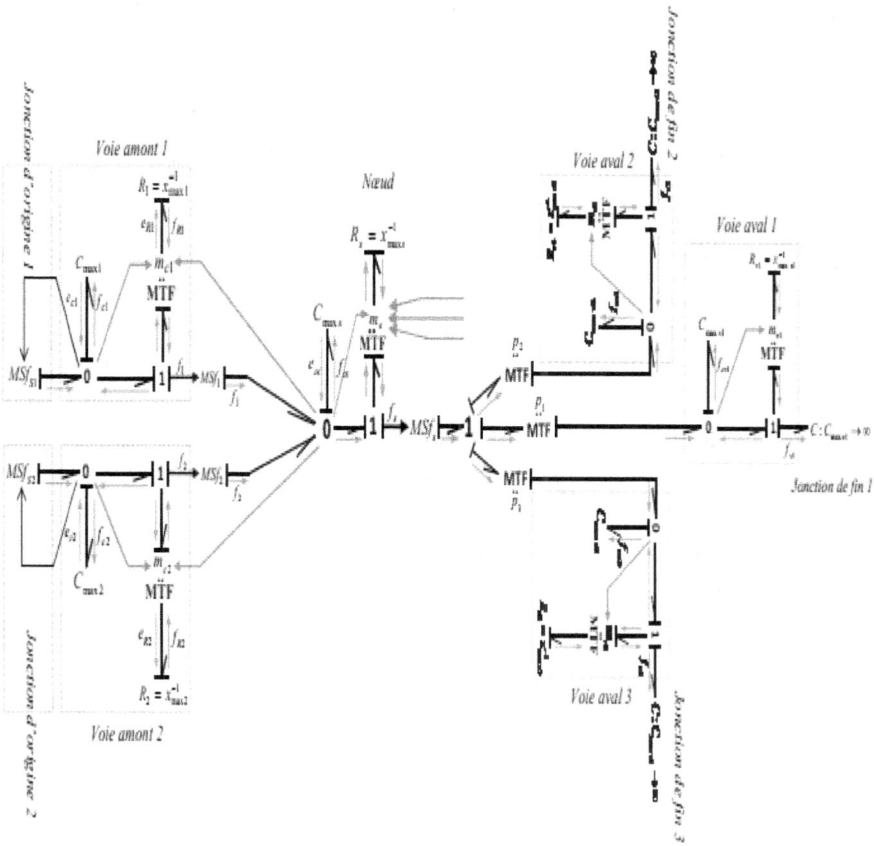

Figure III-18: Modèle BG FIFO du système urbain considéré ; (S Benmansour et al., 2011)

Dans (Senouci Benmansour, 2009) on démontre que le modèle BG reproduit soigneusement le comportement moyen des déplacements individuels des véhicules sur la section de route.

3.3 Conclusion

Pour répondre à certains des principaux problèmes du trafic routier aussi vastes et dans une optique de faciliter l'intégration de l'activité routière dans la chaîne logistique globale, nous avons appliqué l'approche BG dans le domaine du trafic routier. Approche réservée à l'origine à la modélisation des systèmes technologiques (électrique, mécanique, pneumatique, hydraulique, thermique…) où elle a montré sa capacité et sa puissance pour la modélisation, l'analyse et la conception des lois de commande.

L'objectif était de développer un modèle de trafic qui s'adapte facilement au niveau d'analyse visé. Un tel modèle permet de décrire le comportement dynamique global de la circulation de véhicules au sein d'un réseau de trafic. De plus, il permet de se focaliser sur le comportement individuel des véhicules au niveau de certains endroits du réseau requérant une certaine précision.
Le modèle BG développé offre la possibilité de déduire systématiquement les équations de conservation et permet d'envisager des perspectives d'études. Ses résultats de simulation montrent que le comportement obtenu est similaire à celui décrit par les modèles macroscopiques largement reconnus dans la communauté du trafic.
À la différence des modèles du trafic existants, le modèle BG développé utilise un langage graphique unifié permettant de déduire systématiquement les équations d'état de l'écoulement. De plus, il permet un retour sur le modèle afin d'affiner la modélisation, selon les objectifs recherchés. Ces apports facilitent énormément la compréhension des phénomènes et donne une idée rapide sur l'évolution du trafic surtout lorsqu'il s'agit de traiter des réseaux de grande taille.

PARTIE II L'entreprise étendue

Les marchés, l'environnement et la concurrence sont aujourd'hui mondialisés, ce qui pose des problèmes d'adaptation aux besoins et aux attentes réelles des clients finaux. Il faut sans cesse anticiper et adapter l'entreprise à ce contexte. La stratégie industrielle doit être en constante évolution. Coopérer devient une obligation au sein d'un secteur industriel. L'entreprise a de plus en plus la volonté de se recentrer sur son métier. Chaque fonction de l'entreprise aspire à être la meilleure dans son domaine. Elle fait porter ses efforts d'amélioration sur ses points forts tout en cherchant à externaliser celles de ses activités qui sont jugées non performantes. L'entreprise s'ouvre par nécessité au partenariat. Le concept d'entreprise étendue généralise cette notion d'entreprise système interagissant avec son environnement de sous-traitants, de fournisseurs, de clients, d'administrations...
En Logistique Intégrée, la problématique des Systèmes d'Informations des entreprises-réseau que nous avons notée Système d'Information Etendu (SIE)[78] est identique à celle des entreprises étendues évoquée dans (Alban & Ducateau, 1995) :
" *Une fois construit, le système d'information rigidifie l'organisation. Il en résulte un aspect statique, non réversible d'autant plus que le processus de construction du SI est mené de manière traditionnelle. Le modèle de SI doit être orienté selon une problématique qui intègre les objectifs poursuivis par la firme en* $t + n$ *de même que les objectifs potentiels ou possibles. Devant servir de base à l'instrumentation d'organisation en réseaux, flexibles, les modèles par lesquels nous rendons compte des systèmes d'information modernes se doivent d'être issus des concepts de la modélisation souple. La modélisation souple apparaît non orientée par une description volontariste des besoins, mais par leur description hypothétique conduisant à une architecture organisationnelle dynamique. Si le modèle de SI est souple alors l'organisation peut être souple. L'entreprise étendue représente une forme actuelle de l'organisation souple ; le modèle du SI coopératif apparaît comme une forme souple de SI, celui de l'entreprise étendue. Les deux peuvent évoluer ; mais conjointement. L'hypothèse de co-*

[78] Nous utilisons aussi le terme « Éclaté » pour SIE, pour signifier la phase initiale su SI dont les données sont souvent dispersées et traitées séparément, le système devient étendu lorsque ces données sont liées par des règles sémantiques ou des algorithmes ; et ainsi constituer le SI de l'Entreprise Étendue.

évolution suppose l'interaction forte entre le développement technologique et le concept de la firme systémique, notamment entre les technologies de l'information et des télécommunications et l'entreprise, système sociotechnique ouvert".

Un des objectifs du SIE est d'offrir aux différents partenaires de l'entreprise-réseau un environnement coopératif et innovant leur permettant de travailler ensemble et de partager les informations relatives à un produit au même moment et tout au long de son cycle de vie, depuis la conception jusqu'à la maintenance. Le concept d'entreprise-réseau que nous utilisons, donc, en Logistique Intégrée (LI) offre un cadre à la mise en œuvre de l'ingénierie simultanée (Concurrent engineering) :

En 86, l'Institute for Défense Analysis, dans son rapport R-338, désigne comme Concurrent engineering une « Approche systématique qui intègre le développement simultané des produits et des processus associés, incluant la fabrication et le soutien logistique. Cette approche prend en considération dès le démarrage, le cycle de vie de produit depuis sa conception jusqu'à son exploitation en incluant la qualité, les coûts, la planification et les besoins des utilisateurs ».

La fonction de SOUTIEN LOGISTIQUE regroupe les activités périphériques nécessaires à la mise en œuvre de l'exploitation et la maintenance du produit livré. Les domaines déclinés sont les suivants : concept de maintenance, approvisionnement des rechanges, matériels d'environnement (outillages, bancs et appareils de maintenance, ...), personnel et formation, documentation (utilisation, maintenance) et moyens informatiques associés, conditionnement (emballage) transport, manutention, stockage, infrastructure, atelier.

Le SOUTIEN LOGISTIQUE INTEGRE n'est autre que la prise en compte de la fonction de soutien dès la phase de définition du projet. Le SOUTIEN LOGISTIQUE INTEGRE est de ce fait, l'une des composantes de l'équipe pluridisciplinaire qui participe activement à la mise en pratique de l'Ingénierie simultanée ;

Le programme CALS (Computer-Aided Acquisition and Logistics Support) mis au point par le Department of Defense des Etats-Unis est un exemple de concept pouvant être utilisé pour l'élaboration du modèle « Entreprise-Réseau » puisqu'il a pour objectif d'intégrer, au niveau conceptuel, l'ensemble des données techniques liées à un produit tout au long de son cycle de vie... Ce réseau utilise un ensemble de fonctions industrielles (Etudes, Méthodes, Production, Achat...). Nous avons montré dans la Partie I (cf. figure I-1), comment se faisait cette intégration par l'assistance informatique aux différentes fonctions industrielles. Nous développons dans cette partie les réponses aux questions posées dans la Partie I, à savoir :

- Quel Système Physique (SP) ?
- Quel système de Décision (SD) ?
- Quel Système d'Information (SI) ?

« L'approche systémique pour la modélisation en entreprise recommande de considérer l'entreprise comme un système ouvert complexe composé de modules (ou éléments) interconnectés, chaque module étant lui-même un système ». Chaque système peut être décomposé en trois sous-systèmes (Opérant, d'Information, Décisionnel). « Chaque sous-système requiert des modèles et des techniques de modélisation propres. Si l'on veut unifier ou intégrer ces divers modèles, l'utilisation de métamodèles devient nécessaire. La méta modélisation s'intéresse à des modèles de modèles. Il s'agit de définir des modèles génériques à partir desquels des modèles particuliers d'utilisateurs peuvent être exprimés ou intégrés. Elle concerne le niveau conceptuel de représentation et de la formalisation de la connaissance et non pas le niveau d'implémentation des applications. Un méta modèle doit donc satisfaire aux critères de :

- Généricité, c'est à dire que son contenu doit pouvoir s'appliquer à un ensemble d'applications le plus large possible pour un domaine d'application donné ;
- Unification sémantique, c'est à dire que le méta modèle doit permettre la mise en correspondance de concepts équivalents dans différents modèles utilisant des représentations différentes ;
- Indépendance de forme et de contexte, c'est à dire que l'information du méta modèle ne doit pas être biaisée par le modèle de représentation et ne dépend pas des conditions d'implémentation ».

Quelle que soit l'approche utilisée dans la modélisation en entreprise, le système d'information reste le pivot de l'entreprise. L'information est la ressource de base, celle de la décision, donc en définitive celle de l'action. Nous verrons comment dans cette partie comment le SIE constitue finalement le noyau du SLI (Système de Logistique Intégrée).

Chapitre 4 Vision conceptuelle d'un Système de Logistique Intégrée

4.1 Introduction

Nous nous intéressons au cas où le SLI concerne un système industriel. Nous sommes alors au cœur d'une problématique très importante dans le domaine du Génie des Systèmes Industriels. « Ce domaine peut se caractériser comme étant une science d'action... un art de concevoir, de construire, de maintenir et de développer des organisations finalisées »[79].

Pour répondre aux exigences de cette problématique, la méthode de recherche consiste à :

- Alterner modélisation et expérimentation, avec pour résultat la formalisation de concepts ;
- Proposer, comme dans les disciplines expérimentales, à partir d'un constat de carence sur le terrain, des concepts, des modèles et des méthodes palliant ces carences et de les valider par des expérimentations sur le même terrain, donc réaliser une confrontation. Toutefois ce n'est pas une recherche purement expérimentale. Il ne s'agit pas de répondre à un seul cas exploré en détail, mais à des catégories de problèmes généraux ;
- Proposer, comme dans les disciplines théoriques, des modèles validés. Il ne s'agit pas non plus d'une recherche théorique, qui en général n'envisage que très peu les applications pratiques ;
- Définir l'activité de modélisation qui accompagne ces modèles (méthodes, démarches), et de formaliser le savoir-faire de cette activité de modélisation. La mise en œuvre de concepts ne peut être une démonstration en soi. La démonstration est dans le résultat de l'expérience ;

Aujourd'hui le numérique a largement remplacé l'analogique. Les réseaux de communication numériques à haut débit d'une part et les ordinateurs plus « intelligents » d'autre part, ont permis au système informatique d'assurer, en temps réel et sur le terrain, le déroulement correct des opérations de processus de production et de gestion, de plus

[79] Rapport du ministère de l'Industrie sur les 100 technologies clés à l'an 2000 - 96.

en plus complexes et diverses. L'informatique, correctement greffée à l'entreprise, permet de répondre au double défi de fiabilité et de flexibilité. Ces termes doivent être considérés dans le cadre de l'entreprise étendue aux partenaires et aux différents intermédiaires logistiques.

Les Sciences et Technologie d'Information et de Communication (STIC) ont progressivement modifié l'entreprise et la manière de travailler en son sein et avec ses partenaires « extérieures », dans un contexte d'évolution permanente, de concurrence accrue et aujourd'hui de crise dépassant toutes les prévisions. C'est dans cette compétition que se situent les nouvelles clés de la performance des entreprises (coûts, valeurs mais aussi flexibilité, adaptabilité, agilité…) qui pour conserver leur compétitivité se sont inscrites dans un processus d'innovation permanent dans ses dimensions technologiques, informationnelles, fonctionnelles, commerciales et organisationnelles à toutes les étapes du cycle de vie des produits et systèmes de production au sein de la SLI.

La mise en œuvre de nouvelles organisations de conception et de production induit des modifications profondes dans les échanges d'informations et de connaissances entre les différents acteurs (individu, groupe, services) internes et externes (client, fournisseur, sous-traitant, ...) et de façon plus générale pose le problème de capitalisation et réutilisation des connaissances et pratiques et de coopération entre acteurs (partage de ressources, maîtrise des risques technologiques, sociaux et économiques, co-conception…). Ces problématiques sont au centre des préoccupations de notre recherche en logistique et amènent à proposer de nouveaux modèles de représentation et de spécification.

La maîtrise et le pilotage du SLI nécessitent l'utilisation d'outils informatiques tant au niveau de la gestion du flux matériel qu'immatériel. L'évolution actuelle de l'informatique fait apparaître des modèles qui représentent des systèmes fortement réactifs. La logistique met en jeu différents acteurs qui doivent collaborer pour le bon fonctionnement de celle-ci. Ils échangent des informations à l'intérieur comme à l'extérieur de la chaîne. Les protocoles de communication traditionnels ne sont plus d'actualité (Abdellatif Benabdelhafid, 1998).

L'avènement du COVID19 nous montre qu'il est difficile d'avoir une idée à la fois précise et simple du comportement global du SLI. Les contraintes, nombreuses, impliquent une flexibilité et une capacité d'adaptation afin de permettre une réaction aux perturbations et une

exploitation aisée du système. Par exemple, la partie « maintenance » fait l'objet d'une application des techniques de modélisation et de simulation afin de planifier et d'ordonnancer les différentes tâches sur les ressources mais aussi d'anticiper les perturbations, d'évaluer leurs impacts sur le système de production et imaginer les scenarios pour la stabilité de ce maillon du SLI.
Les objectifs des chercheurs qui nous intéressent ici, concernent souvent la modélisation, l'analyse et la conduite des systèmes logistiques. La réalisation d'un système de logistique intégrée requiert des compétences variées. Il est nécessaire de résoudre des problèmes de modélisation, d'optimisation et d'élaboration des systèmes d'information.
L'intégration logistique doit répondre principalement aux 3 objectifs (3C) ; diminutions des Coûts logistiques, éviter les ruptures de Charges et équilibrer charge et Capacité.
La chaîne logistique correspond à un réseau d'entreprises avec une organisation productive éclatée où on distingue plusieurs classes de nœuds : chargeurs, transporteurs, administrations…L'infrastructure de cette chaîne est constituée principalement de points de stockage (entrepôts, magasins, encours de production…) et des moyens de transports. Le passage de l'un à l'autre constitue une rupture de charge.
La rupture de charge est un évènement temporel pendant lequel la marchandise change de lieu et de ressources. Elle s'accompagne souvent d'un « transfert de responsabilités », c'est-à-dire qu'elle change au même moment de garde. Cette rupture de charge intervient généralement au moment du chargement, du changement de moyen de transport, ou au moment de son déchargement et plus généralement de transformation logistique (physique, informationnelle ou financière).
Le moment de la rupture de charge est crucial dans l'organisation de la chaîne logistique et dans sa performance globale, pour les raisons qui suivent[80] :

- C'est un moment favorable pour constater la qualité, la quantité et la valeur réelle des marchandises vendues, échangées ou transbordées, pour les autorités (douane), comme pour les vendeurs, les clients et les prestataires logistiques ;
- C'est une action qui coûte en ressources (main d'œuvre, systèmes d'informations, moyens de manutention ...) ;

[80] http://www.techno-science.net

- C'est un moment qui immobilise la marchandise et la rend indisponible pour un nouveau transport (transport multimodal), sa transformation ou sa commercialisation ;
- C'est un moment où la marchandise peut être détériorée ou plus facilement volée, parce qu'elle est transbordée, manipulée, qu'elle peut changer de température (voir chaîne du froid), et que sa durée peut entraîner des pertes de marchandises (transport d'animaux vivants, type poissons d'aquarium).

Le temps de la rupture de charge est stratégique. C'est pourquoi dans tous les pays du monde, les organisations syndicales chercheront de préférence à maîtriser les postes de travail responsables d'effectuer ces chargements et ces déchargements, d'autant plus que la marchandise transférée est d'importance stratégique (carburants, énergie ...) pour le destinataire.

La maîtrise de ce point est facilitée si la rupture de charge nécessite l'utilisation de machines nécessitant des aptitudes particulières et une formation particulière, si elle est réglementée, ou encore si elle présente des dangers particuliers, c'est-à-dire si la technicité du poste est importante. Un rapport de force peut exister donc entre les différents métiers à l'intérieur de la chaîne logistique (grutage, dépotage, transbordement, changement de machine ou d'outils…)

La modélisation et la conception donc d'un système logistique doit prendre en compte le nombre de ruptures de charges, et leur vulnérabilité ; elle tend finalement à en réduire autant que possible le nombre, le coût, la durée et la technicité.

Pour notre problématique nous désignerons chaque nœud objet de changement de flux logistique (chargeurs, entrepôts, atelier…) par « Point de Rupture de Charge » PRC.

La classe des PRC est une méta classe de plusieurs classes se distinguant par leurs secteurs d'activités : automobiles, pharmacie, électronique...

La classe des PRC est, elle-même, composée d'équipementiers, de constructeur et d'autres partenaires diverses ; Nous détaillons dans le § 3, un exemple de modélisation d'un PRC.

La maîtrise et le pilotage de toute chaîne logistique nécessite l'utilisation d'outils intelligents tant au niveau de la gestion du flux physique qu'informationnel. Les différents composants du SLI (approvisionnement, production, distribution, recyclage…) font l'objet d'une application des techniques de modélisation et de simulation afin planifier et d'ordonnancer les différentes tâches sur les ressources. Les contraintes et la taille des données à manipuler rendent le problème de planification très difficile. Les logiciels de simulation sont difficilement paramétrables pour simuler la conduite d'un maillon de la chaîne logistique. Il est alors nécessaire de concevoir de nouveaux systèmes de simulation pour décrire le comportement spécifique d'un composant su SLI.

Dans une chaîne logistique interviennent plusieurs acteurs qui doivent collaborer pour le bon fonctionnement de la chaîne (Colin, 2005).

Le transport sert d'élément intégrateur du flux physique dans cette chaîne.

Les différents acteurs échangent des informations à l'intérieur comme à l'extérieur de la chaîne. Les protocoles de communication traditionnels ne sont plus d'actualité. Il faut absolument exploiter les STIC (Sciences et Technologie d'Information et de communication) pour construire un système d'information adéquat. Aujourd'hui, grâce aux outils de l'Intelligence Artificielle (deep learning, Big data, Internet des objets (IoT), blockchain…), le SLI voit ses performances augmentées.

Hier, l'EDI (Échange de Données commerciales Informatisé)[81], par exemple, a réussi sa migration vers internet. Le langage de documentation XML[82] a été utilisé pour traduire l'EDI. Il s'est révélé un langage dynamique moins contraignant que son ancêtre le SGML. Il a permis de définir ces propres balises et de spécifier la structure du document en utilisant Internet.

Le XML s'est très rapidement présenté comme un langage de représentation des connaissances quand il intègre les concepts de la modélisation objet, présents dans UML par exemple. Le développement de XML passait par une étude approfondie des langages objet, tel que C++, java, etc. Une synthèse des concepts de ces langages permettait l'enrichissement de XML. Il fallait doter aussi XML d'une sémantique nécessaire dans certains échanges d'information plus lourds, tel que l'EDT (Échange de Données Techniques).

En plus, de XML, nous nous sommes intéressés à toutes les techniques de représentation et d'échange des données via Internet. Ces techniques devaient prendre en compte l'hétérogénéité et la répartition des systèmes d'information (Abdellatif Benabdelhafid, 1998).

---

[81] Notons ici que c'est l'échange qui est automatisé

[82] XML : eXtensible Markup Language;

Cependant l''EDI était censé être un échange automatique d'ordinateur à ordinateur de documents dans un format standard entre les différents composants du SLI. Dans la réalité l'EFI (Echange de Formulaires Informatisé) et le Web EDI furent souvent des solutions, non automatisées, permettant aux petites structures d'accéder à la technologie EDI.

Aujourd'hui le phénomène « Blockchain porte en lui les germes d'une révolution plus importante encore que celle liée au web » [83].

La technologie Blockchain concerne le stockage et la transmission d'informations sans organe de contrôle. « Techniquement, il s'agit d'une base de données distribuée dont les informations envoyées par les utilisateurs et les liens internes à la base sont vérifiés et groupés à intervalles de temps réguliers en blocs, formant ainsi une chaîne. L'ensemble est sécurisé par cryptographie. Par extension, une chaîne de blocs est une base de données distribuée qui gère une liste d'enregistrements protégés contre la falsification ou la modification par les nœuds de stockage ; c'est donc un registre distribué et sécurisé de toutes les transactions effectuées depuis le démarrage du système réparti »[84].

Les systèmes EDI et Blockchain ont finalement la même approche pour distribuer l'information entre les différents composants d'un SLI. Le point commun est la dématérialisation des documents.

La Blockchain fonctionne comme un intégrateur universel et intelligent du flux informationnel, c'est son principal avantage par rapport à l'EDI. Grace au Smart Contracts ; véritables programmes automatiques en ligne (cf. figure IV.7), le système Blockchain permet la création naturelle d'un consensus d'usage, pour que l'ensemble des acteurs puisse accepter l'exécution de contrats dits « intelligents », sécurisés et datés. A l'inverse, l'EDI intègre automatiquement ses fichiers pour la plupart, des formats propriétaires (payants) (France & Group, 2018).

La technologie Blockchain et particulièrement l'exécution des Smart Contracts rendue possible par celle-ci permet de croiser les données entre différentes composantes informationnelles du SLI.

En améliorant les fonctionnalités essentielles en termes de gestion, de suivi et de communication, le système Blockchain devient un instrument d'optimisation et de développement du SLI. Les décideurs

---

[83] « COMPRENDRE LA BLOCKCHAIN : ANTICIPER LE POTENTIEL DE DISRUPTION DE LA BLOCKCHAIN SUR LES ORGANISATIONS », Livre blanc, Janvier 2016 édité par U.

[84] www.gdt.oqlf.gouv.qc.ca

dans les différents composants du SLI ont besoin d'une vision claire, immédiate via un outil naturellement collaboratif. C'est en cela que la technologie Blockchain apporte un changement majeur : élaborer une documentation dématérialisée et intelligente, assurant sécurité et intégrité. Cela passe par une plateforme permettant aussi de partager de manière transparente et sécurisée des contrats d'approvisionnement entre fournisseurs et acheteurs par exemple. L'enjeu ici est la création de confiance entre les sous-systèmes du SLI qui collaborent. Et ce, sans autorité indépendante de contrôle.

Les figures IV.1 et IV.2 illustrent les concepts et la structure répondant à l'intégration logistique. Les morceaux de puzzle représentent les partenaires impliqués dans la chaine logistique avec leurs pyramides de gestion (figure IV.2). Aujourd'hui, les flux d'information deviennent ainsi tout aussi critiques que les flux de marchandises.

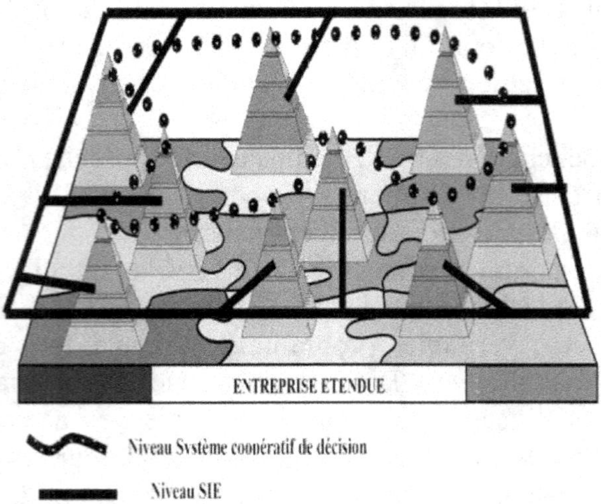

Figure IV-1: L'Entreprise Étendue (EE) pilotée par le SIL (Structure de l'Intégration Logistique) ; Source : (Benabdelhafid, 1998).

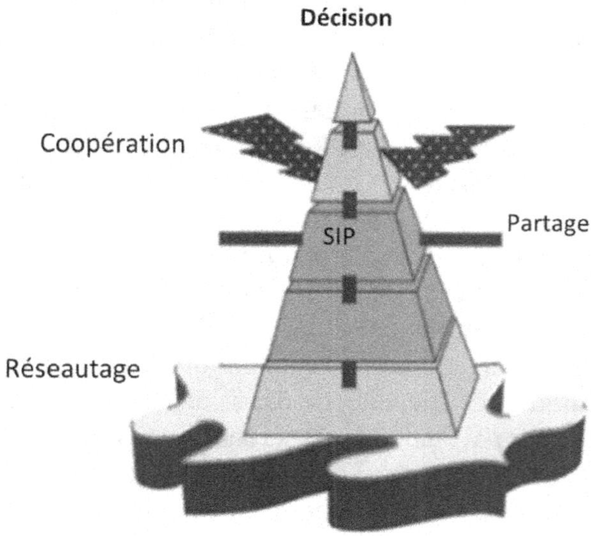

Figure IV-2: représentation d'un nœud de l'entreprise étendue ; Source : (Abdellatif Benabdelhafid, 1998).

Un des objectifs du SLI est d'offrir aux différents partenaires de l'entreprise étendue un environnement coopératif et innovant leur permettant de travailler ensemble et de partager les informations relatives à un produit au même moment et tout au long de son cycle de vie, depuis la conception jusqu'au recyclage. Le Système d'Information (SI) de chaque entité industrielle doit tenir compte de l'éclatement du SI Étendu aux autres SI Partenaires. La distribution de l'information et la coopération dans la décision caractérisent ainsi les solutions informatiques pour l'Entreprise Étendue.
Nous nous intéressons à l'intégration des partenaires en vue de recherche des capacités externes. L'intégrateur logistique doit être capable d'acheminer des biens de l'usine au client final dans le monde entier, de s'adapter aux cas particuliers, d'assurer tous les services annexes. L'organisation des flux physiques fait de plus en plus apparaître des types de flux basés sur la notion de famille logistique, et s'appuient largement sur la tension des flux tout en requérant un pilotage élaboré par des informations partagées entre tous les participants de ces réseaux d'entreprise (SI Étendu).

Une action isolée d'une entreprise ne peut améliorer la compétitivité globale d'un produit sur le marché. Le produit fini dépend de cette chaîne logistique. Cette chaîne repose notamment sur les concepts de Juste-à-temps (JAT) et la Traçabilité via notamment le SGDT (Système de Gestion de Données Techniques) qui décrit l'aspect statique. L'échange informatisé de données peut consolider l'établissement du JAT et aider à la démarche « Qualité Totale » et contribue ainsi à la dynamique du SIE.

La problématique vise à intégrer les données et les systèmes. Cette intégration permet de créer une synergie dès le lancement du projet, de plus en plus en amont du lancement du produit par le constructeur ; et d'éviter ainsi des déperditions relativement lourdes de conséquences en termes de techniques, d'efficacité, de délais et d'économies.

Cette intégration permet également de créer la « mémoire de l'entreprise » d'une part, et un « catalogue de produits étagères » permettant de réagir et répondre rapidement aux besoins. La mise en place d'une telle intégration, s'accompagne, voire est précédée, par la normalisation d'un certain nombre de concepts et règles qui régissent les métiers de l'entreprise et les produits qu'elle fabrique(Abdelhafid & Reppert, 1995).

En logistique intégrée, les échanges de données techniques et commerciaux ont pour objectif d'aboutir à une entreprise communicante ou étendue. L'entreprise dans ce cas n'est plus isolée mais rapprochée de ces partenaires par des informations et pour arriver ensemble aux objectifs de compétitivité fixés. Grâce au système Blockchain, par exemple, ce n'est plus une entreprise qui échange des informations, mais un réseau d'entreprises partenaires qui s'échangent des informations. Ainsi l'efficacité, la fiabilité et la transparence du SLI se trouvent améliorées.

Dans nos recherches sur les démarches, méthodes, concepts et outils pour la conception des SLI, nous nous situons dans un contexte de réorganisation des processus industriels, pour lesquels les systèmes d'informations sont le moyen dominant pour appréhender leur complexité. Par exemple les systèmes logistiques de transport sont à la fois un sous-système du SLI, un sous-ensemble de la conception d'un cycle de vie (ingénierie concourante) et un secteur industriel dépendant de l'évolution de la recherche dans notre thématique.

Comme pour le cas de l'industrie, le transport illustre très bien le concept de réseau d'entreprises. Pour une entreprise de transport, l'intégration concerne la gestion de fret, la gestion de flotte, et la gestion

de parc. Comment utiliser l'efficacité et la productivité de l'exploitation transport par l'introduction et la maîtrise des nouvelles technologies d'échange informatisé de données et la mise en place d'un Système d'Information pour le transport ?
Depuis les années 90, nous entendons le discours suivant :
Dans le domaine du transport, les approches intégratrices en sont à leur phase de conceptualisation, elles sont loin d'être passées dans le domaine public, lequel public, se voit proposer des « dossiers » qui juxtaposent les exposés sur les divers outils et services et ne tentent que trop rarement d'en élaborer une image intégrée sous forme de système global... Tout responsable et décisionnaire doit garder à l'esprit que la pleine efficacité de l'une des solutions (techniques et outils) télématiques dépend de son intégration à un schéma global (Abdellatif Benabdelhafid, 1998).

Dans ce cadre, et pour répondre à la problématique posée par l'intégration du SI pour le transport, notre objectif étant de : concevoir, tester, mettre en œuvre et valider une approche globale visant l'intégration de divers outils télématiques susceptibles d'être utilisés pour améliorer le transport multimodal de marchandises grâce à l'utilisation des nouvelles technologies de traitement de l'information dans l'ère numérique (EDI, APIs, Blockchain, Systèmes embarqués, outils IA …) mais aussi les concepts en émergence comme l'Internet physique (Ballot & Pan, 2018).

4.2 Exemple de modélisation de la complexité du SLI

A l'instar de tous systèmes, la modélisation des données et des processus dans un SLI est fondamentale pour toute démarche d'analyse. Cet outil sert non seulement à prévoir l'évolution du système dans le temps, mais aussi à capitaliser la connaissance et à l'appréhender sous ses différents aspects, qu'ils soient structurels, fonctionnels, comportementaux, informationnels, organisationnels ou autres.
La modélisation d'entreprise a déjà fait l'objet de nombreux travaux (Vernadat, 1999). Diverses notations, méthodes, méthodologies5 et architectures de référence6 ont été adaptées ou développées pour décrire les différents aspects de la chaîne logistique. Signalons ici, à titre d'exemple l'approche systémique qui associe et rassemble dans le but de prendre en compte l'ensemble d'une problématique de façon globale. Elle repose sur l'appréhension concrète d'un certain nombre de concepts tels que : la complexité, l'interaction, la globalité, le système etc. (Senouci Benmansour, 2009).

- La complexité convient d'aborder, sans simplification, à toutes les difficultés de compréhension (flou, incertain, imprévisible, ambiguë, aléatoire) posées par l'appréhension d'une réalité complexe ;
- L'interaction implique que chaque élément peut s'informer et agir sur l'état des autres ;
- La globalité exprime l'idée que les interactions entre les différents éléments d'un système ne peuvent s'appréhender qu'au niveau de la totalité et non au niveau des éléments pris séparément ;
- Le concept système indique pour un ensemble d'éléments en interaction dynamique, sa frontière dans l'environnement, son but à atteindre, son évolution et son organisation (de Rosnay, 1975).

Dans la vision de recherche en « automatique », la résolution de ces problèmes nécessite des nouvelles caractéristiques des systèmes de production qui doivent être prises en compte, telles que la stabilité, la flexibilité, la réactivité, l'adaptabilité et la robustesse.

Ces caractéristiques nécessitent des nouvelles approches pour la conception du système de commande (pilotage). Ceci a besoin des excellentes connaissances sur la partie opérative du système, connaissances que l'on obtient grâce à la modélisation et à la simulation du système.

L'analyse des traitements dans le cadre d'un projet de conception d'un PRC relève finalement de la conception d'un SLI. Elle est bien plus complexe que dans les applications de gestion classique. En effet, la particularité de la technique de l'information intégrée au milieu industriel, est que son rôle ne consiste pas seulement à transformer de l'information en une autre information, mais plus difficilement, à transformer de l'information en une action sur la matière, i.e. de la transformer en énergie (travail) parfaitement contrôlé. Il est donc nécessaire de maîtriser toutes les phases de la conception. Toute erreur à ce niveau entraîne des anomalies de fonctionnements très coûteuses à corriger. La conception des traitements inclut la spécification fonctionnelle, la modélisation et l'évaluation du comportement du système. Il s'agit dans le modèle de traitements de décrire les actions avec leur déclenchement qui permettent de faire vivre la masse d'informations décrites par le modèle de données. Il s'agit donc d'une description dynamique de la réalité impliquant les notions de déclencheur et de condition de rupture de charge.

Parmi ces outils de description dynamique des systèmes, nous avons utilisé dans (Senouci Benmansour, 2009) les Bond Graph (BG). L'approche BG est largement utilisée pour la modélisation des systèmes technologiques (électrique, mécanique, pneumatique, hydraulique, thermique). Cet outil doit permettre d'établir un modèle plus proche de la réalité, plus simple dans sa représentation, et plus pratique pour son implémentation. (cf. Chapitre 3)
Le bond graph permet d'exprimer plusieurs aspects et la manipulation conjointe de différents niveaux de connaissance :

- Modèle bond graph à mots : qui décompose le système en sous-système ;
- Modèle bond graph acausal : qui représente graphiquement tous les phénomènes pris en considération ;
- Modèle bond graph causal : qui mène directement sur le modèle des analyses et des études structurelles du système. Le modèle bond graph causal : permet d'obtenir directement le modèle mathématique (équation d'état) du système, sans aucun calcul, ce qui donne une idée globale sur l'évolution du système et donne l'accès à de nombreuses possibilités tel que: l'étude de la robustesse ; la simulation, ... ;
- Modèle bond graph bicausal: qui augmente les possibilités calculatoires et permet d'aborder plusieurs problèmes pratiques graphiquement tel que: dimensionnement du système ; synthèse de lois de commande….

Le langage bond graph apparaît comme un outil de modélisation structuré des systèmes physiques. Outre son aspect unifiant, le formalisme bond graph facilite l'analyse structurelle des systèmes (ordre, commandabilité, observabilité, couplage entre éléments, …).
Nous donnons dans ce qui suit un exemple de modélisation par les BG relatif au de flux de produits dans une chaîne logistique et tiré de la thèse de BENMASOUR que nous avons encadrée. (Senouci Benmansour, 2009).

4.3 Modèle BG pour une chaine logistique (Senouci Benmansour, 2009)

Les différents phénomènes rencontrés dans le transfert du flux physique au sein d'une chaîne logistique, ne semblent pas si éloignés de ceux du transfert de flux de véhicules au sein d'un réseau routier (cf Partie I). Un modèle BG permet de décrire le comportement dynamique du flux physique au sein d'une chaîne logistique. Un tel modèle permettra de contribuer au redéploiement et à la synchronisation de l'ensemble des activités de la chaîne logistique, de l'approvisionnement à la distribution tout en préservant l'environnement et en intégrant les contraintes liées aux infrastructures (e.g. congestion) (Senouci Benmansour, 2009).

Concept de base : Notion de flux

Les processus d'approvisionnement, de production, de distribution, ... dans la chaîne logistique entraînent l'existence de flux physique (de matières) entre les différentes ressources utilisées et, généralement, de stocks. Ce flux est le résultat d'opérations de stockage, de déplacement ou de transformation effectuées sur les produits[85]. Ces opérations amènent des modifications des caractéristiques physiques (les coordonnées spatio-temporelles) et des aspects morpho-dimensionnels des produits (compositions, morphologies, etc.). Tout comme dans le cas du flux de produits dans la chaine logistique, nous retrouvons dans le trafic routier, les mêmes opérations telles que le stockage, le déplacement et la transformation où :

- Le stockage, consiste à laisser s'écouler le temps sans agir ni sur les caractéristiques ni sur la localisation des véhicules (véhicules à l'arrêt) ;
- Le déplacement, conduit à modifier en fonction du temps la localisation des véhicules sur le réseau ;
- La transformation, traduit une progression dans l'acheminement du point de départ au point d'arrivée des véhicules.

Dans un cas comme dans l'autre, la mise en évidence de ces opérations est possible à travers l'existence de déférents éléments, à savoir pour le cas du transfert de flux physique au sein d'une chaîne logistique :

- Éléments de stockage assurant une réserve de produits placée à l'endroit où séjournent les produits en attente de déplacement ou de transformation ;
- Éléments de déplacement assurant un support de transfert des produits entre plusieurs endroits dans la chaîne logistique. Nous citons également, les voies de transport, les

[85] Le terme ''produit '' est pris au sens large et désigne l'ensemble des composantes possibles pour le flux matériel (des composants, des pièces, des produits, des matières premières, de l'énergie, etc.).

convergents, les divergents, les multiplexeurs, les démultiplexeurs, etc. ;

- Eléments de transformation assurant une modification dans les aspects morpho dimensionnels des produits. Nous citons également, les machines de fabrication, les opérations de groupage et de dégroupage.

L'existence de deux autres éléments dans la chaîne logistique est nécessaire pour la mise en évidence de connexion de cette dernière avec l'environnement, à savoir : la source de flux qui assure l'approvisionnement continu du flux matériels dans la chaine et le puits de flux qui assure l'absorbation des produits après leur passage sur le dernier maillon de la chaîne. Par analogie, ces différents éléments de la chaine logistique trouvent leurs correspondances dans le domaine du trafic routier. Le tableau suivant illustre cette correspondance.

Tableau IV-1: Correspondances physiques des différents éléments de la chaine logistique dans le domaine du trafic routier ; Source : (Senouci Benmansour, 2009)

Objets, opérations et connexions	**Flux de matières : Chaîne logistique**	**Flux de véhicules : Trafic routier**
Objet manipulé	Produits	Véhicules
Éléments de stockage	Stocks	Tronçons routiers
Éléments de déplacement	Voies de transfert, convoyeurs	Voies routières
	Aiguillages (convergents, divergents, multiplexeurs, démultiplexeurs, etc.)	Intersections
Éléments de transformation	Machines	Nœuds inhomogènes
Connexion à l'entrée du système	Source de flux	Jonction d'origine
Connexion à la sortie du système	Puits de flux	Jonction de fin

D'un point de vue flux, une chaîne logistique se présente comme un réseau de stations de transformation et de stockage interconnectées par les voies de transfert empruntées par les produits, à l'image d'un réseau routier emprunté par les véhicules…Ainsi dans les deux cas on est confronté au même problème de la ''fluidité du trafic'', résoluble par la mise en place d'une gestion efficace de flux. Ce qui requiert une bonne compréhension des mécanismes sous-jacents et des principales variables d'actions.

4.3.1 Variables descriptives associées au flux de produits

À l'image de ce qui se passe pour les réseaux routiers, la description de l'évolution du flux physique au sein d'une chaîne logistique donnée nécessite l'obtention de différents types d'information tels que :

- Les paramètres caractérisant les déférents éléments maniant le flux de produits tout au long de la chaîne logistique. Le tableau V.4 illustre quelques-uns de ces paramètres ;
- Les variables descriptives du flux de produits telles que le débit[86], la densité[87], et la vitesse[88] du flot de produits.

Tableau IV-2: Paramètres caractéristiques et représentations schématiques des déférents éléments maniant le flux de produits dans la chaîne logistique ; Source : (Senouci Benmansour, 2009)

Eléments de la chaîne logistique	**Paramètres caractéristiques**	**Représentation schématique**
Stock	-Capacité physique $Cmax$ exprimée en nombre de produits.	
Machine	- Nombre de produits peuvent être traités simultanément r. - Fréquence de traitement des produits $Xmax$.	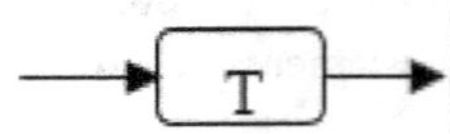
Source de flux	- Débit d'entrée δ_d	
Puits de flux	- Capacité physique illimitée $C_{\max} \to \infty$	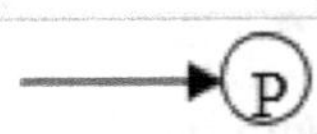

4.3.2 Lois comportementales associées au flux de produits

Un flux physique, quelle que soit sa nature, est soumis à des lois d'écoulement régissant ses variables principales : débit δ, densité d, et vitesse v. Ces lois sont bâties sur le même principe que les lois de la

[86] Correspond au nombre de véhicules passant par un point x d'une voie de transport dans la chaîne logistique entre deux instants du temps. Cette grandeur est exprimée en nombre de véhicules par unité de temps.

[87] Correspond au nombre de produits présents sur une voies de transport dans la chaîne logistique à l'instant t. Cette grandeur est exprimée en nombre de véhicules par unité de longueur.

[88] Correspond à la moyenne arithmétique des vitesses instantanées des produits une voies de transport donnée dans la chaîne. Cette grandeur est exprimée en unité de longueur par unité de temps.

mécanique des fluides qui ont été utilisée aussi comme outil d'analyse du trafic routier. Par conséquent, un flux de produits obéit :

- Au principe de conservation de la masse traduisant l'invariance du nombre total de produits en tout point de la voie de transport ;
- A la relation classique entre le débit et la vitesse qui définit la vitesse du flot de produits comme le rapport du débit sur la densité.

Par analogie avec le trafic routier, nous impliquons une troisième équation encadrant le comportement du flux de produits. Selon cette équation ajoutée, le flux est supposé être tout le temps à l'équilibre et évolue ainsi en passant d'un état d'équilibre à un autre. Le principe de lien entre le trafic routier et l'infrastructure routière peut être appliqué pour le transfert du flux physique, au sein d'une chaîne logistique et permet de caractériser le support sur lequel sont stockés, transportés et modifiés les produits.

4.3.3 Modélisation du transfert du flux physique au sein d'une chaîne logistique

Les paramètres caractéristiques du support, sur lequel sont stockés, transportés et modifiés les produits dans la chaîne logistique, sont maintenant exprimés. Les variables du flux de produits sont décrites et les lois reliant ces variables et paramètres sont désignées. Ces paramètres, ces variables et ces lois sont considérées en analogie avec le trafic routier. Nous pouvons déduire donc facilement le modèle BG du flux physique au sein d'une chaîne logistique.

Un tel modèle permet de décrire le comportement dynamique du phénomène de transfert d'objets circulant dans les installations d'une chaîne logistique.

Prenons l'exemple d'une simple installation d'une chaîne logistique illustrée dans la figure IV-3.

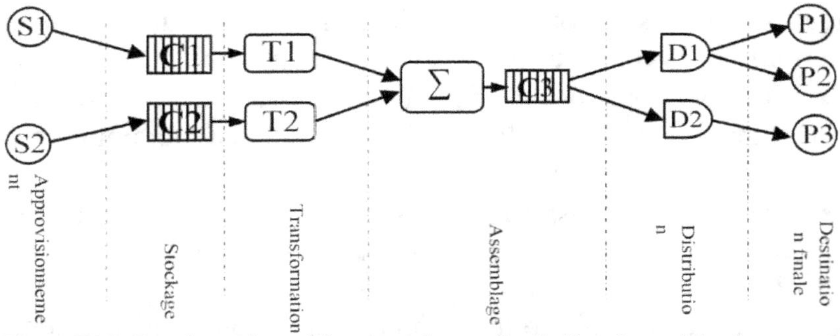

Figure IV-3: Représentation schématique du transfert de flux de produits dans une chaîne logistique ; Source : (Senouci Benmansour, 2009).

Nous pouvons déduire le modèle BG de cette chaîne tout en utilisant les similarités, expliquées ci-dessus, entre le transfert du flux de produits dans une chaîne logistique et celui de transfert du flux de véhicules sur un réseau routier.

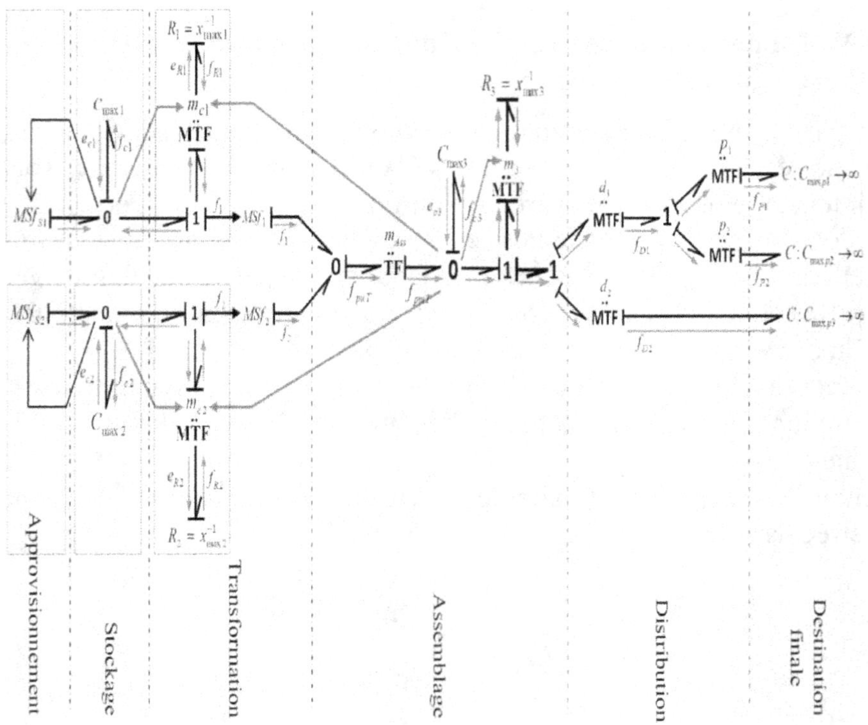

Figure IV-4: Modèle BG du transfert de flux de produits dans une chaîne logistique déduit par analogie avec le transfert du flux de véhicules sur un réseau routier ;Source : (Senouci Benmansour, 2009).

L'acheminement du flux de produits à travers l'installation de la chaîne logistique correspond à une progression des véhicules sur un réseau routier. De ce fait :

- Les modèles BGs des sources de flux S1 et S2, injectant les produits dans l'installation logistique, correspondent aux modèles BGs des jonctions d'origine dans un réseau routier En effet, les modèles BGs dans les deux cas (chaine logistique et trafic), assurent une génération de produits (de véhicules) respectant, à la fois, la demande de produits (de trafic) et les conditions de l'environnement (du trafic) en aval ;
- L'ensemble (stock et machine de production), dans l'installation logistique, est modélisé par un modèle BG correspond au modèle BG d'un tronçon routier qu'utiliseraient les véhicules sur un réseau routier. Par analogie, la capacité d'accueil du tronçon traduit la capacité de stockage de l'ensemble stock-machine $C_{max\,i},\ i=\{2,1\}$ correspond au nombre maximum de produits que peut contenir le stock à l'instant t. Quant au temps de parcours moyen du tronçon, en tenant compte de la vitesse maximale autorisée, il correspond au temps de séjour minimal du flot de produits dans le stock[89] ajouté au temps opératoire de la machine $R_i,\ i=\{2,1\}$. Enfin, le nombre moyen des véhicules pouvant sortir simultanément du tronçon est analogue au nombre maximum de produits pouvant être traités simultanément par la machine $r_i,\ i=\{2,1\}$;
- L'assemblage des produits est assuré par un modèle BG correspond à celui du convergent de véhicules. En effet, les produits fabriqués parvenus par les deux machines T1 et T2 sur deux voies différentes sont simultanément réunis en lots. Ces derniers sont ensuite acheminés sur une seule voie de sortie pour finir dans un stock avant d'être distribués à leurs destinations finales (détaillants ou clients finals). C'est donc à partir du modèle BG d'un convergent que nous assurons l'arrivée, à un lieu unique, des produits des deux machines T1 et T2. L'assemblage de ces deux types de produits pour former des lots, est assuré par un transformateur dont le

[89] Généralement ce temps est négligé par rapport au temps opératoire de la machine.

module m_{Ass} ($m_{Ass} > 1$) traduit le rapport entre le nombre de produits en entrée et le nombre de lots en sortie. À partir de cet endroit de l'installation, nous ne suivons plus le flux des produits unitaires $\boldsymbol{f_{pu}}$ mais plutôt le flux des produits multiples $\boldsymbol{f_{pm}}$. Ainsi, au niveau du transformateur d'assemblage (Senouci Benmansour, 2009) :

$$f_{pm\ T} = \frac{1}{m_{Ass}} f_{pu\ T}$$

Le transit de ce flux des produits multiples (les flots) dans une station de stockage, associé à l'élément d'assemblage, est assuré par un modèle BG correspond à celui d'un tronçon routier transité par les véhicules dont la capacité d'accueil traduit la capacité maximale de stockage de la station $Cmax_3$. Quant au temps de parcours moyen du tronçon, il correspond au temps de séjour minimal d'un flot de produits dans la station R_3. Enfin, le nombre moyen des véhicules pouvant sortir simultanément du tronçon est analogue au nombre maximum de flots de produits r_3 pouvant être franchir simultanément, à un instant donné, la station de stockage ;

- La distribution du flux des produits multiples aux destinations finales en passant par les stations de stockage, est assurée par un modèle BG correspondant à celui du divergent permettant au flux de véhicules, arrivants à un nœud d'un réseau routier par une seule voie amont, de se répartir sur plusieurs voies en aval en fonction de leurs destinations et conformément à des taux d'affectation. En effet, la distribution des flots de produits s'effectue aussi selon un schéma de répartition ($d1$, $d2$, $p1$, $p2$) correspondant aux différentes commandes effectuées par les détaillants ou les clients finaux ;
- Enfin, les destinations finales des produits sont représentées à travers des modèles BGs.

Ces modèles correspondent aux modèles BGs des ''jonctions de fin'' représentant les endroits du réseau routier dans lesquels les véhicules disparaissent. En effet, les destinations finales des produits représentent, dans l'exemple de la figure IV.3, les endroits dans lesquels les produits disparaissent définitivement de l'installation sans qu'ils se répercutent sur les processus amont (stockage, déplacement et transformation).

Une chaine logistique s'étend au-delà des limites de l'entreprise de production, allant des fournisseurs des fournisseurs jusqu'aux clients des clients. Cette définition suggère que nous sommes en présence de plusieurs domaines et plusieurs métiers ou secteurs (usines de production, banques, cabinets de services, hôpitaux, compagnies d'assurance, etc.).

Le tableau suivant donne les éléments permettant l'extension. Du modèle BG de la chaine logistique à cette définition.

Tableau IV-3: Éléments permettant d'étendre le modèle BG à une définition large de la chaine logistique ; Source : (Senouci Benmansour, 2009)

Éléments de la chaîne logistique	Représentations éventuelles plus larges
Objet manipulé	- Composants physiques ; - Informations ; - Personnes : clients, patients ; - Avions ; - Appels téléphoniques, - Etc.
Stock	- Espace aérien occupé par les avions avant l'atterrissage ; - Bac d'un poste d'assemblage contenant des composants ; - File d'attente devant un guichet ou une machine ; - Files d'attente d'appels dans les centraux téléphoniques ; - Salles d'attentes dans les hôpitaux ; - Etc.
Machine	- Tour ; - Presse ; - Caisse de supermarché ; - Guichet automatique de banque ; - Opérateur de centrale téléphonique ; - Etc.

Le modèle BG global du trafic se trouve ainsi transposé à l'étude du comportement dynamique du flux physique au sein d'une chaîne logistique intégrée. Ce qui contribue d'une manière significative, par

exemple, à l'intégration de la supervision et l'exécution dans une chaine de production manufacturière traitée dans la thèse (M. Benaissa, 2006) (cf. Partie I). Dans ce cas le modèle BG contribue à garantir un accès facile aux données de production à tous les niveaux à la supervision.
Le lien est ainsi élaboré entre les travaux de recherche des deux thèses (M. Benaissa, 2006) et (Senouci Benmansour, 2009) que nous avons encadrées au sein de notre équipe SILI (Système d'Information de Logistique Intégrée) à l'université du Havre (A Benabdelhafid, 2008).
Ces travaux sont valorisés dans le module « Modélisation » du projet SYSLOG (SYStème logiciel intelligent dynamique sécurisé d'aide à la décision LOGistique) concernant la gestion en temps réel du transport « In land » multimodal des conteneurs. L'objectif de SYSLOG est de développer un système logiciel intelligent dynamique sécurisé d'aide à la décision logistique mis à disposition des différents acteurs de la chaine de valeur (agent maritime ou consignataire, transitaires, manutentionnaire, transporteur...), accessible via le Web (mode SaaS : Software as a Service). Ce système comprendra des fonctions d'aide à la décision dans lesquelles l'optimisation des ressources et des flux représentent des enjeux de qualité de service (satisfaction des clients), économiques (coûts) et sociaux (satisfaction des agents). Sur la base d'innovations technologiques (techniques d'optimisation dynamique et réactive), le projet SYSLOG permet aux utilisateurs d'optimiser en temps réel leurs processus métiers et leurs flux, dans un contexte portuaire, et au service de la rationalisation des coûts d'investissements et d'exploitation (Abdellatif Benabdelhafid, 1998; M. Benaissa, 2006; S Bendriss, 2009; Senouci Benmansour, 2009; Gouiza, 2016).
Notons que La vision informatique du traitement de ce type de problématique est donnée par les thèses (E. Benaissa, 2013) et (S Bendriss, 2009), que nous avons dirigées.

4.4 Modélisation de l'objectif organisationnel

La classe des chargeurs est une méta classe de plusieurs classes se distinguant par leurs secteurs d'activités : automobiles, pharmacie, électronique du secteur automobile est-elle même composée d'équipementiers et de constructeur. Nous pouvons descendre ainsi jusqu'à la classe des APE (Atelier de Production Élémentaire) évoqué dans la figure IV-5. L'APE est une section de l'Atelier de Production (AP). Un système AP est décrit par des ressources en machines, en outils et en hommes qualifiés. Le système d'information correspond aux objets associés à chaque classe de ressources. Des ressources

appartenant à une même catégorie peuvent être de caractéristiques identiques et, de ce fait, rigoureusement substituables. Les trois classes de Ressources constituent un APE. Les APE sont des « éléments (objets) interagissant entre eux (connectivité) dans un même domaine ou avec l'extérieur (environnement ou objets d'autres domaines) au moyen de messages, c'est à dire d'appel aux méthodes des objets provoquant l'échange de données ou d'objets. » (Vernadat, 1999).
Dans ce cas les APE forment une classe spécifique de la méta classe des Ateliers. Nous retrouvons ici un héritage multiple. En effet l'instance Atelier remplit plusieurs rôles ; Il peut fabriquer pour plusieurs constructeurs ou même pour plusieurs PRC. Nous avons donc une similitude entre la construction d'une EE et la construction d'un Système Orienté Objet ; par assemblage de classe (paquetage dans UML) (Muller & Gaertner, 2000).
Le SLI, via la gestion du PRC, doit organiser au mieux l'utilisation des ressources disponibles afin de répondre aux objectifs définis par les prévisions, tout en tenant compte des contraintes liées aux systèmes physiques des autres PRC[90](transport, stockage, chargement/déchargement, niveau de réalisation du produit, rebut, charge, ...). Concurrence oblige, la conduite dynamique des PRC intéresse de plus en plus des entreprises d'une chaîne logistique. En effet lors d'apparition d'aléas (pannes, retard d'approvisionnement, ...) l'admissibilité globale des solutions de conduite de PRC est remise en cause. La flexibilité de l'organisation du PRC peut être améliorée en augmentant l'autonomie des Centres de Décision horizontalement et (ou) verticalement. Pour cela nous avons introduit la notion de « Vitesse de Décision » comme paramètre supplémentaire du modèle conceptuel de la gestion d'un PRC, comme sous système du SLI.
Nous donnons ici un exemple de gestion de PRC, la GAP (Gestion intelligente d'Atelier de Production).
Les deux paragraphes suivants décrivent les aspects statiques et dynamiques d'une GAP.
Nous nous sommes intéressés particulièrement à la classe des APE dont la structure a été définie dans (Abdellatif Benabdelhafid, 1986). Nous avons ensuite complété ce modèle en introduisant la dimension « logistique intégrée » dans le cadre d'un travail collectif interdisciplinaire décrit dans les articles (Ballot & Pan, 2018),

[90] Point de Rupture de Charge.

(Abdellatif Benabdelhafid & Reppert, 1994), (Abdellatif Benabdelhafid & Boudebous, 1996) et (Reppert, 1997).
La gestion d'atelier doit organiser au mieux l'utilisation des ressources disponibles afin de répondre aux objectifs de la production définis par le plan de fabrication du niveau supérieur, tout en tenant compte des contraintes liées aux systèmes physiques de production (niveau de réalisation du produit, rebut, charge...). La GAP illustre le pilotage d'un sous-système du SLI. Nous décrirons dans le paragraphe suivant §3 le modèle du Système d'Information Étendu conduisant à la modélisation de la communication entre les différents nœuds du SLI, ainsi que leurs aspects statiques et dynamiques via l'exemple de la GAP. Nous pouvons aisément étendre, les caractéristiques conceptuelles, les méthodes, le savoir-faire ainsi que les outils utilisés pour le GAP à n'importe quel autre nœud du SLI. Il ne s'agit pas ici de donner des solutions « clés en main » mais plutôt des indications pour concevoir un sous-système en vue de son intégration dans le SLI.

4.5 Modélisation du SIE

Depuis une cinquantaine d'années, nous assistons à une vraie mutation de la technologie informatique. Nous sommes passés des architectures centralisées avant 1980 (toute l'application informatique se trouve et s'exécute sur un seul ordinateur) à des architectures distribuées (plusieurs ordinateurs reliés par un réseau). Avec cette architecture, les réseaux sont au centre du système d'information. La coopération entre systèmes dans le sens de (Cardon, 1997) est indispensable dans les architectures distribuées.
Dans notre cas chaque nœud de l'EE[91] (cf. figures IV.1 et IV.2), est un sous-système du système complexe qu'est la SIL (Structure de l'Intégration logistique). La SIL est le sous-système de pilotage du SLI. Cette architecture distribuée met en évidence la coopération dans les décisions et l'éclatement du SI. Aujourd'hui, non seulement les systèmes doivent coopérer, mais ils doivent le faire à distance par le biais d'échanges intelligents de messages via un réseau (réseau d'entreprise, Internet, plateformes).
Nous nous intéressons ici à la modélisation au niveau SIE sous le paradigme des « Systèmes complexes ».
Confrontée à l'évolution de la demande des entreprises, à leurs nouvelles exigences de rapidité, de communication avec le monde

[91] Entreprise Étendue

extérieur (entreprises de transport, ateliers de fabrication, banques,...) et de maîtrise budgétaire, l'immense majorité des informaticiens a pris conscience de la nécessité de nouveaux modèles. Ces modèles doivent permettre de prendre en compte :

- L'interaction du système d'information avec l'environnement dans lequel il est plongé. Le système d'information est considéré comme un système stimuli/réponses, étant donné un stimulus particulier ou événement (commande d'un client par EDI ...), le système doit donner la réponse correspondante (ordre pour satisfaire cette commande et établissement de la facture) ;
- L'influence du temps ; en effet, il ne s'agit pas seulement de fabriquer un produit meilleur que celui du voisin et à moindre coût, mais il faut le fabriquer juste à temps.
- La communication avec d'autres systèmes. Le système d'information peut être conçu comme un ensemble de sous-systèmes pouvant être répartis sur des sites distribués géographiquement et qui communiquent avec intelligence via un réseau.

L'intégration des informations des différents partenaires (transporteurs, banques, clients, dépôts, ...) passe par l'éclatement du SIP (Système d'Information Partenaire) qui devient sous système du Système d'Information Etendu (SIE). Dans la thèse E. Benaissa (2013) que nous avons encadrée de 2009 à 2013, les travaux liés à cette problématique couvrent plusieurs domaines de recherche très actifs. Ils intègrent différentes techniques issues de systèmes multi-agents (SMA)[92], des chaînes logistiques et de la modélisation des connaissances. Nous y avons traité le problème de la coopération dans les chaînes logistiques en vue d'augmenter les performances des entreprises qui les mettent en œuvre. Une plateforme intelligente a été conçue. Cette plateforme est à base d'agent et de Service Web Sémantique dédiée à l'aide de la prise de décision collaborative dans le contexte de l'entreprise étendue. Dans le domaine de la logistique, les plateformes collaboratives peuvent proposer aujourd'hui une digitalisation de la chaine d'approvisionnement de leurs clients à travers les outils de l'IA (Big data, cloud, mobilité, IOT, Block Chain...).

L'EE a une organisation productive éclatée où on distingue plusieurs classes de nœuds : chargeurs, transporteurs, administrations...nous

[92] Nous consacrons dans ce chapitre le §1.3.1 au concept du SMA.

avons donné une définition d'un nœud dans (Abdelhafid & Reppert, 1995) que nous avons illustré par les figures IV.1 et IV.2.

4.5.1 Les Systèmes Multi-Agents (SMA)

L'Intelligence Artificielle s'est fortement inspirée de l'intelligence[93] du fonctionnement de la nature, de sa faune et de sa flore (cerveau humain, corps humain, société humaine, société d'insectes et autre être vivants…). Les SMA interviennent, entre autres, sur la cognition[94] et la réactivité[95] dans l'IA.

Un Agent est « une entité relativement autonome présente dans un système qui lui permet d'évoluer et de communiquer. Ce système est appelé un Système Multi-Agents (SMA) » (Ferber, 1997). Un SMA peut être considéré, donc, comme un ensemble d'agents partageant un environnement commun. Jacques Ferber propose une définition détaillée des systèmes multi-agents comme étant un système composé des éléments suivants (Ferber, 1997) :

- Un ***environnement E***, disposant en général d'une métrique ;
- Un ***ensemble d'objets O***, auxquels on peut associer une position dans ***E*** à un moment donné. Ces objets (hormis les ***agents***) sont passifs : les agents peuvent les percevoir, les créer, les détruire et les modifier ;
- Un ***ensemble d'agents A***, lesquels représentent les entités actives du système ;
- Un ***ensemble de relations R***, qui unissent les objets (et agents) entre eux ;
- Un ***ensemble d'opérateurs Op*** permettant aux agents de ***A*** de percevoir, produire, consommer, transformer et manipuler des objets de ***O*** ;
- Des opérateurs chargés de représenter l'application de ces opérations et la réaction du monde à cette tentative de modification, que l'on appellera les ***lois de l'univers***.

Pléthore de travaux de recherche donnent différentes définitions des SMA. Nous nous contentons de donner l'équivalence suivante, trouvée

[93] Ici, il s'agit de l'Aptitude à s'adapter à une situation, à choisir des moyens d'action en fonction des circonstances. Cette aptitude découle de la connaissance et la compréhension de son environnement

[94] L'ensemble des processus mentaux de la connaissance utilisant la mémoire, le langage, le raisonnement, ...

[95] Le fait de maintenir un lien constant avec son environnement et répondre aux changements qui y surviennent

dans plusieurs publications (S Bendriss, 2009; E. Benaissa, 2013; Gouiza, 2016).

$$SMA \equiv Agent + Environnement + Interaction + Organisation$$

Comme pour le SMA, le concept d'Agent a fait l'objet de plusieurs définitions et travaux pour distinguer entre :

- un agent réactif,
- agent cognitif (intelligence, collaboration, assistance, informations,),
- et agent hybride.

L'autonomie, l'apprentissage, l'adaptabilité, et par conséquent la flexibilité et la sociabilité caractérise un Agent.
Chaque vue a été sujette à plusieurs travaux et théories. Dans ce qui suit, nous développons les différentes pratiques liées à l'élaboration de chacune d'entre elles.
La modélisation qui nous intéresse ici concerne le SLI. Pour cela, nous jugeons utile de citer dans ce qui suit l'*analogie entre le SLI et le SMA résumée dans le tableau suivant* (Gouiza, 2016):

Tableau IV-4: Analogie entre la chaine logistique et les SMA ; Source : (Gouiza, 2016)

Critère d'analogie	**Système de Logistique Integrée**	**Système multi-agent**
La multiplicité des entités agissantes	Multiples entités aux rôles et compétences différents pour la réalisation de tâches communes.	Multiples entités aux rôles et compétences différents pour la réalisation de tâches communes.
Les propriétés des entités	Les acteurs possèdent des objectifs, moyens et compétences nécessaires à l'exécution de tâches, et suivent pour cela un ensemble de règles de gestion.	Les agents possèdent des objectifs, compétences, rôles et capacités de raisonnement, qu'ils mettent en œuvre selon différents modes décisionnels complexes.
L'habilité sociale des entités	Les prises de décision se font au travers de méthodes de coordination et/ou de négociation entre les acteurs.	Les agents sont autonomes, sensibles aux modifications de l'environnement, proactifs (Initient les prises de décisions et d'actions) et disposent de capacités sociales.
Les capacités décisionnelles	Apprentissage et raisonnement sont nécessaires à la prise de décision individuelle et collective pour les acteurs.	Capacités de raisonnement, d'acquisition ou de modification de connaissances par interaction avec l'environnement possibles pour les agents.
Coordination entre entités	Coordination des acteurs de la *SC* par le partage de flux matériels, informationnels, monétaires ou décisionnels.	Coordination des activités des agents par interaction avec les autres agents.

La distribution l'incomplétude l'information	Un acteur de la *SC* accède à des informations incomplètes, partagées le long des frontières du système.	Les agents possèdent des informations incomplètes, les partages d'informations et / ou des connaissances s'effectuent par échanges de messages.
La répartition des tâches	Les tâches des acteurs de la *SC* peuvent être décomposées et données en responsabilités à d'autres acteurs.	Les agents peuvent déléguer des tâches ou en partager pour la résolution de problèmes complexes.
L'évolutivité des systèmes	Structures dynamiques, les acteurs s'inscrivent ou quittent la chaîne logistique.	Les agents peuvent rejoindre le système et d'autres peuvent être détruits.

Ainsi les SMA proposent un cadre de modélisation adapté pour la représentation de SLI. La modélisation et la simulation par les systèmes multi-agents permettent de considérer la nature distribuée, les environnements changeants, la variabilité des décisions et le comportement de coopération au sein de la chaîne logistique. Qui dit coopération dit communication et échange ; nous traitons dans ce qui suit ces aspects du SLI.

4.5.2 Modélisation des échanges entre les différents sous-systèmes du SLI (Abdellatif Benabdelhafid, 1998)

Ce paragraphe a pour objectif de décrire le système de communication, basé sur l'EDI, entre la GAP et les autres nœuds du SLI, en vue d'une utilisation future de l'IA et de ses outils. Nous ne traitons pas le cas des grandes entreprises mais plutôt celui du sous-traitant devant satisfaire les conditions de son « donneur d'ordre » qui exige un échange de données automatisé.

Nous considérons le cas où le logiciel EDI réside totalement sur l'host et réalise toutes les fonctions EDI. Ce type de configuration est justifié pour l'entreprise donneuse d'ordre qui manipule un gros volume de transactions EDI sur une longue période et qui intègre l'EDI à ses applications internes (ERP ou autres). Le principal avantage de cette configuration réside dans le fait qu'elle permet une intégration totale des messages EDI ainsi qu'une transition entre les différentes applications des services internes à l'entreprise (de la Fabrication vers la Documentation puis vers le service Après-vente…) dans la mesure où une intégration des différents processus a été déjà été réalisée. C'est le cas aujourd'hui dans la plupart des chaînes logistiques dédiées (automobile, aéronautique, BTP…). Nous ne distinguons pas ici les systèmes EDI permettant la disponibilité des informations en temps réel (en même temps que la saisie) et les systèmes EDI séquentiel où le logiciel est capable de récupérer directement les données dans les bases de données de l'entreprise. C'est là une condition qui serait nécessaire pour le V de Variété des Big Data.

Dans le système, les fonctions appartenant à un même processus commercial sont reliées entre elles. Cette interconnexion entre les fonctions est obtenue grâce à une gestion centralisée des données utilisant les techniques du middleware[96](Serain, 1997).

Dans la GAP, il s'agit surtout de données techniques. Un Système de Gestion de Données Techniques (SGDT) doit : assurer la cohérence d'informations techniques appartenant à différents corps de métier, et garantir leur pertinence dans le temps. Il permet une aide à :

- La consignation des données ;
- La gestion des procédures (workflow) ;
- La gestion de configuration des produits ;
- La classification des composants ;
- La planification.

Le SGDT assure tous les aspects de sécurité, en termes de statuts, de validation et d'accès. Il peut jouer un rôle d'intégrateur entre applications. Cette intégration permet de répercuter les modifications apportées par un traitement sur les données. Les EDI et le SGDT permettent une intégration du SIP dans le SIE. Toutes les informations saisies sont gérées dans une base de données et automatiquement disponibles à tous les niveaux de traitement situés en aval. L'intégration des applications subsiste même dans les cas où des tâches décentralisées doivent être exécutées de façon autonome comme le suivi d'atelier ou la gestion physique des magasins. L'intégration par l'EDI et les SGDT des différents nœuds de l'entreprise-réseau n'est efficace que si elle est accompagnée d'une modélisation complète de la chaîne des flux d'informations.

Cette modélisation devra déboucher sur une remise en cause complète des bases de données de chaque nœud de l'entreprise-réseau et sur l'intégration totale des différents applicatifs, jusqu'alors gérées indépendamment par les différents nœuds. L'intégration des informations est rendue possible grâce à la normalisation. Cette normalisation, effectuée conjointement avec les différents partenaires, est le ciment de relations plus approfondies et de grande

[96] Nous ne rentrons pas ici dans le débat entre Cloud, open source et middleware. Ici le mot désigne un système l'échange d'informations entre différentes applications informatiques.

confiance entre eux. Ceux-ci ayant maintenant comme point commun l'utilisation des mêmes données.
La modélisation des messages EDIFACT peut se faire une fois la normalisation des données effectuées puisqu'il est possible de situer et d'identifier beaucoup plus facilement les informations.
La modélisation du langage EDIFACT peut sans problème majeur utiliser la technologie Orienté Objet. Un message est une classe d'objets appelés segments caractérisés par des attributs (données simples ou composites formants les segments), il a une structure de classifications hiérarchiques et une structure d'agrégation (composé - composant).
L'échange EDI utilise l'héritage multiple. Il arrive souvent que les mêmes objets segments soient utilisés dans des messages différents.
Ainsi, la section " En-tête " des messages EDIFACT est presque toujours composée d'une même suite de segments (BGM, NAD, CTA, DTM, LOC...) Parfois deux messages EDIFACT comportent des segments exactement identiques tels la commande ORDERS et l'accusé de réception de commande ORDERSP décrits précédemment.(Bastin & Wertz,2013).
La modélisation en EDI doit prendre en compte deux aspects :

- Le premier concerne les exigences propres au développement de la fonction EDI.
- Le second est lié à la qualité et la protection du flux informationnel échangé, pris en compte, dans une vision globale de la sécurité.

Finalement, utiliser l'EDI à la demande d'un donneur d'ordre peut avoir un impact positif sur l'organisation du fournisseur et constituer ainsi un levier de développement pour l'ensemble des partenaires.

4.5.3 Statique d'un sous-système de SLI (13)

Nous prenons l'ensemble GAP et l'AP (Gestion d'Atelier de Production) comme exemple de sous-système du SLI. Le modèle conceptuel de la GAP est illustré dans la figure IV-5.
La signification des différentes composantes est :
0 : fonction d'ordonnancement
L : atelier de lancement
AP : atelier deproduction
APE : atelier de production élémentaire. Les asservissements généralisés associés peuvent être dans une première approximation, considérés comme découplés mais interagissant par coopération à différents niveaux : affectation main d'œuvre ; transfert de travail

PF : procédé de fabrication. PF correspond à l'ensemble des tâches à réaliser qui sont ordonnancées grâce à la fonction O. Cet ensemble caractérise le système physique de production à conduire. Il peut être selon la taille de l'usine relative à un atelier de production (AP) ou à une section (APE). Chaque AP ou APE étant sous la responsabilité d'un décideur dont le rôle est défini par un cadre de décision.
EP : état de la production. EP correspond à l'ensemble des informations sur l'état réel de la production. Ces informations peuvent être fournies par les responsables ou directement par les salariés, ou relevées sur des machines automatisées.
SP : suivi de production. SP recueille, organise et mémorise les informations 'dEP'.
R : interface réagissant ou non en fonction de la comparaison du réel r (quantités réalisées, temps passé...) avec le prévisionnel p (quantités planifiées, temps gamme). Lorsque l'écart ε est jugé négligeable, R doit maintenir la stabilité du système ; l'ordonnancement prévu par coordination ainsi que le lancement prévu par coopération et coordination restent inchangés. Cependant lorsque ε est important, R réordonnance par une nouvelle coordination ou modifie le lancement par coopération.
C : compare le réel r au prévisionnel p ; cette fonction caractérise les performances du PF.
SIP : Système d'Information de la GAP.
En termes d'automatique, un atelier de production (AP) et le système de gestion d'atelier (GAP) qui le pilote constituent un système multi variable que l'on peut considérer comme un ensemble flexible d'asservissements généralisés. Chaque asservissement est du type de celui proposé à la figure IV-5.
Le système est multi variable car il prend en compte plusieurs variables (quantité, temps, ressources...). C'est un ensemble flexible car le GAP évolue en fonction de la comparaison réel et du prévisionnel. C'est un asservissement car le système est régulé. D'ailleurs cette notion de régulation se retrouve aux autres niveaux de décision de l'entreprise étendue. Enfin cet asservissement est généralisé car contrairement aux boîtes noires d'un système physique asservi, il n'est pas évident d'identifier la fonction de transfert d'un tel système sans faire des approximations qui peuvent parfois éloigner le modèle de la réalité. Néanmoins dans certains cas nous pouvons donner une approche permettant d'identifier le processus.

Avec les outils de l'IA, notamment l'IOT cette identification est de plus en plus possible. Le problème est la masse de données à traiter selon leur typologie. Pour extraire une donnée il faut savoir où et quand. Cela passe par une infrastructure qui permet l'interaction physique, via la transmission de données, entre les différents éléments du processus. Cette infrastructure se caractérise par des capteurs, des actionneurs, de l'énergie, de moyens de communication mais aussi d'une intelligence pour traiter localement les données. Tous les objets existant dans la chaine logistique produisent des données. Toute opération laisse, aujourd'hui, une trace numérique décrivant ainsi l'activité, précisant l'emplacement et fournissant des informations qui ne seront exploitées, éventuellement, que dans un futur plus ou moins lointain. Pourtant ces informations peuvent être nécessaires pour prendre la bonne décision pour un système efficient. Nous verrons comment la Variété[97] de données est aussi liée au niveau de décision comme montré dans la figure IV-5.

Nous considérons ici la GAP comme un sous-système du Système de Pilotage d'une EE. Nous nous intéressons dans cet exemple au court terme. Un système de Gestion intelligente d'Atelier de Production utilisant ce modèle est conçu en harmonie avec des concepts classiques tels que la hiérarchisation, l'évolution dans le temps et la flexibilité (décrit dans mon mémoire de thèse de doctorat). Cependant nous remarquons que le processus ne peut fonctionner sans un suivi d'atelier fiable (Etat de l'atelier) alimentant un Système d'Informations convenablement élaboré (Abdellatif Benabdelhafid, 1986). Pour avoir un modèle complet il faudrait considérer le couple Produit/ Processus. Ce que nous avons fait dans (S Bendriss, 2009) et (Bouhaddou, 2015) en considérant la traçabilité du produit dans la chaîne logistique. Signalons ici l'importance de l'emballage doté de capteurs pour rendre le produit intelligent en utilisant l'IoT.

---

[97] Nous faisons référence ici au à un des 5 V du concept Big Data ; Volume, Variété, Vélocité, Valeur et Véracité

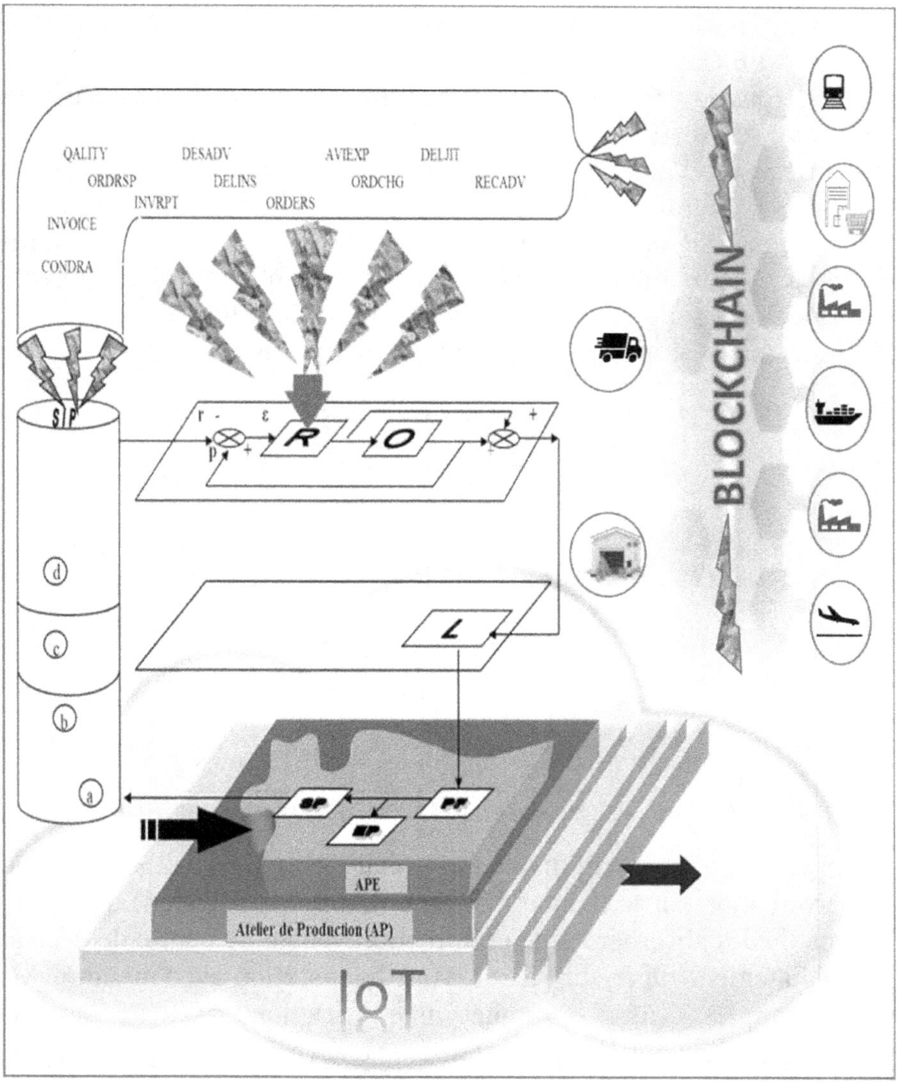

Figure IV-5: SMART WORKSHOP ; Gestion intelligente d'Atelier de Production (GAP) ; Source : Benabdelhafid, 2020

4.5.4 Dynamique d'un sous- système de SLI

Nous donnerons dans ce paragraphe des idées pour la modélisation et l'analyse d'un système dynamique lié à un nœud du SLI. Nous utiliserons pour cela l'approche de modélisation systémique à compartiment (Bastin & Wertz, 2013). Pour répondre aux exigences d'une conduite dynamique d'un AP nous devons considérer, en plus des informations dynamiques venant de l'APE, la vitesse de décision de chaque APE (Figure IV-6).

Considérons le processus de production (assemblage de produits par exemple) dans un environnement perturbé (variation brusque de quantité à produire, de délai, d'indice technique, de matière ou de ressource). Parmi les données dynamiques fournies par le Suivi de Production (SP) citons : les ressources (charge réelle de l'APE, machine, main d'œuvre, capacité) ; les produits fabriqués (quantité réalisée, localisation et état d'avancement des opérations...).

Afin de mieux concevoir les actions à mener face aux perturbations,

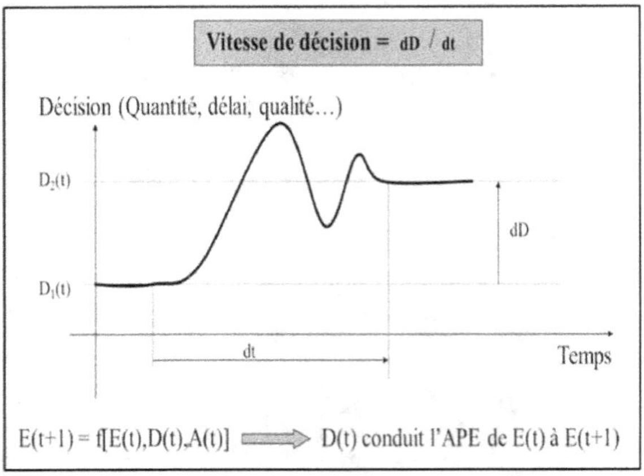

Figure IV-6: Conduite dynamique d'un AP ; Source : Benabdelhafid, 1998

Cette vitesse peut être définie comme étant le rapport mathématique de la perturbation sur le temps : Un APE (centre de décision) qui se sent incapable d'« absorber » une perturbation venant du centre de décision immédiatement supérieur (échec d'une coopération avec un autre APE par exemple), laisse remonter une variation dI d'une donnée dynamique. Par coopération, dI entraîne une variation dD. L'APE passe un temps dT pour répondre à l'objectif relatif à dD. On appelle Vitesse de Décision le rapport entre dD et dT. La variable D dépend du temps et de l'état du système, elle désigne la commande conduisant le système de l'état $E(t)$ à $E(t+1)$ où t représente la variable temps. J'ai utilisé ce concept dans ma thèse de doctorat pour décrire l'évolution dans le temps d'un Système de Gestion de Production.

L'état du système APE peut être du type suivant (Abdellatif Benabdelhafid,1986) :

$E(t+1) = f[E(t), D(t), A(t)]$;

t est la variable temps : les problèmes qui nous intéressent ici portent sur une série de séquences successives.

$\boldsymbol{E(t)}$ désigne le vecteur d'état au temps t; il est composé des variables qui décrivent l'APE.
$\boldsymbol{D(t)}$ désigne le vecteur commande à l'instant t (ensemble de décisions prises pour modifier l'état du système). A chaque début de séquence t, on prend une décision $D(t)$ appartenant à l'espace $Ct(E)$ des décisions possibles dépendant de t et de $E(t)$. La décision $D(t)$ conduit l'APE de l'état $E(t)$ à $E(t+1)$.
$\boldsymbol{A(t)}$ désigne un vecteur dont les composantes sont des variables aléatoires décrivant l'influence des facteurs exogènes. La loi de probabilité de $A(t)$ ne dépend que de $E(t)$ et $D(t)$. Le vecteur $A(t)$ tient compte des perturbations que subit l'APE et qui sont dues à son environnement (coopération avec un autre APE par exemple) La vitesse de décision décrit la variation du vecteur $D(t)$.
Cette dynamique peut être aussi modélisée par les Bond Graphs décrits dans la Partie I. Grâce au concept de la causalité, le modèle BG guide systématiquement l'écriture des modèles mathématiques (matrices de transfert, équations d'état linéaires ou non linéaires, système d'équations différentielles) sans aucun calcul et permet de les présenter sous la forme d'un schéma de calcul structuré « implémentable » directement sur calculateur. Ce qui donne ainsi l'accès à de nombreuses possibilités, telles que la simulation, l'optimisation, l'évaluation de performances, ou encore l'élaboration des lois de commande (Senouci Benmansour, 2009).
L'analyse des traitements dans le cadre d'un projet de conception d'un Système de Logistique Intégrée (SLI) est généralement bien plus complexe que dans les applications de gestion classique. En effet, la particularité de la technique de l'information intégrée au milieu industriel, est que son rôle ne consiste pas seulement à transformer de l'information en une autre information, mais plus difficilement, à transformer de l'information en une action sur la matière, i.e. de la transformer en énergie (travail) parfaitement contrôlé. Il est donc nécessaire de maîtriser toutes les phases de la conception. Toute erreur à ce niveau entraîne des anomalies de fonctionnements très coûteuses à corriger. La conception des traitements inclut la spécification fonctionnelle, la modélisation et l'évaluation du comportement du système. Il s'agit dans le modèle de traitements de décrire les actions avec leur déclenchement qui permettent de faire vivre la masse d'informations décrites par le modèle de données. Il s'agit donc d'une description dynamique de la réalité impliquant les notions de déclencheur et de condition de production. Les traitements constituent

la partie dynamique du système d'information, ils décrivent les actions à exécuter sur les données afin d'obtenir les résultats attendus par l'entreprise (Abdellatif Benabdelhafid & Boudebous, 1996).
Dans le monde des donneurs d'ordres, des concepts comme le juste à temps, le flux tendu ou l'atelier synchrone sont une exigence quotidienne. Ces concepts impliquent un environnement de plus en plus perturbé pour les partenaires sous-traitant. Ces donneurs d'ordres vont parfois classer leurs fournisseurs selon des critères de traçabilité, ou du niveau de dématérialisation des documents échangés. Certains vont même créer leur propre réseau d'échanges et proposent à leurs fournisseurs des solutions « à domicile » via des plateformes dédiées. Jusqu'à présent l'échange se faisait d'abord à travers un RVA[98], ensuite via internet et notamment les API[99]. La figure IV-5 donne un exemple de messages EDIFACT[100] échangés entre un centre de production et les autres partenaires du SLI (QALITY, DESADV, AVIEXP, ORDRSP, DELINS, ORDCHG, RECADV, INVRPT, ORDERS, INVOICE, DELJIT, CONDRA). C'est là une dimension du SIE. La croissance en besoin de connectivité peut être, aujourd'hui, satisfaite grâce à une stabilisation de l'usage de l'EDI. (Bastin & Wertz, 2013).
Quelle que soit la solution EDI choisie (Web EDI, Application Service Provider (ASP) …) l'élément intégrateur des différentes composantes du SI reste le RVA.
Cette démarche clarifie et simplifie les échanges entre nœuds de l'EE. Cependant le caractère concurrentiel des activités des acteurs engagés ne doit pas être négligé. Justement, l'une des forces de la technologie Blockchain est de générer de la confiance entre des acteurs qui ne se connaissent pas ou qui peuvent avoir des activités en concurrence. Ces dernières peuvent ainsi échanger des données nécessaires à l'optimisation de leurs ressources et de leur flux tout en maintenant le niveau de confidentialité indispensable à leur activité. C'est l'ensemble des membres du réseau qui valident l'échange. La Blockchain est considérée comme une base de données distribuée entre plusieurs

[98] Un RVA (Réseau à Valeur Ajoutée) est un réseau d'ordinateurs qui communiquent et qui permettent l'émission et la réception de messages EDI entre différents utilisateurs. Le RVA garantit « le bon acheminement, l'intégrité du message transmis, la non-répudiation des messages échangés, l'authentification et l'identification des partenaires. Par ailleurs, le RVA est un tiers qui assume une responsabilité (au sens juridique du terme) dans l'échange d'information, et qui est rémunéré en fonction de l'utilisation que l'on en fait (abonnement + volumes émis)

[99] Application Programming Interfaces https://doc.data.gouv.fr/api/reference/

[100] Electronic Data Interchange for Administration, Commerce and Transport.

machines d'utilisateurs. Chaque utilisateur apporte la puissance de calcul de sa machine et de l'espace de stockage. Plus le nombre de machines est grand, plus le SLI est fiable. En effet cet ensemble de partenaires vérifient ensemble la réalité et la véracité des informations partagées.
La Blockchain est formée de blocs, chaque bloc contient un ensemble de transactions et caractérisé par un identifiant unique du bloc appelé hash (France & Group, 2018),(Perboli et al., 2018). Dans un SLI, les liens entre fournisseurs et clients (dans le sens large de partenaires) sont aussi caractérisés par des contrats. Chaque contrat définit les règles d'un accord. Ici le ***SMART CONTRACT*** fige les règles de cet accord dans la Blockchain et déclenche automatiquement des actions en fonction des conditions prévue en dehors de tout intermédiaire institutionnel. Chaque demande de transaction doit être signée électroniquement par l'émetteur de la demande selon un algorithme de cryptage avec deux clés, l'une privée et l'autre public.
C'est là, l'élément qui permet à l'ensemble des nœuds de l'EE de gérer d'une manière collaborative les échanges de données entre eux sans intermédiaire.

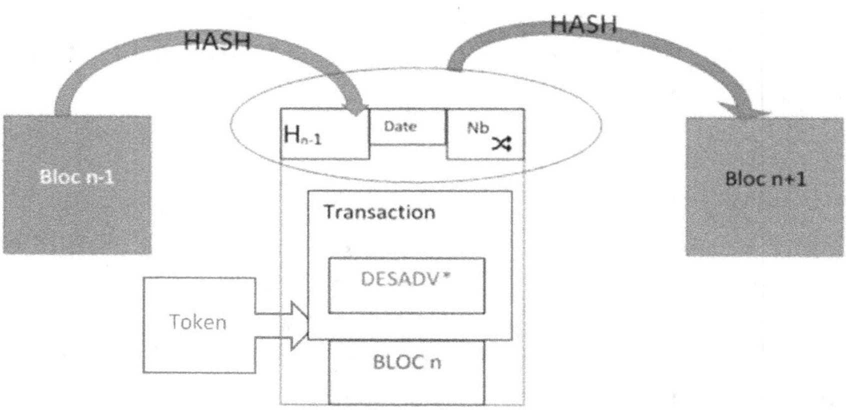

* le fournisseur génère un avis d'expédition à partir des données déjà présentes dans le bon de commande, depuis son ERP,

Figure IV-7: Message EDI et Blockchain ; Source : Benabdelhafid, 2020

« Les registres numériques distribués (blockchains) promettent de réinventer la confiance en rendant possibles des systèmes de notariat désintermédiés et décentralisés. Leur application à l'industrie

financière, largement étudiée et commentée, pourrait modifier nos systèmes d'échanges basés sur des tiers de confiance ».[101]
Nous illustrons dans la figure IV-7 le fonctionnement possible d'échanges de messages EDI sans RVA.
Cette figure montre l'aspect décentralisé d'un SLI utilisant le concept « blockchain ». Dans le futur très proche, grâce à un Web décentralisé, chaque nœud de la toile sera en mesure de maîtriser ses données et leur gestion sans pour cela être identifié numériquement au près d'un acteur aussi puissant soit-il. La décentralisation induite par ce concept est pour un écosystème logistique un changement total de paradigme. Nous avons ainsi un stockage et une transmission de données, sécurisée, transparente, sans organe central de contrôle. Pour cela la confiance entre différents nœuds du SLI est requise. Ces transactions de pair à pair sur la toile génèrent de la valeur. Le Token (jeton numérique) représente cette valeur échangeable sans duplication sur la Blockchain en dehors de toute autorité centrale, Les Tokens sont souvent compris comme étant réservés aux crypto monnaies. Cependant pour simplifier nous disons que les Tokens génèrent des valeurs similaires à celles qu'on accorde à un document ou un objet notarié. Ici l'objet est dématérialisé et la valeur est un actif numérique. Les Tokens permettent ainsi d'affecter de la valeur symbolique aux transactions liées à toutes les formes de ressources du SLI qui se trouvent optimisées dynamiquement.

4.6 Conclusion

Le SLI est considéré comme un ***système complexe*** dont les différents composants évoluent dans le temps en procédant dynamiquement à des transactions entre eux. Ces transactions, quand elles sont automatisées, génèrent des flux de données en temps-réel. La chronologie des évènements dans un SLI implique des masses volumineuses de données valorisées. Il s'agit de toute sorte de données ; historiques ou de la dernière seconde. Pour analyser ces masses de données, il existe aujourd'hui des systèmes de Big Data extensibles (scalables), capables de répondre à n'importe quel type de requête, tolérants aux pannes, robustes aux évolutions et aux erreurs Toute information du passé est intéressante, le stockage de ces données est immuable (Chakhari, 2015).

---

[101] https://www.cairn.info/revue-realites-industrielles-2017-3-page-106.htm

Ce chapitre précise, pour le domaine du génie industriel, la vision conceptuelle d'un SLI. Il définit le lien entre les STIC et le pilotage d'une chaine logistique. Ce lien est nécessaire dans un contexte mondial perturbé (Covid 19, guerres en Ukraine et ailleurs).

Chapitre 5 La Gestion du Cycle de vie d'un produit dans le SLI

Le SLI doit permettre l'optimisation de la chaîne logistique ; une question cruciale pour que les entreprises gagnent l'avantage concurrentiel Toutes les composantes du SLI doivent travailler ensemble pour répondre rapidement aux changements des demandes du marché.
L'utilisation du PLM (Product Life cycle Management) dans un SLI permet à la chaîne logistique de devenir beaucoup plus compétitif grâce à une collaboration entre clients, développeurs, fournisseurs et fabricants à différentes étapes du cycle de vie d'un produit. Le PLM est capable d'investir tous les domaines en répondant au besoin de continuité numérique entre les différents sous-systèmes du SLI. L'implémentation du PLM relève d'un projet stratégique.
Le SLI est un système complexe. Et, comme tout système complexe, les solutions sont trouvées par compromis. Nous avons proposé dans (Bouhaddou & Benabdelhafid, 2015) des modèles conceptuels pour résoudre formellement le compromis entre PLM et les modèles mathématiques pour optimiser la chaine logistique. Avant de traiter le problème de l'optimisation de la chaine logistique par le PLM, nous donnons dans le paragraphe suivant une illustration de la modélisation du produit par ses données techniques. C'est un exemple de l'environnement informationnel d'un produit traité par un sous-système du SLI (Bouhaddou, 2015).

5.1 Modélisation du produit par les données techniques

Les logiciels du type CATIA[102] sont censés intégrer aujourd'hui toutes les anciennes applications d'Assistance par Ordinateur (CAO, GPAO, MAO, FAO, IAO…) mais aussi assurer l'interfaçage avec une plateforme PLM, pour exploiter les données de l'IoT. Cette dernière devrait s'intégrer de manière transparente avec des MES (Manufacturing Execution System) (M. Benaissa, 2006; Perboli et al., 2018). Cependant ce type de solutions ne concerne pas tous les secteurs et les composantes d'un SLI. Nous donnons ici l'‘exemple d'un nœud du SLI qui ne bénéficie pas de ces solutions. Nous avons choisi cet

[102] CATIA est une plate-forme de développement collaboratif de produit globale. Elle permet de modéliser le produit en fonction de son comportement réel, (https://www.3ds.com/fr/produits-et-services/catia/)

exemple pour proposer une réflexion sur l'intégration dans le SLI dans une structure décentralisée.

Comme nous voyons dans la figure IV-5, un système de GAP, quel qu'il soit, ne peut fonctionner correctement sans l'existence d'un SIP (système d'Information Partenaire) permettant de transmettre, de traiter et de mémoriser toutes les informations sur l'état d'un atelier et de son environnement. Le SIP doit avoir une structure liée à la hiérarchisation du système de décision. Chaque information utilisée par les différents centres de décision doit être adaptée à la prise de décision par laquelle elle est utilisée. Le SIP doit donc aussi avoir une structure hiérarchisée pour adapter l'agrégation des informations au niveau considéré. Le SIP est décrit dans (Abdellatif Benabdelhafid, 1986).

Le SIP comprend quatre parties A, B, C et D. La stabilité de ces parties dépend de leur profondeur dans le SIP. Les parties C et D sont les plus perturbées car en lien direct avec l'EDI. Nous utilisons ici les concepts « Données Produit » ou « modèle de produit », nous parlerons du degré d'intégration par les données. En utilisant le concept Orienté-Objet, le modèle conceptuel comprendrait l'objet générique « ARTICLE » dont les règles de comportement ou méthodes varient en fonction de la profondeur du SIP ; ces méthodes utilisent les objets GAMMES, OUTIL, SECTION...Lorsqu'un objet est utilisé en EDI, le message EDIFACT correspondant fera partie de la structure de l'objet « ARTICLE » (nomenclature) ainsi que des méthodes de cet objet. Le modèle doit permettre la gestion de l'évolution technique du produit de sa conception (CAO) vers sa production (GAP) avec ses contraintes de qualité (rapport, contrôle...). Il s'agit là d'un ensemble d'informations liées à l'objet « ARTICLE » et fédérées par des utilisateurs appartenant à des professions différentes et géographiquement éloignés.

L'utilisation de l'approche Objet au niveau de la modélisation, implique la notion d'abstraction. Seuls les aspects de l'objet qui sont importants dans le contexte du domaine à traiter seront pris en compte. À ce niveau, il ne s'agit pas de représenter l'objet dans sa « complétude ». La nomenclature d'un ARTICLE sera représentée différemment selon qu'il s'agit du module CAO ou de la GPAO. Nous parlons alors de type pour désigner l'objet nomenclature. Nous avons illustré ce concept dans (Abdelhafid & Reppert, 1995).

Nous parlerons plutôt de méta modèle de description du produit.

Le Procédé de Fabrication noté PF dans la figure IV-5 utilisera les objets GAMME, ARTICLE, OPERATION, OUTIL et QUALIFICATION en plus de la NOMENCLATURE liée à ARTICLE

et GAMME.
C'est à ce niveau que se posait le problème de l'intégration de la CAO et la GAP. Aujourd'hui des solutions universelles existent en CFAO grâce aux différents standards de transfert de données (IGES, VDA, STEP, VDA, SPAC...). Le but de cette intégration est de permettre au sous-traitant de fabriquer automatiquement le produit conçu par son client en respectant la qualité, les coûts et les délais. Le problème est très complexe car dépendant de paramètres flous. En effet le « conçu » correspond à un modèle alors que le « fabriqué » correspond à du réel. Cependant, dans certains cas de produits à structure simple, la GAP du sous-traitant peut être reliée à la CAO du donneur d'ordre via le message EDIFACT « CONDRA ». On considère ici l'ordre de fabrication (OF) venant d'un Centre de Décision de niveau hiérarchique supérieur à la GAP. Dans un SLI, L'OF est transféré par EDI. A l'instar de l'exemple donné dans la figure IV.7, l'utilisation d'un système de Blockchain, via les smart contracts, ne peut qu'augmenter les performances et la fluidité du flux informationnel dans le SLI, tout en garantissant l'antériorité de la propriété d'une action. Les problèmes de non-répudiation[103] ou de confirmation de réception, couteux et pas toujours réglés en EDI, disparaissent avec l'utilisation des Blockchain.
Deux messages EDIFACT peuvent être utilisés :
ORDERS pour les informations sur les articles commandés conformément aux conditions fixées par le donneur d'ordre et le sous-traitant ;
ORDCHG pour modifier une commande déjà faite au sous-traitant. Ce message est très utile pour augmenter la flexibilité de ce dernier.
L'ordonnancement des OF passe par celle de lots associés à un article donné destiné à satisfaire la demande émanant d'une ou plusieurs commandes. Un lot peut comporter la totalité des quantités commandées par une ou plusieurs commandes, mais aussi une fraction d'une commande. Le Suivi de Production, par le client chez le sous-traitant peut se faire à l'aide de deux messages alimentés par un processus d'identification automatique et via les capteurs de l'IoT (RFID par exemple) :
1-ORDRSP donne suite aux messages ORDERS et ORDCHG.
2-PARTIN renseigne le partenaire sur le suivi de fabrication (localisation, machines, pannes.).De même qu'il existe une relation

[103] Fonctionnalité permettant de confirmer qu'un document a été effectivement envoyé par l'expéditeur indiqué

d'indépendance entre le LOT et la GAMME (split d'un OF). Cette conception est particulièrement utilisée dans la traçabilité exigée par les donneurs d'ordres. L'échange se fait d'application à application et fait l'objet de smart contracts. Cela suppose un contrôle automatique de la faisabilité de l'action induite par le message entrant. Chaque contrôle peut entraîner un traitement approprié en fonction des résultats. Selon un algorithme « intelligent », la gestion des exceptions peut aussi se faire aujourd'hui automatiquement.
Par exemple, le contrôle de la disponibilité d'un article est complexe car il implique plusieurs questions : quels articles ? En combien d'exemplaires ? Pour quelle date ? La disponibilité à une date donnée suppose un calcul prévisionnel.
L'EDI suppose une interprétation univoque des messages par chacun des participants à l'échange. Il est donc indispensable d'identifier par un code chaque élément d'un échange. Ces codes sont liés aux natures des éléments et doivent être, dans la mesure du possible, communs aux différents partenaires. C'est là une caractéristique qui fait évoluer le système d'EDI ver un système Blockchain. Dans ce cas le code peut être le Hash du bloc lié au smart contract.
On distingue :

- Les *codes articles* identifiant les articles au sens large, marchandises et prestations, objets de la transaction. La codification peut être liée à une profession ou à une entreprise et nécessite une attention particulière ;
- Les *codes tiers* identifiant les intervenants dans la transaction. Ils peuvent être liés à un pays ou à une organisation ou encore utiliser des principes particuliers. Cette identification qui s'effectue au moyen du message PARTIN peut être implicite dans un système Blockchain ;
- Les *codes de gestion* identifiant les éléments de gestion communs à tous les utilisateurs de l'EDI. Ils sont nécessaires à la compréhension du message (devise, langue, type de document, code pays…) ;
- Les *codes du langage* utilisés pour distinguer au sein d'un message, plusieurs finalités différentes. C'est le cas du message CONDRA que nous avons utilisé plus haut. Il sert de filtre au traitement mais n'est pas repris dans l'application « ordonnancement » par exemple.

Si les messages EDI concernent plus les données commerciales, nous avons montré que dans un SLI tous les types de données sont

concernées et particulièrement les données techniques. Dans notre démarche les données mentionnées dans ce paragraphe concernent le produit et son processus de traitement. Nous pouvons avancer que l'IoT, les Blockchain ainsi que les Big Data sont les concepts minimaux à envisager pour une conception d'un nœud intelligent du SLI. La maitrise des données techniques échangées le long du cycle de vie d'un produit se fait à l'aide d'une démarche PLM. Les performances du PLM augmentent aujourd'hui grâce l'Intelligence Artificielle et l'apprentissage automatique. L'analyse des bases articles (du SLI) via des algorithmes de Deep learning permettent par exemple de réduire les coûts. Cette réduction se fait en considérant toutes les composantes du SLI (unités d'affaires ; commerciale, organisationnelle...). Signalons enfin que La traçabilité reste le grand bénéficiaire mais aussi le grand fournisseur des données (DATA) pour l'IA dans le SLI.
Pour cela, avant de traiter la problématique que pose aujourd'hui l'utilisation du PLM et l'IA pour un SLI, nous donnons dans ce qui suit l'exemple d'utilisation des données « produit » dans un système de traçabilité.
L'exemple est celui traité par Bendriss dans la thèse de doctorat que nous avons encadrée (S Bendriss, 2009).

5.2 La traçabilité et les SLI

5.2.1 Concept de « traçabilité »

Le mot « traçabilité » peut trouver sa définition dans tous les dictionnaires littéraires ou scientifiques mais aussi dans les normes de type ISO. Ce mot vient de la contraction de « trace » et « ability » signifiant la capacité de retrouver une trace. Ce vocable est devenu d'usage commun dans les sphères des décideurs en charge d'optimiser les chaînes logistiques dans différents milieux industriels. Le concept a connu un succès pour donner suite aux différentes crises sanitaires qu'a connues le monde depuis les années 90 (vache folle, fièvre aphteuse, poulet à la dioxine, grippe aviaire). Dès lors, opter pour une solution de traçabilité de ses produits, assurera une plus grande satisfaction et fidélisation des clients et ce, en fournissant des informations précises sur la qualité et l'origine du produit depuis sa naissance et jusqu'à sa destination finale, un capital informationnel susceptible d'améliorer les activités de maintenance, les modes opératoires, les canevas d'intervention, la gestion de stocks et la gestion de pièces usées.

Finalement, la traçabilité peut être considérée comme l'aptitude à ***retrouver*** des informations relatives l'historique, l'utilisation ou la localisation d'un ***article*** ou d'une ***activité***, au moyen ***d'identification(s) enregistrée(s)*** (S Bendriss, 2009).

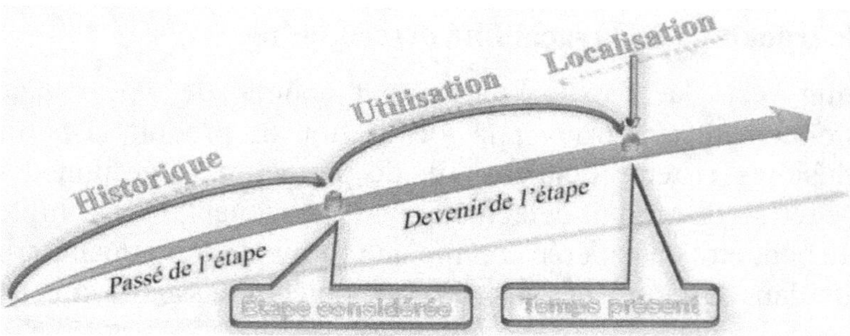

Figure V-1: La traçabilité selon la norme ISO ;

La traçabilité permet d'identifier toutes les données[104] de suivi liées aux différents flux dans le SLI. L'information issue de cette traçabilité intègre à la fois la notion du temps et de lieu.

Une condition nécessaire pour assurer la traçabilité est la mise en œuvre d'un important travail de formalisation au niveau des flux d'informations en transformant le maximum des informations volatiles (notamment orales) en informations pouvant être tracées. Par ailleurs, la construction de standards au niveau de la codification des flux apparaît indispensable dans l'optique de faciliter la communication entre les acteurs, communication nécessaire à la traçabilité[105].

La traçabilité devient donc une priorité, voire une exigence légale, elle concerne désormais la plupart des secteurs d'activités et non plus certains secteurs tels que l'agroalimentaire, la pharmaceutique ou l'aéronautique. Elle s'avère indispensable pour des raisons autres que purement logistiques telles que la relation de confiance envers le consommateur, les contraintes réglementaires et légales, la normalisation, le rappel de produits défectueux et le commerce électronique. La traçabilité a plusieurs fonctions. C'est, à notre avis, une source de données nécessaire pour l'évolution de tout système intelligent du type « *Smart X* ».

---

[104] https://www.iso.org/fr

[105] https://www.gs1.fr

5.2.2 Fonctions de la traçabilité (S Bendriss, 2009)

La traçabilité recouvre deux fonctions essentielles, à savoir, le suivi au temps opportun des flux « ***le tracking*** » et la mémorisation de ce suivi « ***le tracing*** ».

5.2.2.1 Le tracking ou la traçabilité descendante

Le tracking est la capacité, en tout point de la chaîne d'approvisionnement, à retrouver la localisation de produits à partir d'un ou plusieurs critères donnés, afin de permettre la gestion des rappels et le retrait de produit défectueux. Par conséquent, la traçabilité descendante peut être considérée comme une forme de suivi quantitatif des produits dans le temps et l'espace. Les objectifs associés à cette première fonction sont :

- D'une part, afin de faire preuve de réactivité face à l'apparition d'un problème tel que la détection d'un produit défectueux et de déterminer rapidement l'origine du problème et la localisation précise du lot en question ;
- D'autre part, pour une meilleure maîtrise de l'ensemble de la chaîne logistique grâce au suivi en temps réel des flux physiques. Cette maîtrise passe par exemple par une optimisation de la gestion des stocks, une plus grande qualité dans la préparation des commandes.

La mise en œuvre de la fonction *« tracking »* requiert l'utilisation de moyens d'identification grâce à des systèmes de codification et de capture de l'information par l'intermédiaire d'un système d'information adéquat. Le plus souvent, cela se fait de manière automatique (AutoID : *IDentification Automatique*), par un système de codes à barres associé à un lecteur optique ou par des étiquettes électroniques (RFID : *Radio Frequency IDentification*) associées à un système de radiofréquence, cela aussi passe par la possession d'un outil pour l'observation et l'analyse en temps réel des flux et d'en communiquer le contenu. Comme il peut s'agir, d'outils technologiques, des plus simples aux plus perfectionnés, telles que le téléphone, le fax, l'EDI (*Échange de Données Informatisé*), un progiciel de gestion intégrée, ou encore de l'Internet voire des systèmes embarqués sur le moyen de transport de l'objet tracé, ou d'un système GPS de localisation par satellite (Sabri Bendriss & Benabdelhafid, 2010).

5.2.2.2 Le tracing ou la traçabilité ascendante

Cette fonction est définie comme la capacité à retrouver l'origine et les caractéristiques d'un produit à partir d'un ou plusieurs critères donnés. D'une autre manière, cette variante de la traçabilité consiste à déterminer l'origine d'un article ou d'un groupe d'articles à l'aide des enregistrements en remontant dans son évolution.
Les objectifs associés à cette deuxième fonction sont :

- Le retour à l'origine des produits ;
- Le contrôle de chaque étape de leur élaboration ;

Cela suppose qu'on puisse :

- Mémoriser dans un premier temps les données issues de la fonction « tracking ».
- Disposer d'un système capable de combiner ces données de manière à reconstruire l'ensemble du flux concerné.

Par conséquent, la traçabilité ascendante est principalement axée sur le suivi qualitatif des produits, permettant ainsi de bien cerner les problèmes de type qualitatifs, ainsi que de les résoudre au moindre coût et le plus rapidement possible.

Figure V-2: Les formes de la traçabilité ; Source : (S Bendriss, 2009)

Aux vues de ces deux fonctions, il apparaît évident que la mise en œuvre d'une traçabilité des flux passe par la construction d'un système d'information adapté.

5.2.3 Principes clés de la traçabilité

Les quatre fonctionnalités (Identifier, Gérer les liens Mémoriser et Communiquer) sont les prémices de tout système d'information dédié à la traçabilité, ces fonctionnalités prennent une dimension particulière dans la mesure où leur objectif est de donner une représentation en temps réel du système opérationnel logistique.

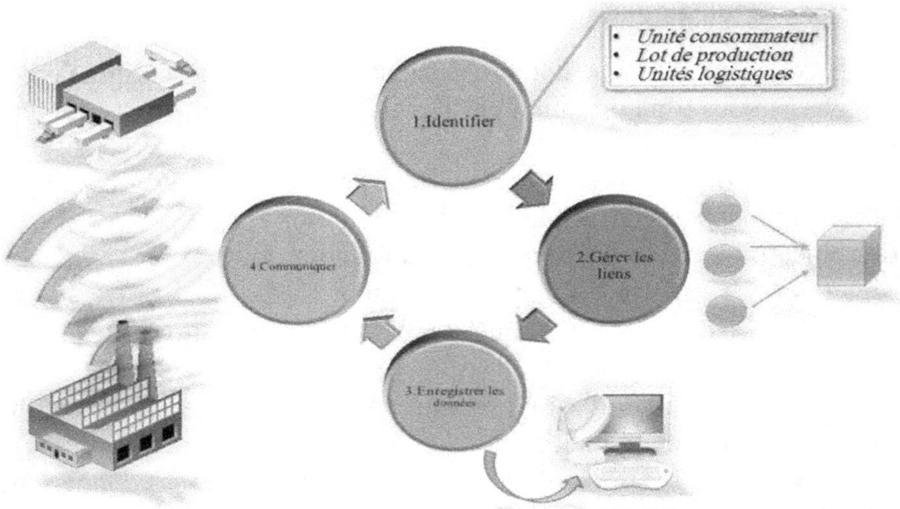

Figure V-3: Principes clés de la traçabilité[106] ;

a. *Identifier les produits :* L'objectif est de suivre des produits tout au long de leur transformation. Pour cela, les informations tracées sont attachées aux lots de fabrication ou aux unités d'expédition qui ont subi une même transformation et donc ont les mêmes caractéristiques à tracer. Les entités tracées sont donc des lots de fabrication et/ou des unités d'expédition. Gérer la traçabilité, c'est effectuer un suivi par lot de fabrication et par unité d'expédition.

b. *Gérer les liens :* Les liens entre les lots et unités d'expédition successifs au cours de la transformation doivent impérativement être enregistrés. Il peut s'agir de liens entre (ex : lots de fabrication, lots de fabrication et unités d'expédition, unités d'expédition). Gérer la traçabilité, c'est enregistrer les liens successifs entre les lots de fabrication et unités d'expédition dans la chaîne d'approvisionnement.

c. *Enregistrer les données :* En plus des liens, certaines données prédéterminées sont tracées au cours du processus de transformation. Ces données tracées sont des éléments variables du processus de transformation, elles peuvent être directement reliées aux identifiants des lots ou regroupements de produits ou au numéro d'ordre de fabrication, à l'heure ou à toute autre information qui permet de faire un lien avec les lots de produits correspondants. Gérer la traçabilité, c'est prédéterminer des informations à

[106] https://www.gs1.fr/

enregistrer au cours de la fabrication et sur toute la chaîne d'approvisionnement.

d. Communiquer : De manière à assurer la continuité du flux d'information, en associant un flux d'information au flux physique des produits. Le lien entre le flux d'informations et le flux physique est assuré par la référence aux identifiants des deux types de flux (ex : numéro de message d'avis d'expédition, numéro séquentiel de colis, numéro de bon de livraison).

5.2.4 Les différents types de la traçabilité (S Bendriss, 2009)

La traçabilité, pour être pleinement efficace doit, devenir une stratégie collective. En effet, tous les acteurs d'une chaîne logistique sont interdépendants et chacun se doit d'assurer la continuité du flux d'information. La traçabilité peut donc se partager en trois types amont, aval et interne.

En effet, si le couple « *Tracking-Tracing* » est une notion absolue pour désigner le sens de la traçabilité sur l'ensemble de la chaîne, les traçabilités amont, aval et interne correspondent au point de vue d'un acteur de la chaîne logistique.

e. Traçabilité amont : La traçabilité amont désigne les procédures et outils mis en place pour pouvoir retrouver ce qui est advenu, avant qu'un acteur de la chaîne logistique, devienne responsable légalement ou physiquement des produits[107] . Cela peut être un système de traçabilité des matières premières, de leur parcours dans le processus et de leur présence dans les produits fabriqués.

f. Traçabilité aval : La traçabilité aval désigne les procédures et outils mis en place pour pouvoir retrouver ce qui est advenu après le transfert de propriété ou après le transfert physique des produits d'un acteur de la chaîne logistique vers un tiers, comme lors de l'expédition vers une plate-forme de distribution, le stockage chez le fabricant, ou la livraison sur les lieux de vente.

g. Traçabilité interne : Elle désigne la traçabilité mise en place tout au long de la chaîne de transformation effectuée par l'acteur sur ses produits, elle permet ainsi d'établir un lien entre les produits entrants et les produits sortants et de suivre un lot de produits et gérer son historique. La traçabilité interne est indépendante des partenaires commerciaux.

---

[107] https://hal.univ-lorraine.fr/tel-01751591/document

Le tableau suivant donne le concept de la traçabilité avec ses différentes variantes pour la gestion des risques et la maîtrise de la qualité.

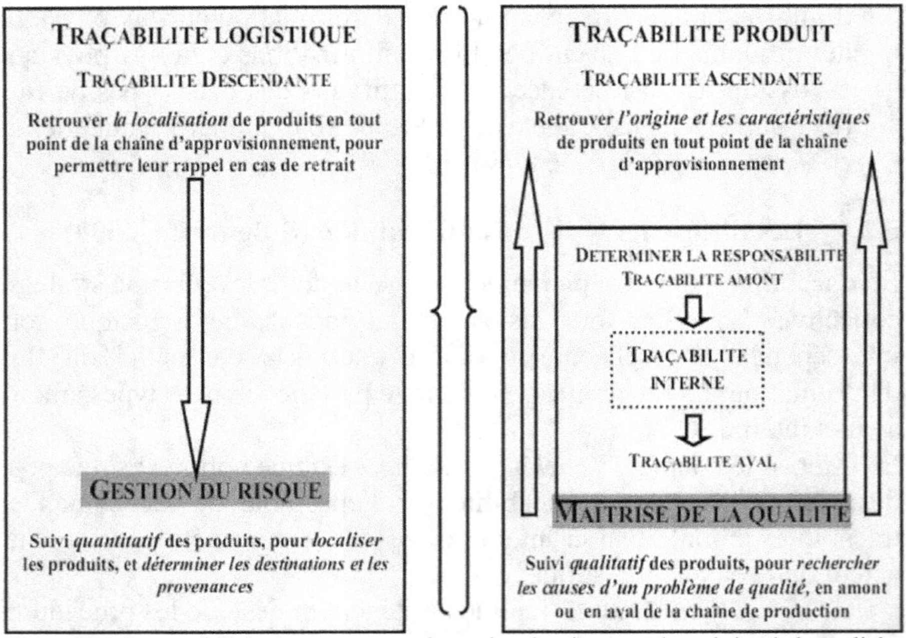

Figure V-4: La traçabilité : Assurance pour la gestion des risques et la maitrise de la qualité ; Source : (S Bendriss, 2009)

5.2.5 Les outils de la traçabilité

Dans le panel des STIC, il existe deux grandes classes d'outils pour la traçabilité :

- les outils et systèmes disposant de moyens d'identification et de suivi des objets de la traçabilité,
- les systèmes de gestion de l'information assurant la circulation et la continuité de l'information relative à la traçabilité (S Bendriss, 2009).

5.2.6 Techniques d'identification

La mise en œuvre de la traçabilité évolue et se simplifie avec l'utilisation de supports techniques qui peuvent aller du plus simple au plus sophistiqué. Le panel des techniques les plus répandues sont :

5.2.6.1 Support papier

Particulièrement peu coûteux et simple, il demeure toujours d'usage courant surtout pour des structures de fabrication sommaires. En effet, pour l'identification et le suivi des objets de la traçabilité, l'information est écrite manuellement par les opérateurs sur des supports papier. Cependant, l'intervention de l'opérateur humain implique des problèmes d'exactitude, de justesse (erreur d'écriture, de lecture) et de réactivité (temps nécessaire à l'écriture et à la lecture de ces informations). De plus, ces erreurs se trouvent décuplées dès que le processus est plus élaboré.

5.2.6.2 Codes à barre

Le code à barre est aujourd'hui la solution technique la plus utilisée pour acquérir automatiquement une information. Il permet d'accélérer le processus de prise de données, d'éviter les erreurs de saisie humaine et d'obtenir les informations en temps réel. Appelé aussi « *code-barre* », il utilise divers protocoles de codification ou symbologies, qui diffèrent en fonction des contraintes d'utilisation ou de normalisation. Parmi les codes à barres les plus utilisés nous pouvons distinguer les codes linéaires, empilés ou bidimensionnels.

- *Code à barres linéaire ou unidimensionnel* : il est formé d'une succession de lignes parallèles (barres) et d'espaces d'épaisseur variable, traduisant une suite de caractères numériques ou alphanumériques selon un « alphabet » défini et destinée à être interprétée par un lecteur optique[108].

123456789012

Code 128

Figure V-5: Code à barres linéaire ;

L'usage du code barre soumis à des exigences physiques (taille et forme du support, couleur de fond...). En fonction de ces exigences ainsi que du nombre de caractères à figurer, plusieurs normes coexistent :

[108] https://www.gs1.fr/Espace-adherents/Glossaire

- Les Codes EAN *« European Article Numbering »* a été développé à partir du code américain UPC *« Universal Product Code »* pour les besoins spécifiques d'industrie et de commerce Européen. Il existe deux variantes, EAN 8 et EAN 13. Le Code 39 est le code alphanumérique le plus connu, essentiellement utilisé dans la santé, l'industrie, librairie/bibliothèques et administration, il est le code passe par tout.
- Le Code 128 comprend 3 variantes (A, B et C). Il est utilisé dans les transports et la logistique (cartons, palettes, conteneurs).
- Le Code 2/5 comprend trois variantes encore en usage (standard, entrelacé et IATA[109]). La version IATA est parfois utilisée pour l'étiquetage des bagages dans le transport aérien.

- *Code à barres linéaire empilé :* Dérivé des codes unidimensionnels, il a été inventé afin de procurer une plus grande densité d'informations à surface équivalente, nommé empilé, car il est constitué de plusieurs codes à barres linéaires empilés les uns sur les autres. Ils sont lus verticalement avec un lecteur à balayage automatique.

Les plus représentés sont :

- Le « PDF 417 », surtout utilisé pour le transport de matières dangereuses.
- Le code « 16K », utilisé dans de nombreux domaines, à l'exception du commerce de détail.

01234ABCDEF

Figure V-6: Code à barres empilé ;

- *Code à barres à deux dimensions* : Les récentes technologies issues de la vision artificielle ont permis à la

109 **IATA :** International Air Transport Association ;

codification des données de faire un pas en avant. En effet, la quantité d'information que peut contenir un code à barres linéaire est limitée à 15 Octets. De plus, l'espace physique nécessaire à l'impression d'un tel code n'est pas toujours disponible et peut même causer des problèmes d'ordre esthétique. Les nouveaux codes 2D peuvent contenir de 2001 à 3000 Octets d'information.

Figure V-7: Code à barres bidimensionnel ;

Les plus connus d'entre eux sont :

- Le code « DataMatrix » est utilisé dans l'industrie électronique pour marquer les circuits intégrés, ex : la « NASA » utilise de ce type de code à barres 2D pour le marquage des pièces composant les navettes spatiales.
- Le « MaxiCode » inventé par l'entreprise postale UPS (United Parcel Service) pour le marquage de ses colis. Il permet la représentation de 93 caractères alphanumériques.
- Et plus généralement le QR code. Il contient 4 carrés blanc/noir dans chaque coin dont 1 un peu plus en retrait. QR signifie « Quick Response » (réponse rapide)., il permet de stocker un nombre important de données.[110]

5.2.6.3 Systèmes d'Identification à Fréquences Radio « RFID »

La RFID ou la *radio frequency identification*, se compose d'un lecteur qui transmet un signal suivant une certaine fréquence vers un certain nombre d'étiquettes radio ou tag. Ce dernier est appelé également transpondeur. Cet élément correspond à un couple puce/antenne, apposé sur un produit. Il permet l'identification à distance, grâce à un lecteur captant les informations contenues dans la puce : un numéro de série, une description sommaire ou un numéro de lot. La communication entre le lecteur et le tag est régie par un protocole de

[110] https://www.webcodelink.com/qr-code-flashcode-datamatrix.html

communication intégrée caractérisé par plusieurs fréquences radios d'échange (S Bendriss, 2009).

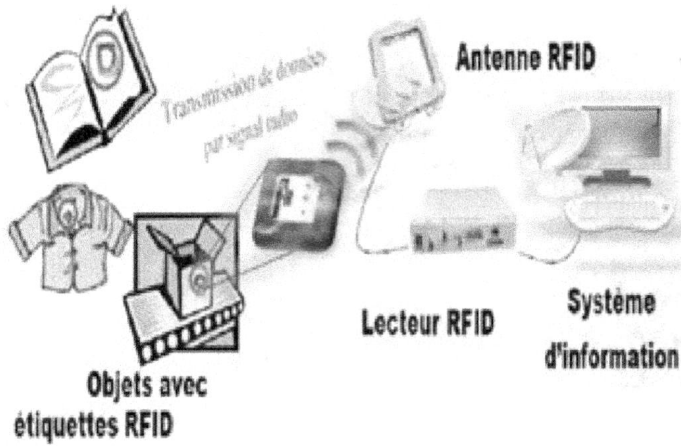

Figure V-8: Système d'identification à fréquence radio « RFID » ; Source : (S Bendriss, 2009)

Il existe plusieurs types d'étiquettes RFID, celles-ci pouvant être en lecture seule ou en lecture écriture. On distingue les deux catégories suivantes :

- *Les étiquettes passives :* (les plus nombreuses) elles stockent des données et tirent leur alimentation d'un lecteur dont le champ électromagnétique induit un courant dans l'antenne de l'étiquette pour une communication à courte portée (jusqu'à 10 m) ;
- *Les Étiquettes semi-passives :* elles possèdent une pile suffisante pour alimenter le microprocesseur, mais elles utilisent l'alimentation issue du lecteur pour communiquer ;
- *Les étiquettes actives :* (plus coûteuses) elles sont capables de communiquer à plus longue distance (jusqu'à 100 m). Elles sont reprogrammables, assurent une communication bidirectionnelle et leur pile intégrée alimente le microprocesseur et l'émission d'un signal à un lecteur.

L'identification par radio fréquence, avec la fiabilité et la complétude des informations qu'elle fournit, permet de réduire les ruptures de stocks et les risques de litiges entre les différents partenaires de l'entreprise et de disposer de l'ensemble des informations nécessaires

pour le pilotage de la chaîne logistique[111]. De plus, contrairement aux codes-barres, la RFID est caractérisée par la présence d'un identifiant unique pour chaque produit.
Elle garantit de ce fait, l'optimisation des rappels en urgence des produits en permettant un rappel ciblé. Ceci va favoriser des gains de temps et de productivités considérables pouvant être renforcés à travers les systèmes « anticollisions » qui permettent de lire plusieurs étiquettes de manière quasi-simultanée (S Bendriss, 2009).

5.2.7 Gestion des données de la traçabilité

Quotidiennement, les entreprises génèrent et traitent une quantité sans cesse croissante d'informations relatives au flux physique des produits. Assurer une synchronisation entre le flux informationnel et physique de l'entreprise ne peut que faciliter la gestion de son capital données, facilitant ainsi la mise en place d'une solution de traçabilité, qui repose essentiellement sur les données, à savoir, la facilité et de la rapidité d'accès et la précision de l'information. De ce fait, la traçabilité implique la gestion du flux informationnel et la mise en place des moyens qui vont permettre d'accroître la fiabilité des transferts des donnés. L'implémentation d'un système de traçabilité exige l'alliance entre, d'une part des outils techniques d'identification et de suivi, et d'autre part de technologies de l'information et de la communication *« TIC »* pour une circulation et une gestion fiable des données. Si ces deux exigences sont bien étudiées et développées pendant l'étude de l'implémentation d'une solution de traçabilité, l'entreprise sera capable d'enregistrer, de conduire et de gérer l'importante masse de données que constitue le flux d'information sur toute la chaîne logistique (Sabri Bendriss & Benabdelhafid, 2010).
Aujourd'hui, les entreprises s'appuient sur les systèmes d'information pour la gestion de leurs différentes fonctions, du type gestion des opérations, gestion des ressources ou la planification). Si ces systèmes ou progiciels sont gérés d'une manière intelligente de façon intégrée entre les différents niveaux de l'entreprise, ils peuvent constituer une source essentielle de données pour alimenter le système de traçabilité (Cf Partie I).
Par exemple pour la gestion des ressources de l'entreprise, le progiciel de gestion intégré ERP, qui est une solution applicative construite dans une logique d'intégration ayant pour vocation de couvrir les principales

[111] https://www.gs1.fr/Espace-adherents/Glossaire

fonctions de l'entreprise, est considéré comme un outil incontournable en matière de traçabilité grâce à sa position de pilotage de la chaîne logistique. L'ERP assure une fiabilité des données, obtenue par une saisie unique des informations. L'utilisation d'un langage unique et commun permet une meilleure communication entre les différentes structures de l'entreprise. Cependant dans la réalité sur le terrain, nous constatons que l'utilisation efficiente d'un ERP nécessite une formation et une méthodologie d'implantation pour les différents utilisateurs. Pendant très longtemps l'ERP était utilisé comme un outil d'assistance en gestion financière. La traçabilité ne peut bénéficier de l'ERP que si les modules traitant du flux physique (production, stock, qualité approvisionnement, fabrication…) sont correctement utilisés. La traçabilité constitue par exemple l'une des fonctionnalités principales du MES ; système de pilotage de la production centralisant toutes les informations en relation avec la production permettant une approche globale de l'exécution industrielle (cf. Partie I). Cette fonctionnalité mentionnée sous le nom de *« Traçabilité des produits et généalogie »,* permet la visibilité de l'information à tout moment par tous les secteurs de l'entreprise et sa mise à disposition. L'information peut inclure des données de type, qui réalise quoi, les matières premières par fournisseur, par lot et numéro de série, les conditions de production etc. Il est possible alors de créer un historique qui permettra la traçabilité des composants et l'utilisation de chaque produit.
Selon le secteur d'activité et (ou) le niveau décisionnel de l'entreprise, s'agissant de la fonction stockage (***WMS** : Warehouse Management System)*, la fabrication (***MES** : Manufacturing execution system)* ou le transport *(**TMS** : Transportation Management System)* et (ou) d'autres fonctions de la chaine logistique, les données relatives au cycle de vie du produit se trouvent dispersées, sous différentes formes, dans les différents systèmes d'information de la chaîne logistique (Cf. figure V.9). Dans la mesure où elle concerne toutes les phases de la chaîne logistique, la traçabilité peut être donc considérée comme une fonction transversale à part entière, avec des connecteurs vers tous les applicatifs de l'entreprises, dépositaires d'une partie des données utiles à la traçabilité, enrichies et complétées avec les données provenant des outils techniques d'identification et de suivi placés sur le terrain, assurant la collecte automatique d'informations (S Bendriss, 2009).
Finalement nous voyons qu'un système de traçabilité nécessite un échange d'informations entre tous les acteurs du SLI. Ce qui n'est pas chose aisée, compte tenu de la quantité, de la diversité et de la difficulté

à fiabiliser des informations, mais aussi à cause de l'éclatement et la dispersion des données dans l'ensemble des briques applicatives constituant le SI des entreprises. Nous avons montré comment les techniques d'EDI, XML et aujourd'hui les Blockchain permettent une synchronisation au sein du SLI du flux informationnel et le flux physique (cf. Chapitre1, Partie II). Cette synchronisation est le socle de la traçabilité. Nous donnons dans ce qui suit quelques outils[112] permettant d'assurer l'efficience d'un système de traçabilité.

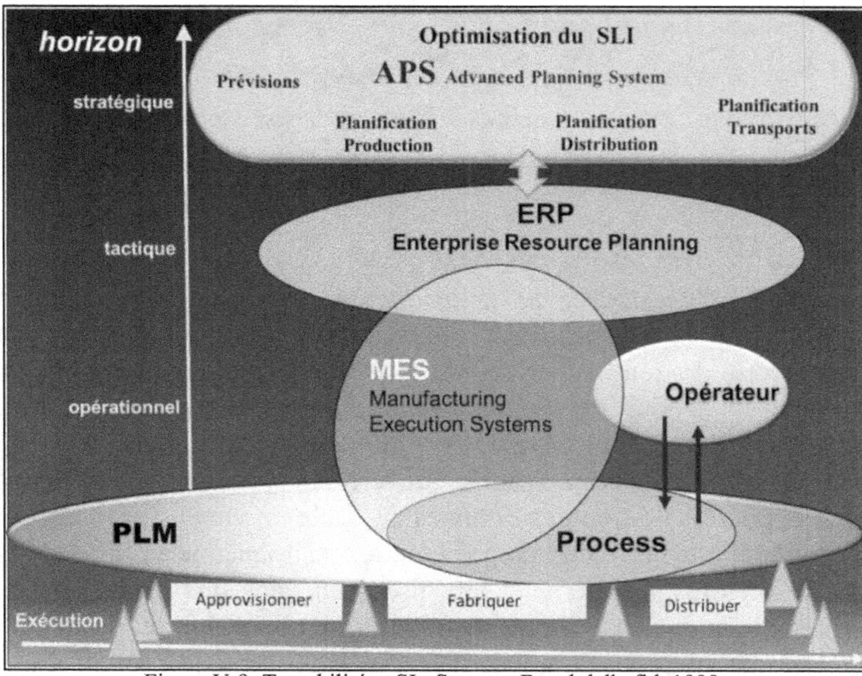

Figure V-9: Traçabilité et SI ; Source : Benabdelhafid, 1998

5.2.8 Standards du cycle de vie produit

Pour la traçabilité, la performance des échanges dans le SLI est directement liée aux efforts de standardisation. Aujourd'hui, il existe des standards qui décrivent les différents échanges d'information entre les différents niveaux de l'entreprise, chacun couvrant un secteur spécifique du cycle de vie d'un produit mais aucun n'inclut toute l'information nécessaire pour le cycle de vie complet du produit. Les quatre principaux standards sont ANSI/ISA95, MANDATE, PLCS, et PLM@XLM (S Bendriss, 2009).

---

[112] Le détail est donné dans la thèse de S. Bendriss (S Bendriss, 2009).

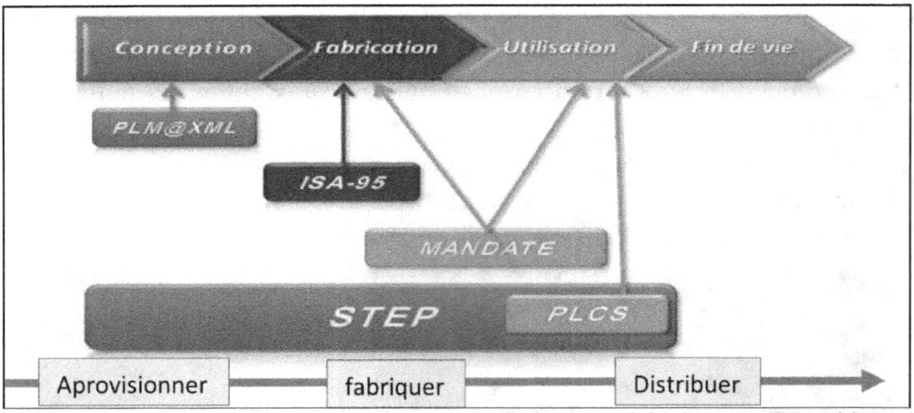

Figure V-10: Standards à travers les phases du cycle de vie produit ; Source : (S Bendriss, 2009).

5.2.8.1 STEP

« Standard for the Exchange of Product model data » ou le standard pour l'échange de données de produit est une norme ISO 10303, qui a pour objectif de fournir un mécanisme de description complète et univoque du produit, couvrant l'intégralité de son cycle de vie, indépendamment de tout système informatique. Le standard ISO 10303 apparait comme étant celui ayant la couverture la plus étendue et la plus complète pour la gestion des données du cycle de vie des produits. Sa principale finalité porte sur la représentation, sans aucune ambiguïté des données liées à l'ingénierie et aux produits, dans un format neutre, interprétable par tout système informatique, sans perdre cependant l'intégrité des données durant tout le cycle de vie d'un produit. Pour atteindre cet objectif STEP dispose de :

- Une méthodologie de modélisation de données, pour assurer leur indépendance de tout système informatique. Cette approche comporte :
  - Un langage de spécification formelle de données, le langage EXPRESS[113];
  - Un format neutre d'échange et de stockage des données décrites dans ce langage ;
  - Des procédures permettant aux experts de chaque domaine technique de définir des modèles propres à leur domaine de spécialisation. Un certain nombre de

[113] https://www.iso.org/fr/standard/18348.html

modèles relevant d'aspects communs ont été également définis.

Ainsi, plusieurs protocoles d'application, basés sur le langage EXPRESS, ont été définis au sein de STEP. Un protocole d'application *« AP »* définit toutes les données requises dans un domaine d'application particulier. L'approche suivie pour l'élaboration d'un protocole d'application permet que celui-ci soit une véritable capitalisation du savoir-faire des experts du domaine d'application visé. Développer un AP dans la méthodologie STEP requiert la prise en compte de trois types de modèles :

- *Le modèle de référence :* spécification de la structure conceptuelle et des contraintes utilisées pour décrire les informations liées au produit ;
- *Le modèle interprété :* application des contraintes afin de satisfaire le modèle de référence ;
- *Le modèle d'activité :* décrivant les activités et processus permettant de produire les données liées au produit dans un contexte spécifique.

En effet, la norme STEP a été le moteur de plusieurs travaux de recherche, parmi les plus récents d'entre eux, ceux qui se sont intéressés aux problèmes d'intégration et de partage de données produit.[114] Actuellement, les travaux de recherche s'intéressent au rapprochement des divers standards proposés pour offrir un cadre de référence pour l'échange, le partage et l'intégration de données.

5.2.8.2 ISA 95

Nous avons présenté cette norme dans le § intitulé « les travaux de l'ISA, comité S95 » du chapitre 1, Partie I, de cet ouvrage. Nous rappelons, dans la figure suivante, les différents flux d'information au sein de la norme.

---

[114] https://www.theses.fr/2017PA080093

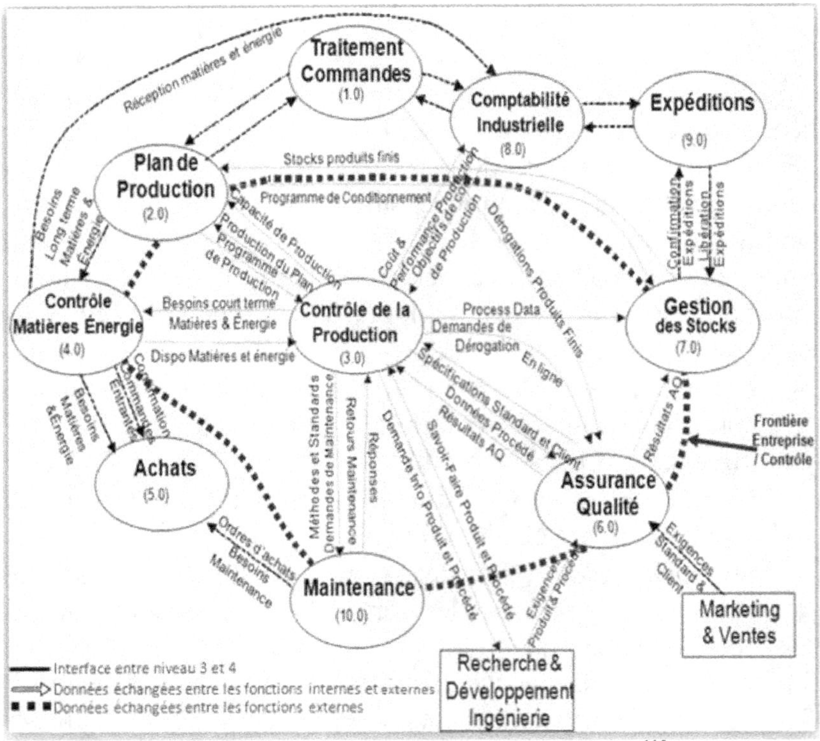

Figure V-11: Les flux d'information entre domaines d'exploitation[115] ;

5.2.8.3 MANDATE

La *MANufacturing DATa Exchange* est une norme ISO *« ISO 15531 »,* elle couvre le domaine de la représentation des données relatives au management des processus de production, ainsi que l'échange et le partage de données entre entreprises. Il est à noter que Mandate ne standardise pas le processus de production, mais fournit un modèle standardisé des données de la production(S Bendriss, 2009).

5.2.8.4 PLCS (S Bendriss, 2009)

Appelée aussi Product Life Cycle Support, est une norme internationale connue sous la dénomination « ISO 10303-239 » et l'un des protocoles d'application « AP.239 » basé sur la norme internationale STEP « ISO 10303 ». L'objectif principal de PLCS est la proposition d'un cadre pour l'intégration, l'échange et la gestion des données techniques

[115] https://www.sciencedirect.com/topics/computer-science/functional-hierarchy

nécessaires à la maintenance des produits et de leur évolution au cours de leur cycle de vie.

Pour la spécification et la gestion de l'ensemble des activités de maintenance tout au long du cycle de vie du produit, PLCS définit un ensemble d'informations relatives à la maintenance des produits *(Assured set of Product and Support Information -APSI-),* ainsi qu'un modèle de données générique adaptable à des besoins industriels spécifiques par l'utilisation de bibliothèques de données de référence *(Reference Data Libraries -RDL-).* Afin de faciliter la spécialisation du modèle de données générique pour un processus métier particulier, la norme propose un ensemble de données d'échange *(Data Exchange Set -DEX-).* Un *DEX* repose sur un sous-ensemble du modèle de données PLCS et sur un guide d'utilisation du modèle

En effet, le modèle de données PLCS est basé sur trois concepts de base : le produit, les activités et les ressources. Chacun de ces concepts est en relation avec des propriétés, des états, des emplacements et des conditions appliquées sur les relations (Cf. figure ci-dessous).

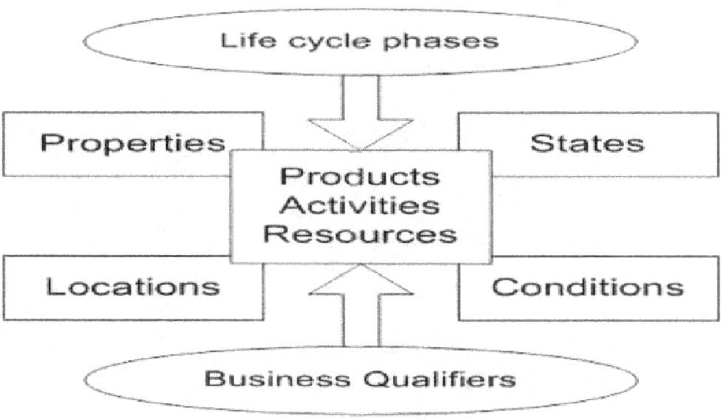

Figure V-12: Les concepts de base du modèle PLCS[116] ;

Pour la modélisation des données, tout comme STEP, PLCS repose sur le langage EXPRESS. Un modèle EXPRESS utilisé pour la spécification formelle des données peut être écrit sous forme graphique ou sous forme textuelle.

[116] https://www.iso.org/fr

5.2.8.5 PLM XML

PLM XML est un standard ouvert, crée par l'*UGS-Siemens* pour faciliter l'interopérabilité et le partage des données produit. Basé sur XML, PLM-XML est un format public et est conforme aux recommandations mises en place par le *World Wide Web Consortium « W3C »* relatives aux structures et aux types de données du schéma XML.

C'est un protocole de transport permettant l'échange et la représentation des données d'une grande variété de produit évoluant dans leur cycle de vie. Ce standard fourni aussi des mécanismes flexibles et extensibles pour le transport de ces données à travers le réseau Internet.

PLM XML est conçu pour supporter l'interopérabilité dans un environnement de collaboration en représentant une charge utile des données du cycle de vie de produit sous forme de documents XML. Les schémas de définition du format incluent les structures qui permettent l'accès aussi bien aux métadonnées qu'aux modèles données détaillées.

En effet, les schémas de PLM XML définissent un modèle de données généralisé dans un cadre concentré sur des données du cycle de vie de produit. Ce cadre se compose de divers éléments comme illustré sur la figure ci-dessous.

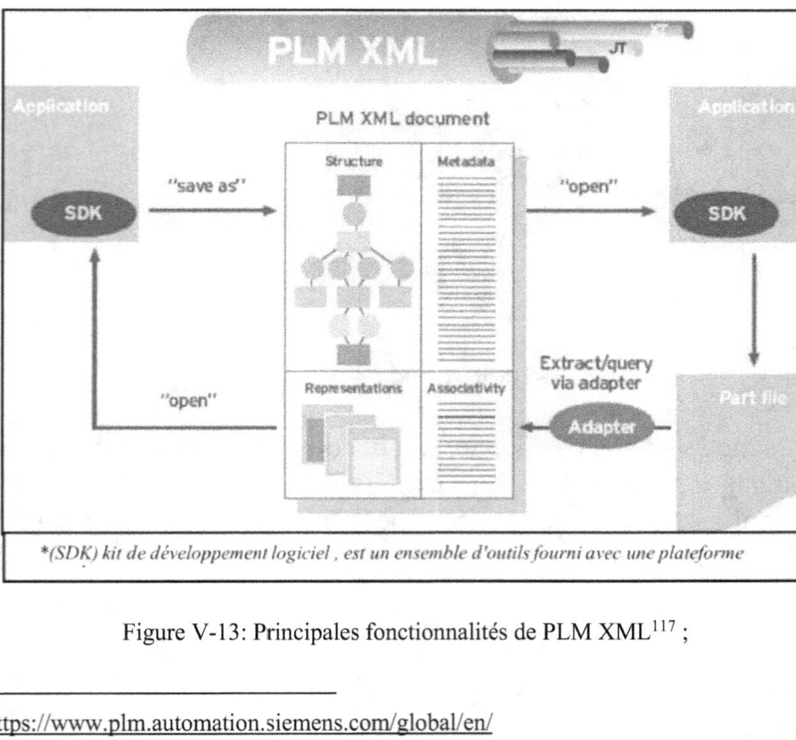

(SDK) kit de développement logiciel , est un ensemble d'outils fourni avec une plateforme

Figure V-13: Principales fonctionnalités de PLM XML[117] ;

[117] https://www.plm.automation.siemens.com/global/en/

Cette section fournit des informations sur les données supportées dans les schémas PLM XML. Les schémas de PLM XML définissent un mécanisme pour l'échange de la structure des produits configurables, approprié pour les applications de la conception assistée par ordinateur « CAD[118] », l'échange des nomenclatures « BOM[119] » et la visualisation des assemblages, ainsi que pour la structure des produits inconfigurables, comme celle des produits complexes échangée dans les systèmes de gestion des données techniques PDM.

- PLM XML fournit les moyens pour associer une série de PLM métadonnées à la structure de produit. L'élément général de conception « GDE[120] », est la base dont d'autres métadonnées peuvent être dérivées.
- Pour les données des représentations géométriques des produits, PLM XML propose des éléments génériques, représentant une gamme complète de données géométriques comprenant : points, courbes, courbes composées, surfaces…etc. Les données relatives à la géométrie des produits peuvent être stockées dans des fichiers multiples, référencés par des indicateurs permettant de réduire leur taille pour des activités de collaboration.
- Afin de répondre aux besoins d'un échange dynamique des données, PLM XML fournit un Delta schéma, qui permet à des applications de repérer une différence entre deux structures de produit. Les deltas fournissent un mécanisme pour contrôler les changements dans les nomenclatures « BOM » échangées.
- Un des avantages clé d'un format basé sur des schémas XML est son extensibilité inhérente. Le schéma de PLM XML permet de concevoir un nouvel élément sur ceux déjà existants, la hiérarchisation peut être inclus, explicitement ou par la référence, dans l'entête des documents. Ceci permet un partage plus ad-hoc des données, de sorte que l'application de réception puisse interpréter les éléments nouvellement définis.

[118] **CAD:** Computer Aided Design.
[119] **BOM:** Bill Of Material.
[120] **GDE:** General Design Element.

5.2.9 Solutions globales pour la gestion de la traçabilité

Grâce au progrès des STIC, des solutions globales de traçabilité ont permis une adaptation de l'existant et une harmonisation permettant une agrégation des données et produisant des services à forte valeur ajoutée,

5.2.9.1 Approche d'EPC global

Le système EPC (Electronic Product Code) a été développé par AutoID Center, l'un des laboratoires de recherche du MIT[121]. Il découle d'un programme de recherches initié par UCC[122], EAN[123] International et de divers industriels de produits de grande consommation.

L'objectif de ce programme de recherches consistait à concevoir une architecture d'un système d'information intelligent pour la gestion de la traçabilité des produits. Basé sur l'identification par étiquette radiofréquence, le réseau EPC est composé des éléments suivants : des étiquettes RFID, un Electronic Product Code *« EPC »,* un Object Naming Service *« ONS »,* un middleware permettant l'échange des données entre l'application EPC et les tags RFID, appelé « Savant » et un format standard pour la spécification des données stockées ou échangées basée sur XML, surnommé « PML » (Product Markup Language)[124].

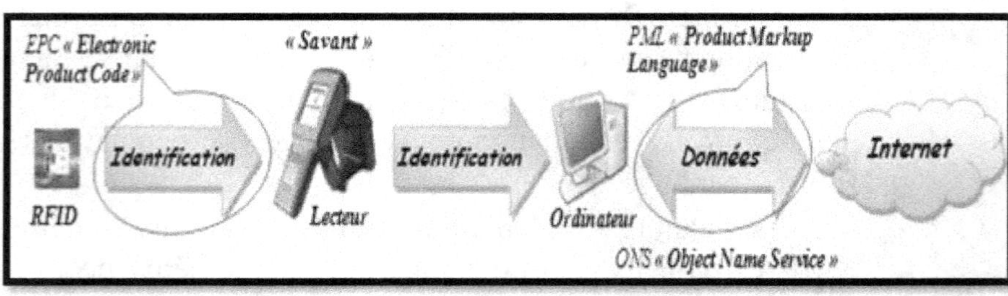

Figure V-14: Schéma d'un réseau EPC ;

Le point fort du standard EPC réside dans son système de codification permettant d'identifier tous produits de la chaîne logistique. La forme la plus commune du code EPC comprend une identification par référence de produits, selon la même structure que le code GTIN[125]

[121] **MIT:** Massachusetts Institute of Technology, USA.

[122] **UCC:** Uniform Code Council.

[123] **EAN:** Electronic Article Numbering.

[124] https://www.gs1.org/sites/default/files/docs/epc/

[125] **GTIN:** Global Trade Item Number.

(également appelé code EAN), mais aussi une identification individuelle de chaque objet, par l'ajout d'un numéro sériel.
Dans un réseau global EPC, toute information relative au produit peut être consultée depuis diverses bases de données gérées en réseau à travers des interfaces standardisée appelées EPCIS (EPC Information Services). Les services d'information EPC assurent un échange standard de données entre des applications des différents clients ou partenaires, offrant un mécanisme sécuritaire de circulations d'informations relatives aux objets équipés de tags EPC.
Dans un objectif de standardisation de l'interface entre les infrastructures du réseau global EPC et les autres systèmes de gestion comme l'ERP et le SCM…etc., toute donnée relative à un objet identifié par un code EPC est spécifiée en utilisant un dérivé d'XML appelé PML fournissant un format de stockage et de recherche de données des objets pouvant être en transit entre applications. Les fichiers PML des données produit sont par la suite stockés sur des serveurs spéciaux appelés serveurs PML (S Bendriss, 2009).
Aujourd'hui il existe des solutions, pratiques et de moindre coût, permettant d'équiper facilement certains smartphones et tablettes avec la technologie RFID UHF et la technologie de lecture de codes-barres multi dimensions[126].

5.2.9.2 Approche du projet Dialog [127]

Développée par l'Université de technologie d'Helsinki dans le cadre du projet de recherche DIALOG (Distributed Information Architectures for collaborative LOGistics), l'approche tend à résoudre les défis de la gestion des données produit sans avoir recours au développement de nouvelles normes de codage. Dans DIALOG la notation ID@URI a été créée pour désigner l'identifiant unique du produit, où la partie ID représente l'identifiant du produit et l'URI (Uniform Resource Identifier) l'adresse internet d'un agent logiciel associé au produit physique. Si l'URI est un URL (Uniform Resource Locator), il serait aisé de lier au produit un agent ou des services d'informations. Dans le domaine de l'internet l'unicité d'une URL est assurée par le DNS. Donc, pour qu'un ID@URI puisse permettre d'identifier un produit d'une manière unique, la partie ID de l'identifiant doit être unique pour son

[126] https://www.gs1.fr/Publications/Publications/Le-standard-EPC-UHF-Gen2-pour-la-RFID
[127] http://dialog.hut.fi/

URI. Au niveau fonctionnel la référence de l'ID@URI peut être utilisée en tant qu'un code-barres ou stockée dans un tag RFID passif.

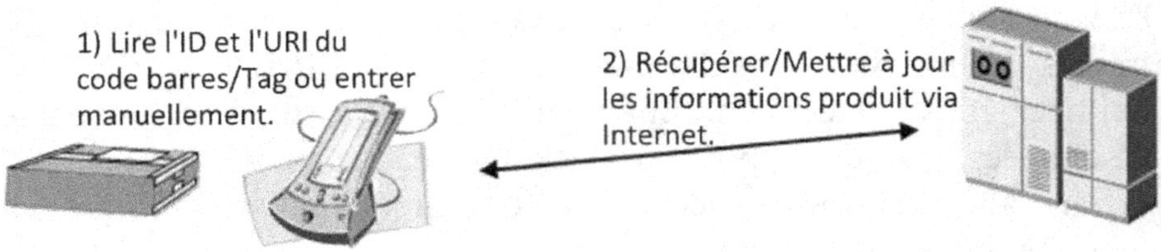

Figure V-15: Le système DIALOG[128] ;

Pour la consultation des informations produit, un système de middleware appelé DIALOG est utilisé. Il sert également de base pour l'essai et vérification de nouveaux concepts et modèles des recherches. L'implémentation courante de DIALOG supporte trois protocoles et formats de données pour l'échange des données. Le protocole de communication à employer peut-être spécifié comme partie de l'URI. Les protocoles disponibles sont :

- SOAP « *Simple Object Access Protocol* » où les données sont transférées comme texte en utilisant la notation XML.
- HTML « *Hypertext Markup Language* » où les données sont transférées comme texte en utilisant le format HTML.
- Java RMI[129] « *Java Remote method invocation* », largement utilisé dans le développement dans les installations internes à l'entreprise. Flexible et facile à utiliser, néanmoins les pares-feux et la gestion des versions tendent à être problématiques.

Le software de DIALOG est distribué en *open source* et ses interfaces de message sont disponibles publiquement de sorte que n'importe quel producteur de logiciel puisse les mettre en application. Dans la pratique, une solution open source n'est pas suffisante pour créer une interface de communication normalisée. Au lieu de cela il serait judicieux de choisir et de supporter une ou plusieurs interfaces de communication. EPCIS et WWAI pourraient être de bons candidats d'interface de communication, mais ils ne sont pas les seuls. En effet, la communauté du Web sémantique a également élaboré plusieurs normes pour

---

[128] https://tel.archives-ouvertes.fr/tel-00139831

[129] **Java RMI :** Une interface de programmation « API » pour le langage Java qui permet d'appeler des méthodes distantes.

représenter et communiquer de l'information structurée, lui permettant d'être une des solutions possibles pour l'échange des données sous DIALOG. Également, l'initiative de support « *PLCS* » de cycle de vie de produit pourrait fournir une bonne norme d'interface de communication, aussi bien que beaucoup d'autres initiatives de standardisation.

5.2.9.3 WWAI (S Bendriss, 2009)

La société finlandaise « Stockway » spécialisée dans la conception et la mise en marché de solutions informatiques pour les RFID et autres technologies d'Auto-ID, a proposé en 2003 son approche innovante en matière de gestion des données produit
Appelée « Trackway », la solution de traçabilité de l'entreprise permet aux différents acteurs de la chaîne logistique, utilisateurs de la technologie RFID, de partager les données relatives au produit à travers leur protocole réseau baptisé WWAI (World Wide article Information).
La principale originalité de l'approche WWAI c'est qu'elle se base essentiellement sur une architecture Pair-à-Pair (P2P : Peer-to-Peer) pour l'échange de ces données. Le système P2P connu pour le partage et l'échange de fichiers médias sur internet et qui s'oppose strictement au modèle client-serveur, est basé sur le principe de la mise en commun par un grand nombre de participants de leurs ressources afin de fournir un service commun. Le P2P offre beaucoup de dispositifs pour l'identification unique des différents « *pairs* » ou « *nœuds* » du réseau, un nouveau nœud peut être dynamiquement ajouté à tout moment et est immédiatement intégré dans le réseau. Le protocole réseau prend habituellement soin d'assigner automatiquement des identifiants uniques pour des nœuds. Par conséquent, il n'y a pas besoin d'une autorité externe pour le contrôle des identifiants comme dans l'approche d'EPC global. Autres avantages des solutions P2P, c'est que tous les nœuds du réseau ont un total contrôle sur ce qu'ils distribuent comme données, et qu'une défaillance d'un nœud n'a que peu d'incidence sur le réseau global.
Par conséquent, à travers les atouts de l'architecture P2P, dans l'approche WWAI tous les codes existants des entreprises issues de la norme EAN/UCC ou autres standards de codification permettant d'identifier les produits, seront utilisés pour identifier les nœuds du réseau. Quand un nœud rejoint le réseau, il peut de façon autonome publier des identifiants pour ses différents produits. Le protocole WWAI définit les messages qui permettent aux nœuds d'échanger tout

type d'information et de lier tous les genres d'objet entre eux par des relations nommées.

D'un point de vue de P2P, la critique principale contre le protocole WWAI, c'est qu'il requiert des certificats délivrés par une autorité de certification afin de devenir un fournisseur d'informations dans les réseaux ouverts. Il s'avère que ceci soit motivé par la nécessité de trouver un compromis entre les standards existants de codification et un besoin d'assurance de l'unicité des codes et d'intégrité des données. Sur un aspect positif, les certificats garantissent automatiquement l'authenticité du fournisseur d'informations[130].

Un look-up[131] d'un nœud de WWAI est seulement nécessaire quand un identifiant de produit d'une entreprise donnée est vu pour la première fois. Après cela, les adresses réseau des nœuds connus sont cachées de façon à ne pas avoir besoin de réexécuter de nouveaux look-up sur les nœuds, à moins que l'adresse cachée échoue ou change pour une raison ou une autre. Sur le réseau, afin d'obtenir l'accès à des nœuds qui détiennent des informations relatives à un produit donné, il est suffisant de trouver l'un des nœuds avec des informations sur le produit pour pouvoir trouver le reste. En effet, à chaque fois qu'un nœud ajoute des informations sur un produit, les autres nœuds détenteurs d'informations relatives au même produit, seront automatiquement mis au courant. Par conséquent il n'y a aucun besoin de mécanisme séparé de « découverte » pour accéder à toute l'information de toutes les sources d'informations sur le produit (S Bendriss, 2009).

5.2.10 Les avantages de la traçabilité (S Bendriss, 2009)

La mise en place d'un système de traçabilité efficace peut apporter de nombreux avantages pour l'ensemble des acteurs de la chaîne logistique, cependant le volet économique et financier représenté par les coûts de mise en place du système est souvent important : achat de matériels de lecture / écriture pour l'identification des produits, baisse de la productivité pour identifier et séparer les lots de produits, achat d'un progiciel permettant de garder les informations de traçabilité, ...
Pour toutes ces raisons, justifier les retombées réelles suite à l'adoption d'un système de traçabilité demeure complexe. Dans ce qui suit nous présentons les plus significatives parmi elles :

---

[130] http://rfid.grandcentr.al/articles-new/tracking-cds-in-real-time

[131] **Look-up :** En réseau informatique un look-up permet de voir dans la base de données de noms de serveur Nsn, l'adresse IP qui correspond à un nom d'ordinateur.

- Respecter la législation et être réactif vis-à-vis des futures législations ;
- Augmenter le contrôle de la production en garantissant la véracité des informations présentées sur les produits ;
- Diminuer la dispersion physique des lots ;
- Diminuer la dispersion de l'information sur la chaîne et, par conséquent, faciliter l'implantation de systèmes d'information : gestion de productions, de stocks, de la qualité, … ;
- Assurer la fiabilité des informations sur les produits et permet de détecter plus rapidement la cause de problèmes de qualité ;
- Sécuriser les rappels de lots, réduire les goulots d'étranglement dans la gestion des flux ;
- Gérer les supports de manutention et réduire les erreurs de manutention des produits ;
- Réduire les écarts d'inventaire, gérer les stocks, les contenants et les contenus en optimisant les inventaires ;
- Suivre en temps réel le transport et les livraisons afin d'améliorer le service à la clientèle ;
- Faciliter l'obtention de l'information lors d'un audit qualité,
- Rassurer les clients par l'intermédiaire de labels obtenus grâce à une traçabilité performante ;

Nous avons essayé dans ce paragraphe de montrer l'une des facettes de la complexité d'un SLI à travers des techniques, des approches et des outils lés à la traçabilité. En résumé, il apparaît clair que l'atout principal de la traçabilité est de retrouver, à tout moment, pour un produit donné la trace de toutes les étapes de son cycle de vie depuis sa création jusqu'à sa destruction et son recyclage. Nous avons montré que le concept du PLM s'appuie sur la traçabilité pour optimiser la chaîne logistique. Nous donnons dans le paragraphe qui suit quelques éléments de cette optimisation.

5.2.11 Optimisation de la chaîne logistique par le PLM (Bouhaddou, 2015; Bouhaddou & Benabdelhafid, 2015)

« Faut-il adapter la chaîne logistique au produit ou l'inverse ? Cette question est légitime dans notre contexte et considérant ce que nous avons traité dans cet ouvrage.

Notre vision pour le SLI concerne l'intégration de ses composantes matérielles et immatérielles. Cette intégration concerne forcément les différentes applications métiers. Les informations relatives au produit et à son processus d'obtention dans le temps et l'espace sont la base de la conception de la chaîne logistique et du SLI. Le PLM (Product Life cycle Management) permet de véhiculer ces informations. Il assure ainsi l'interopérabilité, la traçabilité de l'information, l'archivage et réutilisation de l'information. Il rend possible la maîtrise et le suivi des produits.

Grâce aux STIC, une entreprise peut optimiser son portefeuille avec les différents partenaires de la chaîne logistique. Dès les premières phases de conception de produit, l'entreprise fait participer les différents fournisseurs ainsi que les différents acteurs logistiques pour les choix techniques et économiques du produit...

Pour relever les défis de l'environnement commercial mondial actuel, les organisations les produits et processus complexes doivent gérer l'intégralité du cycle de vie du produit du concept en fin de vie, en travaillant à travers les fonctions et les partenaires de la chaîne d'approvisionnement. De plus, ils doivent veiller à pouvoir répondre rapidement aux opportunités du marché ainsi qu'aux changements des technologies et exigences des clients (Amann, 2002).

Le PLM est une approche intégrée qui, avec l'aide des technologies de l'information, réalise une gestion intégrée des produits d'information coopérative et collaborative pendant tout le cycle de vie (Terzi, 2005). Les systèmes PLM permettent un développement de produits simultané et collaboratif en prenant en compte toutes les étapes du cycle de vie (Paviot, 2010).

Dans les travaux liés à la thèse que nous avons encadrée sur le PLM (Bouhaddou, 2015), nous avons essayé de rapprocher deux communautés scientifiques : celle dédiée au PLM et celle consacrée à l'étude des problèmes relatifs à l'optimisation des chaînes logistiques (avec une orientation principalement mathématique). L'objectif étant de faire coïncider PLM et modèles mathématiques pour l'optimisation de la chaîne logistique.

Pour répondre à cette problématique, le modèle PLM, permet de formaliser les informations relatives au produit tout au long de son cycle de vie pour un SLI.

Ce modèle met en évidence les différentes interactions entre le produit et sa chaîne logistique à travers toutes les phases de son cycle de vie. L'idée défendue dans ces travaux est que la structure de la chaîne logistique doit être définie au niveau de la conception du produit c'est-à-dire au niveau de la maquette numérique. La méthodologie adoptée est basée sur l'approche PLM pour la conception du produit et de sa chaîne logistique optimisée Cette démarche prend en considération, dans un premier temps, les maillons de la chaîne qui existent déjà, leurs contraintes doivent être intégrées dans la maquette numérique. Dans un deuxième temps, elle propose un modèle conceptuel des nouveaux maillons qui doivent satisfaire et la maquette numérique et le réseau logistique déjà existant.

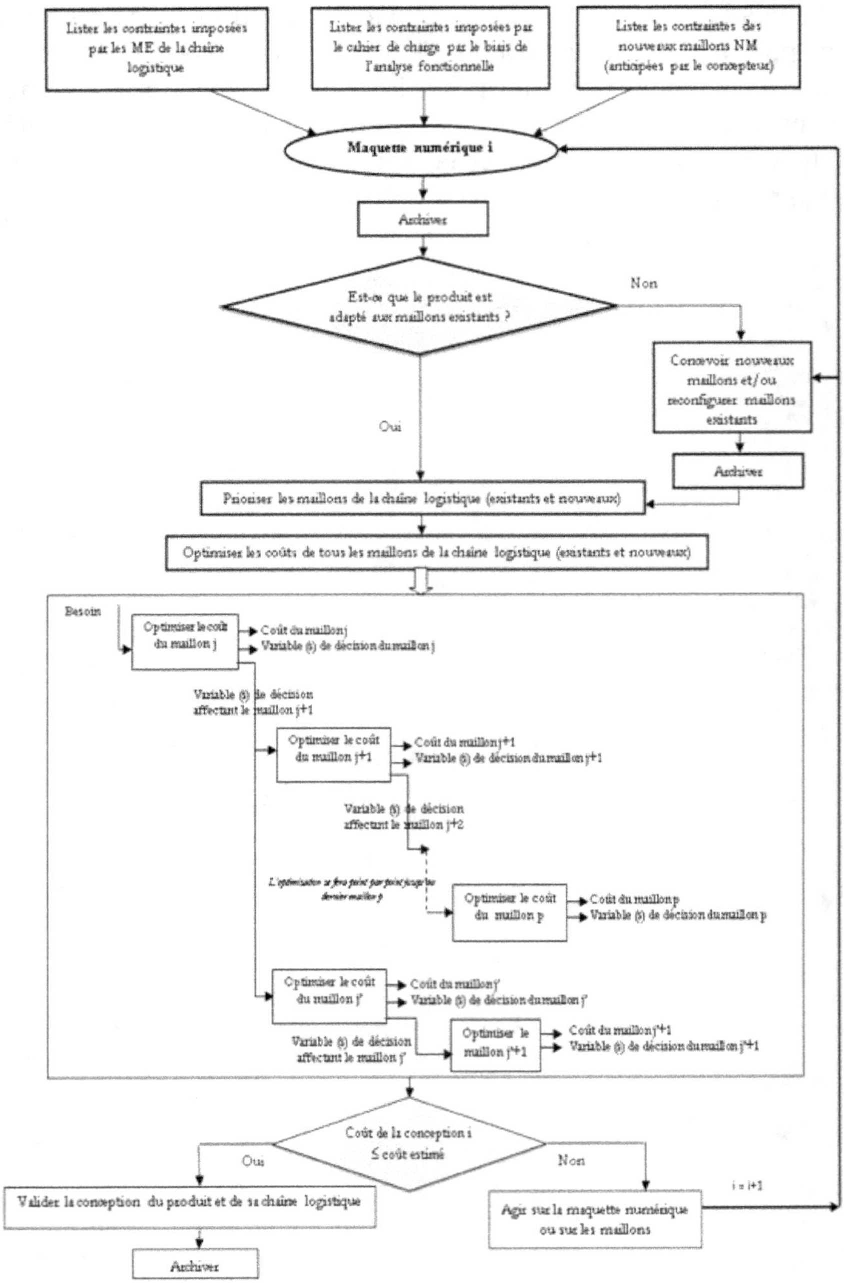

Figure V-16: Démarche proposée de conception du produit et de sa chaîne logistique ; Source : (Bouhaddou, 2015)

Contrairement aux approches classiques centralisées utilisées pour traiter le problème intégré de conception du produit et de sa chaîne logistique et qui engendrent des modèles mathématiques compliqués[132], la démarche adoptée permet de coupler des décisions centralisées quand il s'agit d'intégrer les contraintes des différents maillons de la chaîne logistique et une approche décentralisée quand il s'agit d'optimiser localement chaque maillon de la chaîne.
Le mode décentralisé réduit la complexité de résolution des modèles mathématiques et permet à la chaîne logistique de répondre rapidement à l'évolution des conditions locales de chaque maillon.
L'approche d'optimisation adoptée est une optimisation point par point qui consiste en une suite d'optimisations locales des différents maillons constituant la chaîne logistique en utilisant la programmation linéaire en nombres entiers. L'objectif est de minimiser les coûts d'approvisionnement, les coûts de production, les coûts de stockage et les coûts de transport.
Le PLM joue le rôle d'intégrateur. En effet, le regroupement centralisé des informations par le PLM à travers la maquette numérique, permet de prendre en considération la dépendance entre les maillons améliorant ainsi les résultats obtenus par optimisation locale. La combinaison du PLM et des modèles mathématiques évite, par conséquent, les modèles complexes associés au problème intégré de conception simultanée du produit et de sa chaîne logistique.
Un de nos objectifs dans l'élaboration du SLI est de tendre vers une organisation fluide favorisant la circulation des flux, les relations, les complémentarités et les synergies entre les différentes entités de la chaîne logistique. Cette organisation concerne entre autres, deux types de flux :

- Le flux informationnel : qui concerne les interfaces potentielles pouvant exister entre acteurs aux métiers semblables ou différents susceptibles de collaborer, de se coordonner et d'inter-opérer ;
- Le flux physique caractérisé par le transport intermodal avec ses ruptures de charge ; cause de conflit entre les différents opérateurs.

Dans (Gouiza, 2016), nous avons traité de la modélisation de la chaîne logistique dans un environnement du transport intermodal de

[132] Nous avons traité cette complexité dans plusieurs articles et thèses (Abdellatif Benabdelhafid, 1986; Bouhaddou et al., 2012; Gouiza et al., 2014; Zoubeir, 2014).

marchandises (service porte à porte) en se focalisant sur les activités liées aux ruptures de charge. Cette modélisation permet de voir la chaîne de transport intermodal dans sa globalité afin d'apporter une aide dans l'élaboration du SLI. La figure I-9 donne un extrait de cette modélisation. Il s'agit d'un méta modèle capable de distinguer les différentes opérations de transport intermodal (ruptures de charge) et de les synchroniser avec l'ensemble des chaînes productives et des processus logistiques en utilisant les SMA comme prélude à l'utilisation de l'IA, objet du chapitre suivant.

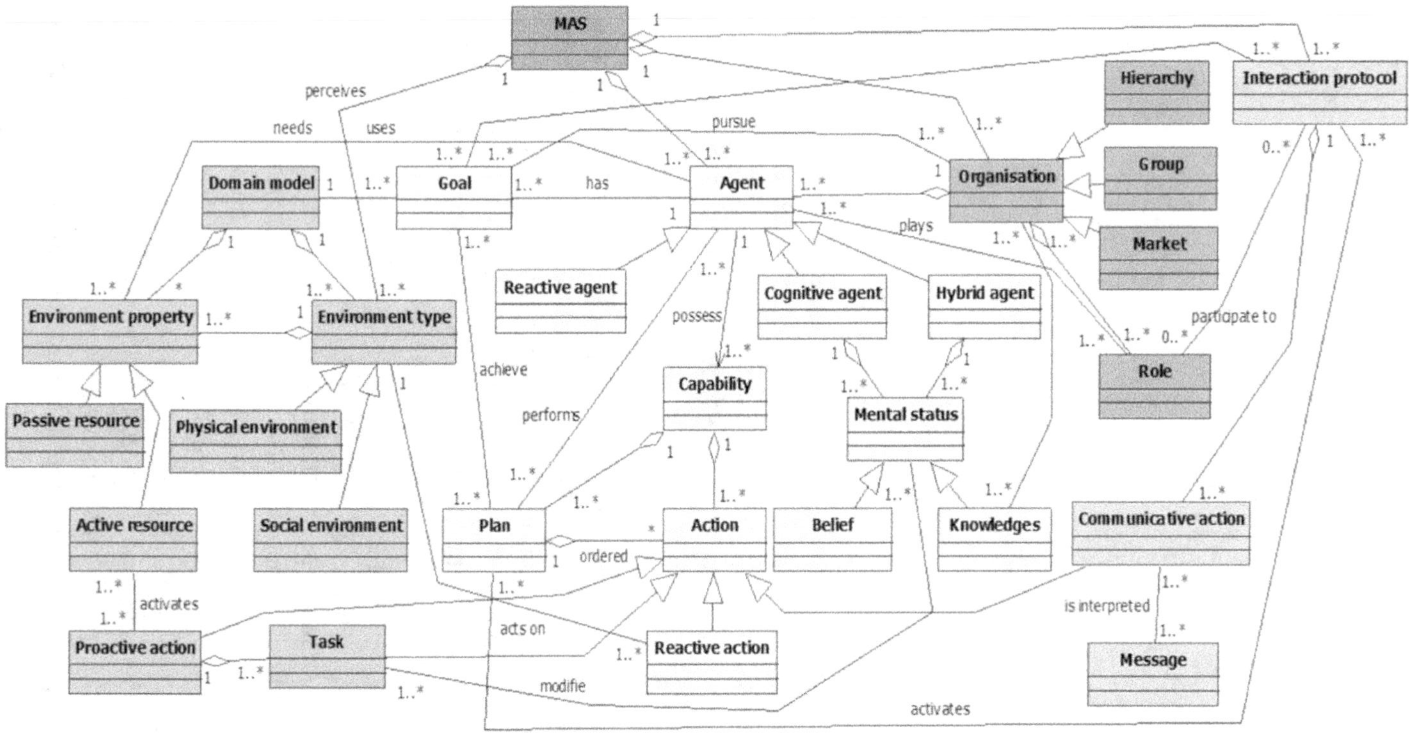

Figure V-17: méta-modèle multi-agent ; Source : (Gouiza, 2016)

5.3 Conclusion

Notre objectif dans ce chapitre est de traiter de la gestion du cycle de vie d'un produit dans le SLI. Nous avons montré le rôle central de la traçabilité dans cette gestion. Les approches centrées sur les PLM concernant les systèmes centrés sur le produit ou relatives à la notion du produit intelligent, sont des solutions pouvant aider à la mise en place d'une solution de traçabilité. Les progrès des STIC ont pour cela généré des solutions techniques et scientifiques dans ce domaine.

Finalement ce chapitre montre comment le SLI devient un outil conceptuel pour l'optimisation de la chaîne logistique. Grâce à une traçabilité efficiente, tous les éléments du SLI peuvent travailler ensemble pour répondre rapidement aux changements des demandes du marché. Cette efficience passe par l'utilisation du PLM (Product Life cycle Management) à condition que son implémentation relève d'un projet stratégique. La complexité du SLI impose de trouver des compromis dans la recherche de solutions. Ici il s'agissait de compromis entre l'approche PLM et les modèles mathématiques pour optimiser la chaine logistique.

Le lien Produit/Process est fondamental dans la traçabilité pour laquelle la modélisation des flux de données le long du cycle de vie est nécessaire. Cette traçabilité concerne aussi le système de transport des marchandises. Nous traitons dans le chapitre suivant de la conception du système de transport multimodal en utilisant les bases de l'IA énoncées précédemment.

Chapitre 6 Conception d'un système intelligent de transport des marchandises

6.1 Système d'information distribué dans la chaîne logistique

Un des objectifs du SLI est l'optimisation de l'acheminement des matières et marchandises : d'abord entre unités de production, puis au sein d'un canal de distribution, pour enfin aboutir jusqu'au client final. Pour répondre à cet objectif le SLI doit être capable de garantir la traçabilité des produits circulant entre les différents maillons de la chaîne logistique. Le SLI doit permettre d'organiser et de contrôler les flux physiques par le suivi individuel des objets, grâce aux outils de tracing (traçabilité), de traking (suivi en temps réel) et d'échanges intelligents de données « produit ».

La gestion du flux physique nécessite la mise en œuvre d'un véritable système de transport intermodal, autours d'un système d'information pour la gestion de la traçabilité des frets, sous la forme d'une plate-forme communautaire, en vue d'interconnecter les différents réseaux physiques des modes de transport.

Nous avons traité dans (S Bendriss, 2009), mais aussi dans (Sabri Bendriss & Benabdelhafid, 2010) cette problématique. Notre objectif dans ces travaux est de permettre de « connaître à tout moment et en « temps réel » la position des véhicules transportant les marchandises et/ou la position de ces marchandises elles-mêmes ou de leurs contenants et, éventuellement, les conditions du transport (mode de transport, durée, transporteur responsable, délais prévus pour la livraison, conditionnement…) »,

Le système de suivi des marchandises adopté, a pour objectif de permettre de reconstituer l'itinéraire emprunté par les marchandises et les conditions de leur transport. Il permet ainsi, lors une rupture dans la sécurisation de la chaîne de transport, d'identifier les responsabilités des différents intervenants. Inversement il pourrait aussi garantir la continuité et l'intégrité de la marchandise si chacun des intervenants est doté de procédures de sûreté adaptées.

Pour la gestion des données de la traçabilité des marchandises, nous avons choisi dans un premier temps une architecture SOA « Service Oriented Architecture » pour la plateforme d'intermédiation (Sabri Bendriss & Benabdelhafid, 2010). Ce système se veut interopérable, compatible à une utilisation au sein d'une PME, il supporte un ensemble de fonctions permettant d'assurer la traçabilité des marchandises en dehors des zones déjà couvertes par des systèmes de suivi existants. Le cas traité concerne la traçabilité du fret. Elle couvre les étapes amont et aval des étapes d'opérations portuaires et douanières, et du transport maritime généralement réalisées dans les systèmes d'informations portuaires et douaniers.

Ces travaux doivent se situer dans le contexte de la coopération au sein de SLI, Nous avons élaboré dans (Sabri Bendriss & Benabdelhafid, 2010; E. Benaissa et al., 2012) une « Plate-forme intelligente pour la chaîne Logistique » L'intérêt majeur de ces travaux est de proposer un système intelligent complet et cohérent pour le développement des applications de coopération interentreprises sous-tendu par l'approche SMA[133](systèmes multi-agents), s'articulant sur les services web (SW) et les ontologies[134] . La contribution porte sur la conception d'un système d'information distribué des chaînes logistiques et plus précisément sur la coopération entre les acteurs à travers une plateforme intelligente orientée services intitulée i-SEEC (Intelligent System for Extended Entreprise Coopération). (Figure VI.1).

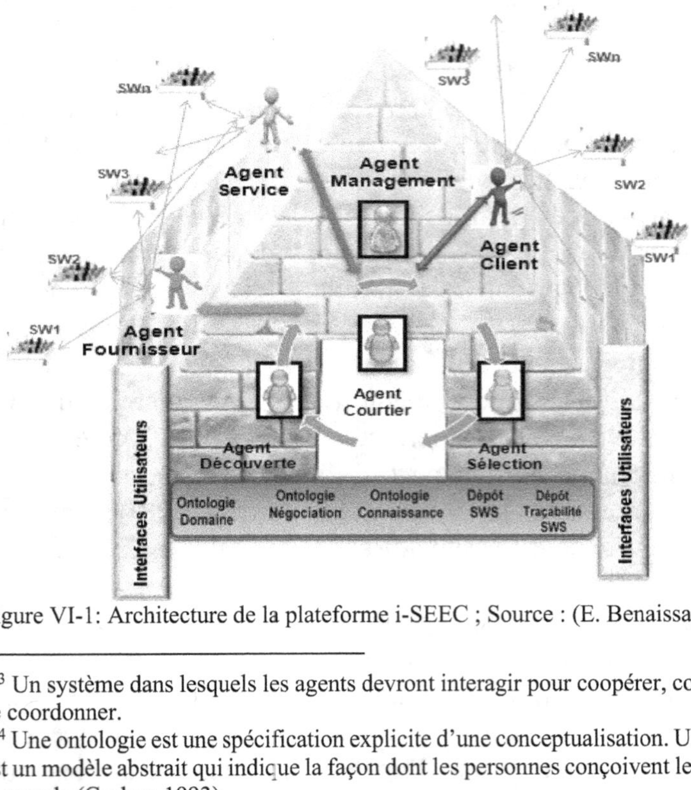

Figure VI-1: Architecture de la plateforme i-SEEC ; Source : (E. Benaissa, 2013)

---

[133] Un système dans lesquels les agents devront interagir pour coopérer, collaborer, négocier et se coordonner.

[134] Une ontologie est une spécification explicite d'une conceptualisation. Une conceptualisation est un modèle abstrait qui indique la façon dont les personnes conçoivent les choses réelles dans le monde (Gruber, 1993).

Le but est de permettre une l'aide à la décision collaborative dans le contexte du SLI en vue d'augmenter les performances de ses composantes. Les ontologies sont un moyen de médiation entre les agents logiciels[135]. Elles constituent des référentiels de sens pouvant améliorer les communications entre agents, tout en garantissant un degré de pertinence suffisant pour les traitements qui seront effectués de manière automatique à partir des éléments de spécification qu'elles fournissent (E. Benaissa, 2013).

Selon (Mark & Turk, 2003), « les ontologies interprètent un flux de données en provenance de l'extérieur du Système Multi-Agents qui regroupe un ensemble d'agents utilisant un commun langage. Dans ce cas, un ensemble fixe d'ontologies donné initialement au système sera utilisé par tous les agents pour effectuer un traitement sur un ensemble de données »

Ce système est basé sur la modélisation des connaissances et traite le problème de la coopération dans le SLI. Il consiste à mettre en place des SMA pour « distribuer » les fonctions de stockage, de traitement, de planification, de décision et d'action. Finalement notre but avec des plateformes comme i-SEEC, est de traiter la complexité des aspects techniques, mais aussi la gestion de gros volumes de données (Big data). Ce qui nous conduit naturellement vers une Intelligence Artificielle Distribuée. Aujourd'hui nous pouvons augmenter les performances de ces plateformes par des algorithmes simulant l'apprentissage automatique à partir de données à l'instar de celles décrites dans les § 3.1 (Machine Learning°). Les méthodes utilisant les réseaux de neurones sont aujourd'hui utilisées pour le deep learning. Cet apprentissage sera basé aussi les processus de capture des données (IoT, Blockchain, évènement externe au SLI).

Nous avons utilisé ce type de plateforme dans plusieurs domaines : la logistique du tourisme (E. Benaissa et al., 2013), le corridor de vallée de Seine (Gouiza, 2016)et l'aménagement du territoire (Sassi, 2019);

Comme annoncé précédemment, nous montrons dans le paragraphe suivant comment le PLM peut être le support d'optimisation pour une plateforme intelligente au service du SLI. Ici la conception d'un produit intègre, entre autres, les caractéristiques et spécifications du flux physique et particulièrement le déplacement de marchandises dans la chaîne logistique.

---

135 « La relation de l'ontologie avec le SMA réside dans son utilisation pour faire fonctionner les Systèmes Multi-Agents »(Gandon, 2002).

6.2 Capitalisation des connaissances de le chaîne de transport multimodal[136] des marchandises (Sabri Bendriss & Benabdelhafid, 2010; E. Benaissa et al., 2012; E. Benaissa & Benabdelhafid, 2012; E. Benaissa, 2013)

Pour répondre à des exigences croissantes des marchés de plus en plus fluctuants et une demande de plus en plus compliquée, il devient essentiel d'optimiser les échanges informationnels liés au déplacement physique des marchandises. Dans ce sens, les chaînes logistiques internationales se sont organisées et ont placé le transport comme facteur déterminant pour la maîtrise de la qualité de service tout au long de la chaîne de valeur. Ainsi, l'intégration des chaînes de transport dans un raisonnement de chaîne logistique globale ne sera effective qu'à travers une évolution dans un cadre de globalisation des différents métiers de toutes les composantes des chaînes de transport. Cette métamorphose occasionne de nouvelles méthodes de déplacement des marchandises et des moyens de transport. C'est dans ce contexte de mutation des chaînes de transport que la forme multimodale du transport s'est dessinée en tentant d'apporter des facilitations au niveau de la fluidité des échanges internationaux.
Dans ce contexte de multimodalité du transport, une maîtrise plus large de la chaîne de transport contribuerait dans l'optimisation de la chaîne logistique globale. Ainsi, une gestion des flux propres de chaque mode est nécessaire pour cette activité, tels que les départs et les arrivées de fret, les stockages des conteneurs, les retours de conteneurs, etc…

6.2.1 Les acteurs de la chaîne de transport multimodal et leurs rôles

On distingue plusieurs catégories d'acteurs dans le transport multimodal :
Les chargeurs
Cette classe regroupe les expéditeurs et les destinataires de la marchandise. Le chargeur peut être un expéditeur de marchandise s'il prend en charge de remettre les marchandises au transporteur, ou un affréteur de navire qui conclut un contrat avec un armateur en vue de transporter sa marchandise et destinateur de la marchandise. Le

[136] Le transport multimodal est le déplacement du fret d'un point à un autre à travers plusieurs modes de transport dont chacun a un fournisseur différent, mais en vertu d'un contrat unique. Un seul transporteur est donc contacté pour réaliser un seul voyage à travers plusieurs modes de transport.

chargeur peut conclure un contrat de transport avec un transporteur dans le but de réaliser l'acheminement de sa marchandise et qui la lui prépare.

Les organisateurs de transport

Ce sont principalement les commissionnaires et les mandataires. En effet, un organisateur de transport joue le rôle d'intermédiaire entre l'expéditeur et le transporteur, il gère l'organisation, l'enlèvement, l'acheminement de la marchandise jusqu'à sa destination désirée. Plusieurs métiers découlent de ce rôle générique :

Le commissionnaire de transport : il prend en charge le transport de marchandises confiées par un chargeur. En son nom, sous sa responsabilité et selon ses besoins, ce dernier choisit les différents transporteurs et organise les opérations de transport, de groupage et d'affrètement nécessaires pour l'acheminement des marchandises.

Le mandataire de transport : il joue le rôle d'un intermédiaire entre deux modes de transport, et agit sur les instructions de son mandant. Il effectue le conseil en matière de stockage, dédouanement, réexpédition de la marchandise. Plusieurs statuts peuvent être relevés de cette fonction :

Transitaire : il joue le rôle d'un mandataire. Il conclut un contrat de transport, ainsi que des contrats complémentaires au nom de son mandant, d'une façon générale il prend toutes les mesures nécessaires pour le bon accomplissement du transport des marchandises.

Commissionnaire en douane : il accomplit les formalités douanières en vue de déclarer les marchandises, soit en son nom ou au nom du client et pour le compte de son client.

Agent de consignation : il exerce dans le transport maritime ou fluvial. Lorsqu'il agit pour le compte d'un armateur, il est appelé « consignataire maritime ou fluvial », son rôle consiste à réduire le temps d'escales du navire. « Consignataire de cargaison » quand il agit pour le compte d'un chargeur en le représentant au moment de la livraison de la marchandise au capitaine ou au consignataire du navire.

L'acconier : il exerce pour le compte du chargeur ou de l'armateur. Il représente son mandant afin d'effectuer les opérations liées à l'embarquement, débarquement, ainsi que la réception et la livraison des marchandises. Il se charge aussi de l'aspect juridique lié aux opérations de la réception, la reconnaissance, la garde et la livraison de la marchandise vers sa destination finale.

Opérateur de terminal : c'est un organisme qui exploite le terminal portuaire et prend en charge la marchandise avant ou après le transport maritime. L'opérateur de terminal intervient en post (et/ou) en préacheminement portuaire. Pour le cas du post-acheminement, il reçoit d'un acconier, les conteneurs, en vue de leur livraison au destinataire. Alors que pour le préacheminement, l'opérateur du terminal reçoit du chargeur des conteneurs pour les livrer ultérieurement à l'acconier qui les transférera à l'armateur.

Les transporteurs

Dans un contexte de transport multimodal, le rôle du transporteur ne se limite pas qu'au transport de la marchandise, mais il doit aussi s'assurer de sa conformité vis-à-vis de la réglementation. Cependant, assurant la fonction principale qui est le transport des marchandises, le transporteur peut organiser le transport multimodal et fournir une prestation de porte-à-porte en assurant le transport du lieu de chargement jusqu'à la destination finale ou inversement impliquant une meilleure maîtrise de toute la chaîne de transport.

6.2.2 Les étapes de transport multimodal

L'acheminement des marchandises entre les différents acteurs, dans des zones géographiques différentes, imposent l'exploitation de plusieurs modes de transport.

L'évolution rapide de l'utilisation du mode terrestre, conduisant à la congestion des infrastructures du transport et à une aggravation environnementale dus aux émissions polluantes. Cette évolution a amené à une nouvelle vision du transport multimodal. Dans ce contexte de multimodalité du transport, la prise en compte de l'ensemble des flux informationnels et physiques devient de plus en plus complexe au sein de la chaîne logistique (complication des opérations, interaction entre les différents acteurs de la chaîne de transports de marchandises, impératifs de planifications…).

L'intégration des STIC dans le processus du transport des marchandises, permet aux différents acteurs du monde du transport de maitriser l'ensemble des flux parcourant la chaine de transport multimodal des marchandises et ainsi apporter une meilleure maitrise de l'information au niveau de différentes couches décisionnelles de la chaîne logistique.

La figure ci-dessous illustre d'une manière simplifiée les différentes étapes du transport multimodal des marchandises.

Figure VI-2: Les étapes de transport multimodal des marchandises ; Source : (Sabri Bendriss & Benabdelhafid, 2010)

Afin de faciliter le transit multimodal des marchandises et la gestion des échanges entre les différents acteurs des chaînes du commerce international, un standard unique d'unité de chargement est né. Cette unité de transport multimodal concerne tous les modes de transport afin d'introduire une harmonie entre la route, fleuve, le rail et la mer. Ces unités de chargement se caractérisent par l'interchangeabilité en assurant le transport de bout en bout. Ainsi cette unité de chargement conteneurisée permet d'offrir une facilité des opérations de manutention et aussi un gain de temps précieux dans le temps de chargement et de déchargement. De plus, la conteneurisation représente un véritable atout pour le domaine du transport du fait de sa nature résistante, et sa solidité permettant la protection de la marchandise. La chaîne de transport des marchandises nécessite l'intervention de plusieurs acteurs sur différents niveaux d'implication, provoquant un échange très important d'information ainsi que des documents de la marchandise de la phase d'expédition jusqu'à la livraison au client final. La figure suivante présente un découpage par processus en fonction des acteurs concernés et des flux d'information manipulés et ceci pour un meilleur discernement de notre système d'étude.

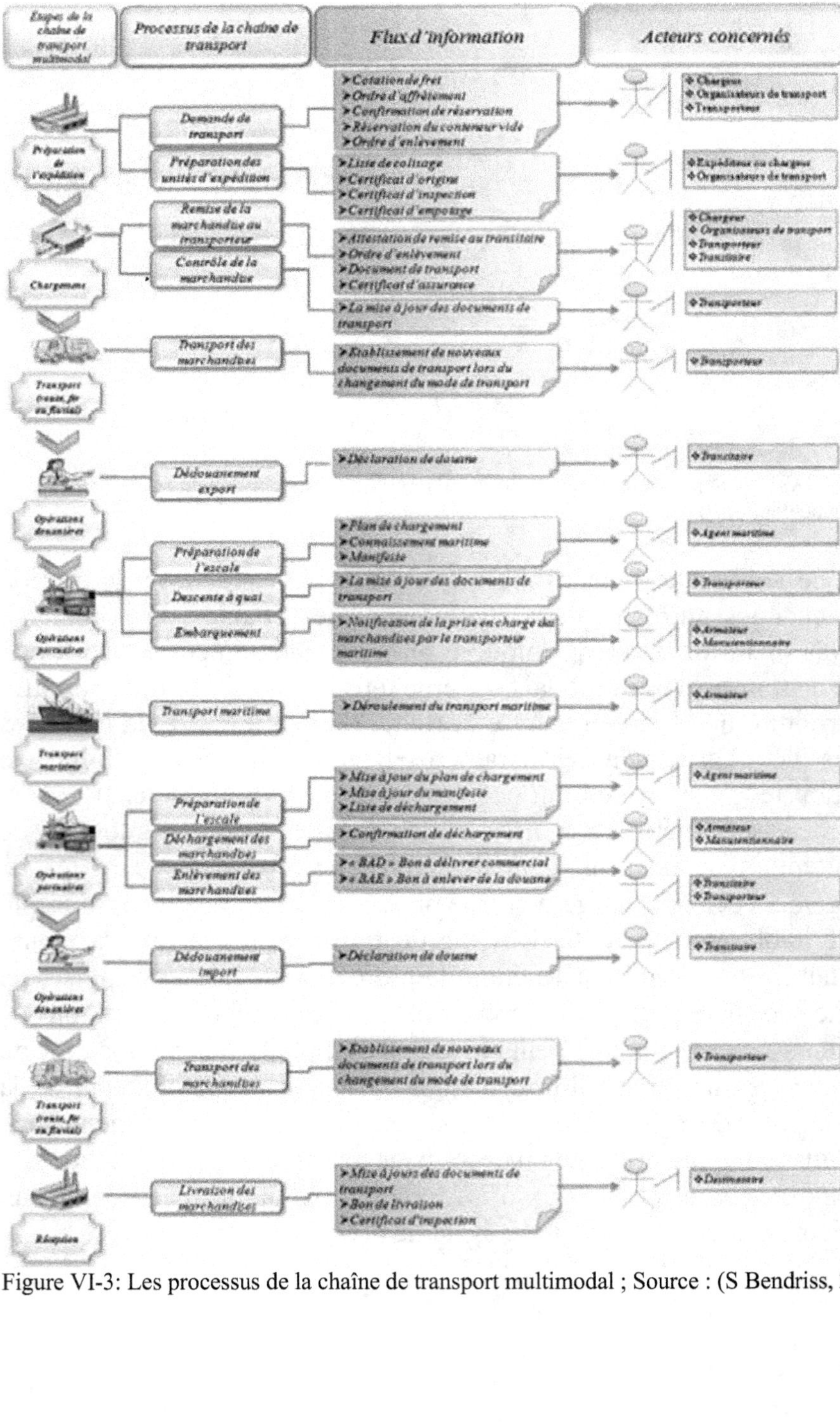

Figure VI-3: Les processus de la chaîne de transport multimodal ; Source : (S Bendriss, 2009)

6.2.3 Conception du système de transport multimodal des marchandises

Cette conception est traitée longuement dans la thèse (E. Benaissa, 2013) que nous avons encadrée. Nous rappelons ici les Structures hiérarchiques des classes « Acteur », « opérations de transport » et « Ressources Matérielle » dans le sens du formalisme UML.
La diversité de ses acteurs amène à la variation des opérations de transport réalisées par ces derniers,
Notons que ce formalisme intègre le paradigme du PLM qui permet aux différentes entités de la chaîne logistique, de partager la connaissance des différents stades du cycle de vie d'un produit. Ici le cycle de vie de la marchandise est représenté à travers les différentes opérations de transport qu'une marchandise subit depuis la préparation de l'expédition chez l'expéditeur jusqu'à son arrivée vers sa destination chez le client final.

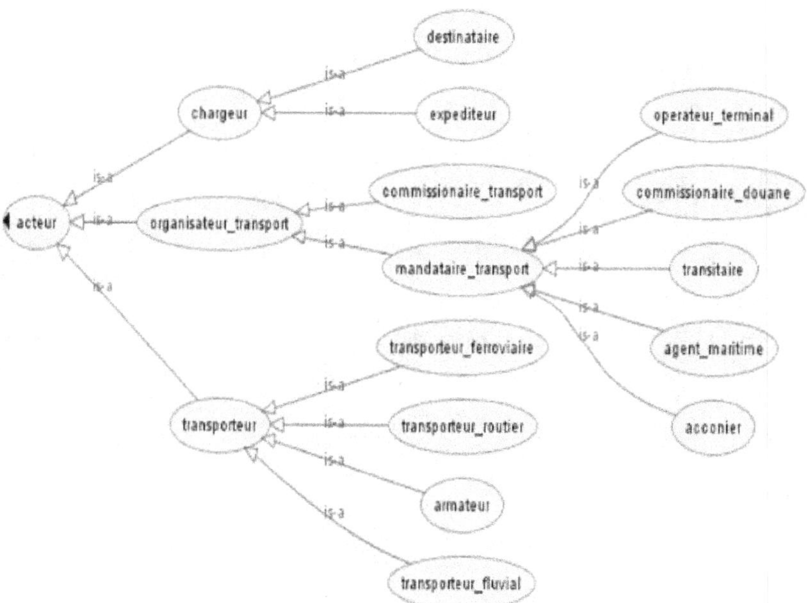

Figure VI4 : Structure hiérarchique de la classe Acteur ;

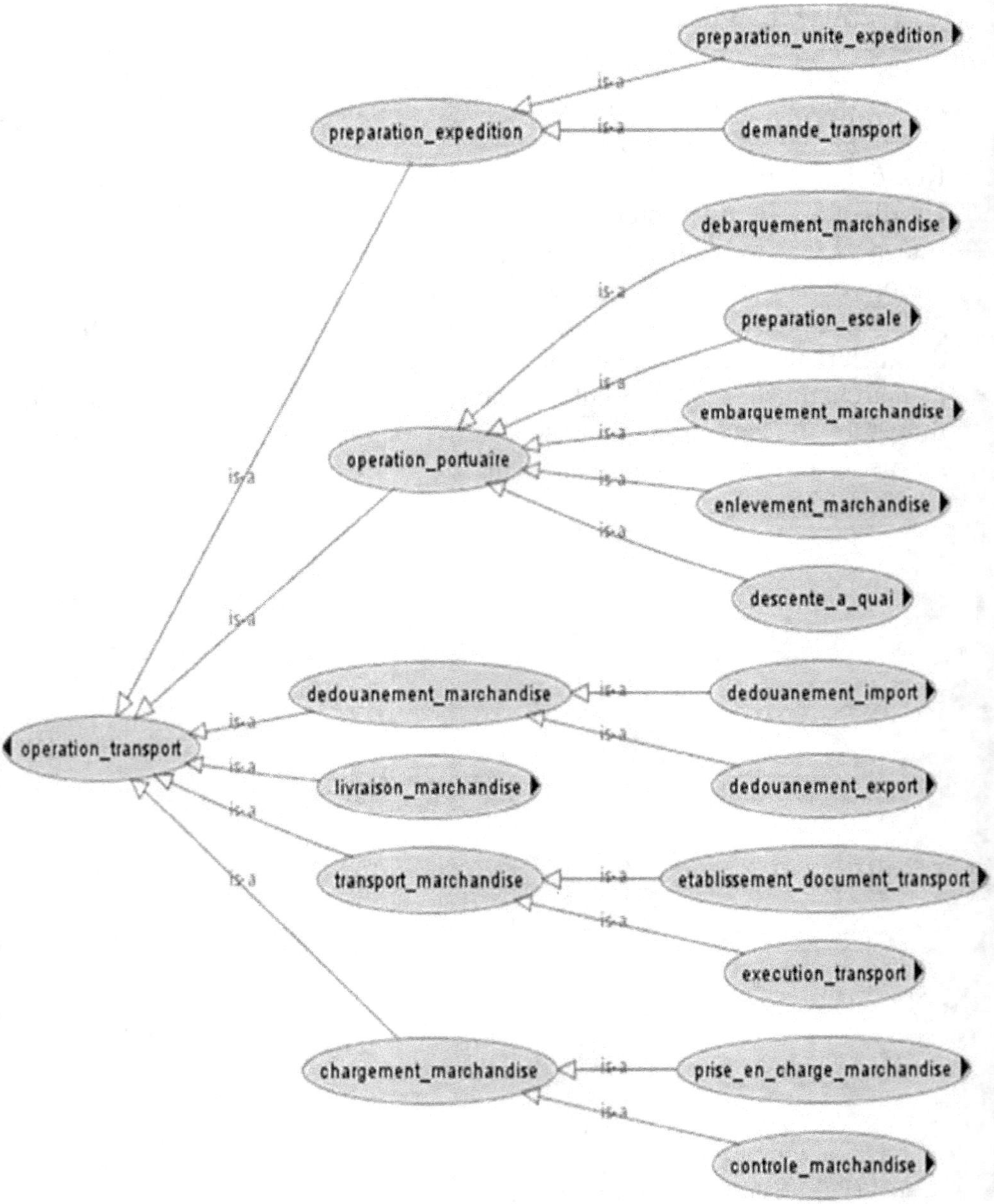

Figure VI-5 : Structure hiérarchique de la classe « Opération transport » ;

La représentation des connaissances de la chaîne de transport multimodal des marchandises, concernent aussi les ressources matérielles utilisées dans le transport. La figure suivante catégorise ces ressources en « équipements » et « infrastructures » La classe infrastructure représente des points nodaux de transport tels qu'une gare, pour le transport ferroviaire ou un port pour le transport maritime ou fluvial, les autoroutes, routes nationales et autres pour le transport routier ou les lignes du transport maritime et fluvial ou encore les lignes de chemin de fer pour le transport ferroviaire. Nous trouvons ici les points de rupture de charge et les lieux de traitement et de stockage des marchandises tels que les entrepôts, les plateformes de groupage et (ou) de dégroupage des unités d'expédition…

Dans la catégorie des équipements de transport on trouve tous les moyens de transport utilisés pour assurer le déplacement physique des marchandises entre deux extrémités d'une étape de transport (transport routier, train pour le transport ferroviaire, barge pour le fluvial et les bateaux pour le maritime). Le but est de pouvoir classifier par mode, les équipements utilisés, sur quelle infrastructure, les opérations pouvant être exécutées et les acteurs de la chaine de transport concernés par ce mode de transport.

La marchandise est représentée ainsi que des concepts décrivant la nature intrinsèque de cette dernière. Dimension, poids, quantité, nature de la marchandise, classe marchandise sont des exemples de cette description. On trouve aussi d'autres constituants de marchandise, tels que ; les colis, les produits qui sont rattachés à un lot de production et ce dans le but de répondre à des besoins de traçabilité. Nous trouvons aussi des concepts qui permettent de décrire dans le détail la sémantique de la chaine de transport telle que la date (exécution, transport, fabrication…), localisation (trajet lieux de départ lieux d'arrivée…). L'idée ici est de donner l'image la plus fidèle du domaine d'étude afin de représenter toutes les connaissances liées à la chaîne de transport multimodal des marchandises. Nous donnons dans ce qui suit un exemple concret issu d'un projet[137] de recherche mené dans les trois régions d'« Ile-De-France », de « Basse-Normandie » et de « Haute-Normandie ». Ce projet a permis le financement de la thèse (Gouiza, 2016) que nous avons encadrée au sein du LMAH[138] de l'université du Havre.

[137] Il s'agit du projet APLOG (Amélioration et Performance de la LOgistique Globale).

[138] Laboratoire de Mathématiques Appliquées du Havre.

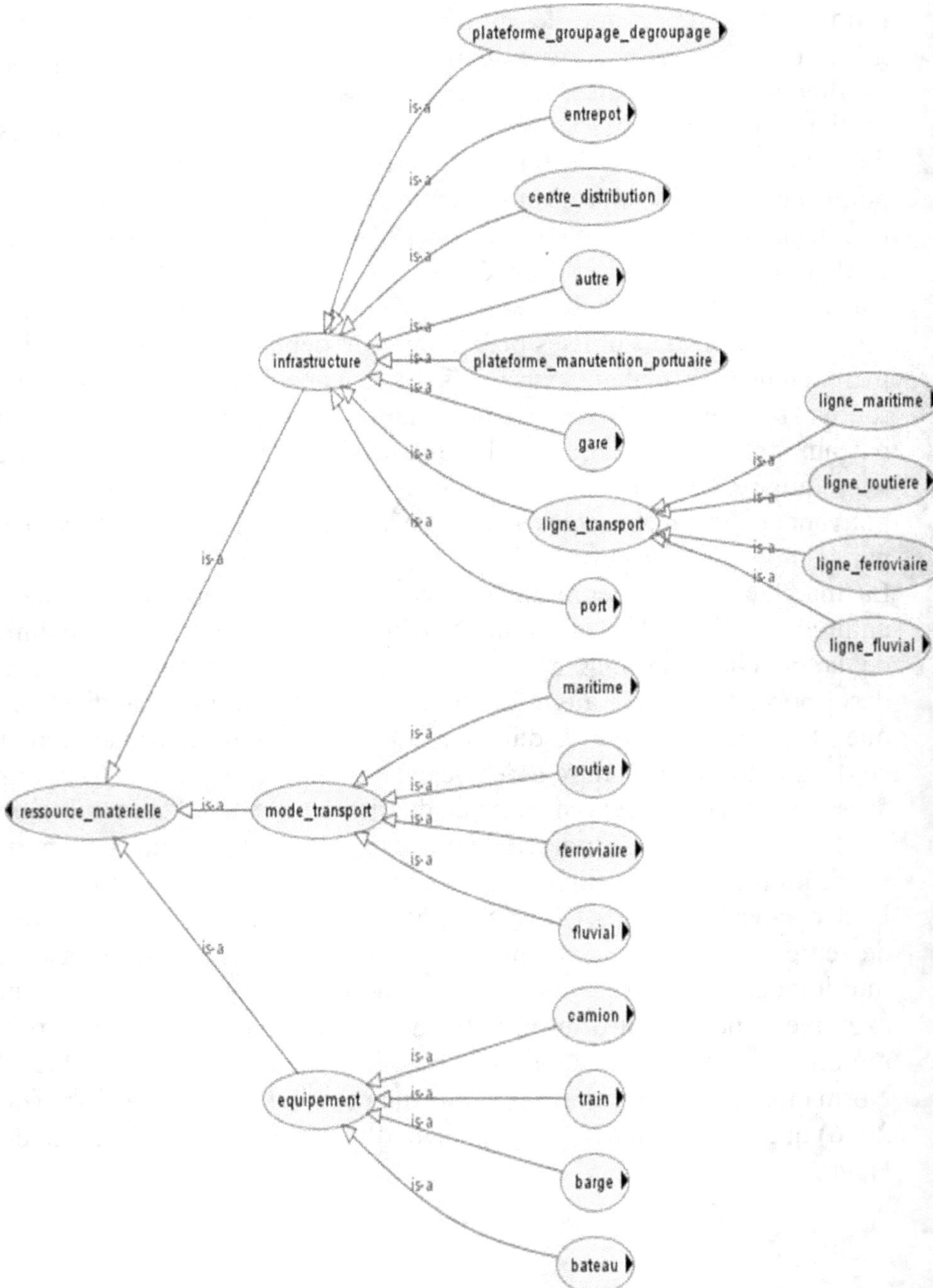

Figure VI-6 : Structure hiérarchique de la classe « Ressources Matérielle » ;

6.3 Description du transport intermodal de marchandises de porte à porte, le cas du corridor de la vallée de Seine

6.3.1 Transport intermodal[139] de marchandises

Le transport de marchandises sur longue distance est segmenté par le recours à plusieurs modes de transport successifs dans un souci de complémentarité et de compétitivité. Pour introduire le transport « intermodal », nous définissons dans le tableau suivant le transport de marchandises selon ses modes de transport en mettant la lumière sur les caractéristiques de chaque mode.

Tableau VI-1: Les principaux modes de transport de marchandises (Gouiza, 2016).

Caractéristiques	**Modes**				
	Terrestres		**« Oversea »**		
	Routier	**Ferroviaire**	**Fluvial**	**Maritime**	**Aérien**
Petits colis (-de 50 kg)	OUI (messagerie)	OUI (messagerie)	NON	NON	OUI (messagerie)
Colis volumineux	NON (sauf transports exceptionnels)	OUI	OUI	OUI	OUI
Produit pondéreux	NON	OUI	OUI	OUI	NON
Types de flux	Domestique + Europe continentale + Moyen-Orient	Domestique + Europe continentale + Moyen-Orient	Europe du Nord	Intercontinental	Intercontinental
Possibilités de transport combiné autre que conteneurs	+ fer (ferroutage) ou mer (Ro-Ro)	+ route (ferroutage) ou mer (Ro-Ro)	+ mer (barges)	+ route ou mer (Ro-Ro) ou fluvial (barges)	-
Possibilités de porte à porte	OUI	NON (sauf ITE)	NON	NON	NON
Rapidité	Rapide mais encombrement des grands axes et des frontières.	Peu rapide (priorité aux voyageurs, disparité du réseau de l'UE)	Peu rapide	Peu rapide (encombrement des grands ports internationaux)	Très rapide
Coûts	Moyens	Faibles	Faibles	Faibles	Importants
Contraintes d'emballage	-	-	-	Fortes (coûts importants)	Chasse au poids

[139] Le transport intermodal est le déplacement du fret d'un point à un autre à travers plusieurs modes de transport dont chacun a un fournisseur différent et un contrat indépendant. Plusieurs transporteurs sont donc contactés pour réaliser le même voyage à travers plusieurs modes de transport.

Le transport dit « multimodal » est le transport d'une marchandise donnée pour lequel on segmente la chaine de transport, en utilisant successivement des modes de transports différents (routier, ferroviaire, fluvial, …). On choisit, pour chaque segment, le mode le plus performant en fonction de la nature de la marchandise, des contraintes de l'offre de service et de la demande logistique. La mise en œuvre de cette chaine peut entrainer un changement de contenant. Tandis que, le transport dit « intermodal » représente l'acheminement de marchandises placées dans une unité de chargement (conteneur, swap body[140], etc.) recourant successivement à plusieurs modes de transport, sans empotage ni dépotage[141] (sans changement de contenant) à chaque changement de mode, du point d'origine au point de destination finale avec une ou plusieurs interfaces.
Cet exemple se limite au transport intermodal international[142] qui repose sur la *conteneurisation.*

6.3.2 La conteneurisation

Le *conteneur* est un moyen de transport qui a permis de réduire les coûts et les délais grâce à la *standardisation.* Une fois empotée en conteneur, la marchandise ne subit plus d'autres manutentions jusqu'à son destinataire final. Ce qui est manutentionné est ainsi *le contenant et non le contenu.*
Le conteneur est une « *boite* » rectangulaire de dimension universelle. Le conteneur standard de vingt pieds sert d'unité de référence pour estimer les capacités d'un navire et évaluer les flux. On parle alors en *EVP* (*Equivalent Vingt Pieds*) ce qui correspond à un volume utile de *33* mètres cube. Mais d'autres conteneurs plus spécifiques existent comme les conteneurs frigorifiques, les conteneurs-citernes (*tank container*) et les plein-ciel (*open top*) [143].
C'est grâce aux conteneurs que le transfert de marchandises d'un mode de transport à un autre est devenu plus rapide à la suite de la favorisation

---

[140] Une swap body ou caisse mobile est une unité de transport intermodal (UTI) utilisée généralement en transport terrestre (rail-route). Elle peut être transférée d'un véhicule à un autre (camion ou wagon) comme un conteneur, mais contrairement à ce dernier, elle n'est pas conçue pour être empilée sur plusieurs niveaux, ni pour être saisie par le haut

[141] L'empotage est l'opération de chargement des marchandises à l'intérieur d'un conteneur, le dépotage est l'opération inverse.

[142] Le transport intermodal de marchandise est une chaine multimodale de services de transport de conteneurs. Cette chaine liant l'expéditeur au destinataire dans un service « porte à porte », se déroulant sur de grandes distances.

[143] http://www.uirr.com/fr/our-members/european-ct-terminals.html

de l'*automatisation* d'un grand nombre des opérations de manutention, et l'accélération des opérations de chargement et de déchargement. La figure suivante donne composants de la chaine de transport intermodal.

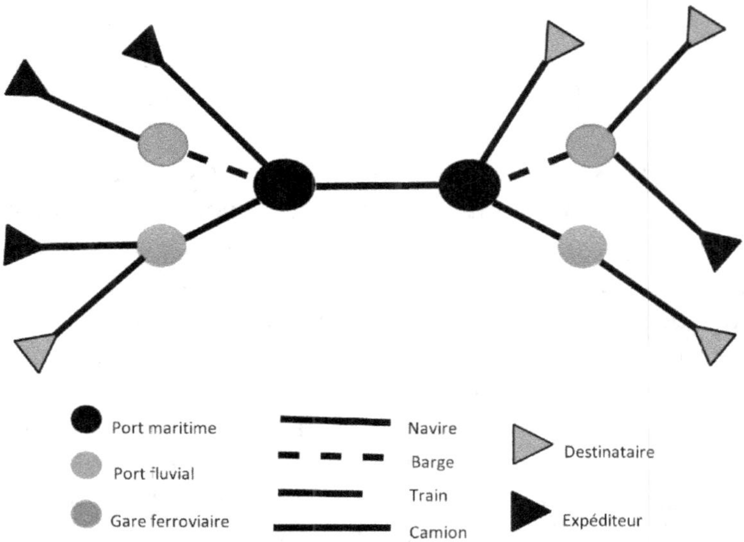

Figure VI-7: Illustration des composants de la chaine de transport intermodal (Gouiza, 2016)

6.3.3 Corridor de la vallée de Seine (Gouiza, 2016; Sassi, 2019)

Un corridor est un concept géographique. Au fil du temps cet espace est devenu un outil de développement économique. Il s'agit d'une séquence d'activités de distribution supportant un large éventail de fonctions au sein d'une région urbaine, il correspond à un axe logistique intégré (Rodrigue, 2004). Les corridors sont une composante essentielle du transport global et des systèmes logistiques et l'un des aboutissements des ports en tant que plateformes continentales. Ils *fournissent des structures intermodales* et des connexions avec l'hinterland (arrière-pays).

Un corridor rassemble non seulement des infrastructures de transport mais aussi il rassemble un ensemble de changements commerciaux résultant de changements au sein d'une communauté.

Dans ce cas d'étude on distingue trois types de corridor comme étant des acteurs principaux : corridor *d'exportation*, *corridor de transbordement* et *corridor d'importation* :

- *Corridor d'exportation* : cet acteur participe à l'organisation du cycle d'exportation des marchandises de chez l'expéditeur jusqu'au premier terminal portuaire ;
- *Corridor de transbordement* : cet acteur participe à l'organisation de l'acheminement de marchandises en cas d'un besoin de changement de navires afin d'assurer la bonne redirection des conteneurs vers le corridor d'importation ;
- *Corridor d'importation* : cet acteur participe à l'organisation du cycle d'importation des marchandises du dernier terminal portuaire jusqu'au destinataire final.

L'acheminement des conteneurs est réalisé dans le cadre d'une chaine logistique complexe comprenant plusieurs transports intermédiaires mettant en scène plusieurs intervenants (transporteurs et gestionnaires des plateformes intermodales). Il se base sur un travail collectif de pilotage et de remontée d'informations entre le corridor et d'autres acteurs (transporteur *maritime*, *transitaire*, *capitainerie* (autorité portuaire), *douane*, *opérateur terminal* et autres transporteurs ferroviaire, routier ou fluvial).

L'exploitation des plateformes intermodales nécessite une remontée d'informations sur les conteneurs transportés, sur les moyens et l'infrastructure ainsi que sur le processus de leur déplacement (dates d'arrivée et de départ, emplacement de stockage, opération de manutention ...). Ceci nécessite la préparation d'un plan de chargement spécifique à la nature des conteneurs transportés pour pouvoir assurer leur suivi.

Ce suivi du conteneur comprend sa localisation et son identification depuis l'arrivée du moyen de transport en passant par l'ensemble des affectations qui pourra avoir au cours des opérations des terminaux. Il s'agit de suivre les conteneurs durant leurs mouvements au sein du terminal intermodal.

Le scénario d'interaction entre acteurs proposé, pour le cas du corridor de la vallée Seine (port du Havre) est illustré par la figure suivante.

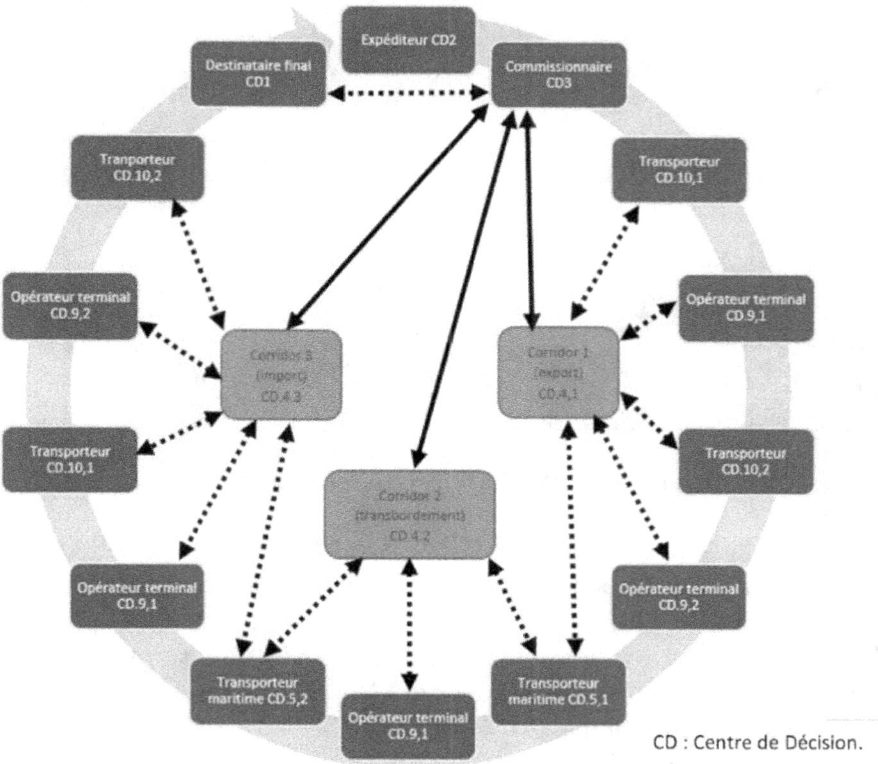

Figure VI-8: L'organisation simultanée des flux dans le contexte du transport intermodal ; Source : (Gouiza, 2016)

En *2013*, les trois régions d'« *Ile-De-France* », de « *Basse-Normandie* » et de « *Haute-Normandie* » se sont engagées dans une démarche de développement de la vallée de la Seine, vallée reliant par le fleuve la capitale à une façade maritime ouverte vers l'international (C. C. I. Normandie, 2014). La dynamique engagée, soutenue par l'ensemble des acteurs du territoire (*Figure VI.9*), se décompose en trois axes :

1) La gestion de l'espace et le développement durable pour aménager le territoire ;
2) Les flux, déplacements et réseaux ;
3) Le développement économique et le soutien de l'emploi.

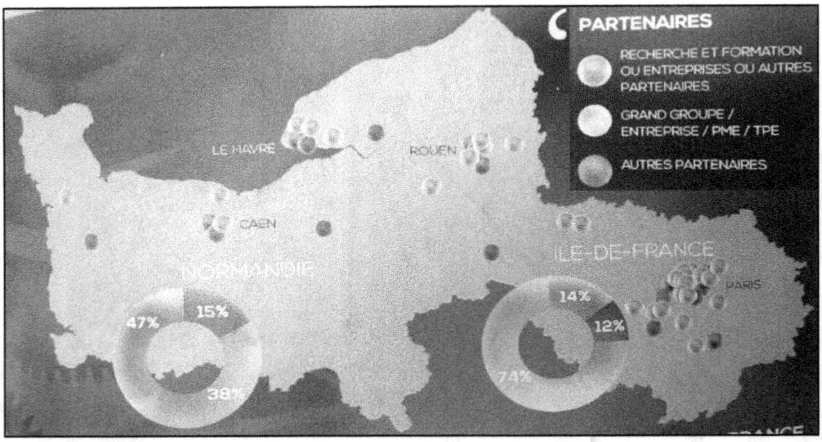

Figure VI-9 : Partenariats entre la Normandie et l'Ile-De-France ; Source : (Talbot, 2013).

Le projet est supporté par HAROPA (ports de Havre-Rouen-PAris) qui est reconnu comme un acteur de qualité avec ses contraintes économiques et environnementales qui ne permettent plus aux logisticiens de travailler seuls. En effet, HAROPA permet aux trois ports d'accéder à une visibilité accrue à l'international (L. magazine des ports de P. S. Normandie, 2014).

Cet exemple, spécifique de la vallée de la Seine.et détaillée dans (Gouiza, 2016), illustre le système nerveux complexe permettant la communication entre les différents acteurs de SLI et ainsi comprendre l'architecture du système d'informations Ce dernier se caractérise ici par le fait qu'il fait intervenir des entreprises distinctes, chacune se base sur son propre système d'informations. En vue de renforcer leurs capacités, ces acteurs font appel à la collaboration pour établir une approche logistique globale et intégrée de la chaine de transport. On peut noter cependant que mais cette implication reste communautaire ; des efforts restent à fournir pour réaliser une interopérabilité beaucoup plus étendue qui permette d'aiguiller tous ces systèmes hétérogènes vers un système unique de porte à porte.

6.4 Conclusion

La question du développement d'instruments de mesure de l'accessibilité intermodale tenant compte des horaires de départ des modes de transport, de la variabilité temporelle et des parcours terminaux dans un réseau de transport intermodal conteneurisé. L'objectif de ce travail est de proposer un indicateur de cohérence

d'horaires permettant de quantifier la qualité de la connexion intermodale. Il s'agit d'un facteur susceptible d'améliorer la cohérence entre réseaux de transports afin qu'ils deviennent moins concurrents et plus complémentaires ce qui va faciliter les pratiques intermodales en limitant les contraintes associées à la rupture de charge.
Derrière cet exemple du corridor, se dessine la question de l'accessibilité intermodale tenant, compte de la variabilité spatiale et temporelle des flux dans un réseau de transport conteneurisé. Le but ici est de réduire le coût des ruptures de charge dues au changement de modes de transport. Ce chapitre donne des éléments basés sur des approches, méthodes et outils permettant d'appréhender les performances des connexions intermodales susceptibles d'aider à la conception d'un système intelligent de transport des marchandises

Postface

Chaque maillon de la chaine logistique constitue un sous-système du SLI, la complexité ici est déduite des spécificités de chacun des sous-systèmes. , Nous avons vu au début de cet ouvrage que le SLI concerne d'abord un ensemble de maillons interconnectés. Nous avons montré aussi que « l'intelligence » du SLI ne peut être que collaborative pour répondre au triptyque de l'IA « Données[144], Apprentissage et Prédictions ».
Nous utilisons les résultats évoqués dans les différents travaux doctoraux que nous avons dirigés pour finalement élaborer une solution basée sur une plate-forme intelligente pour l'efficience du SLI ;
Le concept de SLI avec sa variante Système Intelligent est l'objet de travaux de recherche dans plusieurs domaines : Territoire Intelligent, Smart Port, Transport intelligent…
Grâce aux API (Application Programming Interface) fournis sur le marché[145] , nous pouvons répondre à la problématique évoquée dans notre introduction et concevoir une plate-forme intelligente générique. Pour cela cet ouvrage tente de décrire comment concevoir un système permettant :

- La gestion des données massives,
- L'apprentissage du maillage, des interconnexions et des méthodologies utilisées
- Les prédictions pour prendre les meilleures décisions

Le rêve d'assembler les morceaux du puzzle mentionnés dans la Partie I (objectif du SLI) est aujourd'hui réalisable grâce au STIC traduites par l'Industrie 4.0, l'internet physique et les différentes variantes de l'IA …
Pour notre part, dans cet ouvrage, nous avons donné des jalons pour augmenter les performances d'une chaine logistique en appréhendant la complexité du SLI. L'idée fondamentale dans cet ouvrage est de montrer aux futurs chercheurs et étudiants la dimension de la complexité dans le domaine du génie logistique.

---

[144] Nous avons utilisé plusieurs fois dans cet ouvrage le mot information parfois à la place de donnée. En évitant le débat Information/donnée, nous entendons ici information ; une donnée interprétée alors que la connaissance est l'information maitrisée.
[145] http://www.butleranalytics.com/20-machine-learning-service-platforms/

Bibliographie

Abdellatif Benabdelhafid, (1986). *Analyse et Conception du Système d'Information pour la gestion de production.* Thèse de doctorat, INSA , Le Havre,.

Abdellatif Benabdelhafid, & Edouard Reppert. (1994). *Eléments de conception d'un Système de Logistique Intégrée.*

Abdellatif Benabdelhafid , & Edouard Reppert. (1995). Conception d'un système d'information étendu pour une logistique intégrée. *Revue Française de Gestion Industrielle, 14*(2).

Abdellatif Benabdelhafid, , & Boudebous, D. (1996). Intégration logistique d'un atelier de production : éléments de modélisation du système d'information. *1 Ère Journée d'échanges et de Recherche En Organisation de l'entreprise et Logistique.*

Abdellatif Benabdelhafid,. (1998). cours *Système d'information de logistique intégrée.*mémoire d'HDR, Le Havre.

Abdellatif Benabdelhafid,. (2001). *Cours de Gestion de Production,* Département GLT , IUT Le Havre , CEMUR

Abdellatif Benabdelhafid, (2001). Cours d'Analyse et Conception de Système d'Informations. *Département Informatique, IUT du Havre*

Abdellatif Benabdelhafid, (2008). *Les Systèmes d'information de Logistique Intégrée. Une réponse aux besoins en simulation et modélisation/optimisation pour le système productif.* Le Havre.

Abdellatif Benabdelhafid (2020). LogiSTIC, la complexité dans l'ingénierie logistique, Conférence Internationale en Management des Opérations et de la Chaîne Logistique – FST de Settat –19 février 2020, Settat, Maroc

Alban, D., & Ducateau, C. . (1995). *Evolution et SI de la firme. Eléments de réflexion sur la co-évolution des technologies de l'information et des théories et pratiques d'organisation de la firme.* 2ème congrès biennal de l'AFCET 95, Toulouse, octobre 1995

Amann, K. (2002). Product lifecycle management: Empowering the future of business. *CIMdata, Inc.*

Arnaud, A.-J., & Le Moigne, J. L. (1990). La modélisation des systèmes complexes. *Droit et Société, 19*(1), 424.

Ballot, E., & Montreuil, B. (2014). *L'Internet Physique.* La Documentation Française.

Ballot, E., & Pan, S. (2018). *Rapport annuel Internet Physique.*

Barus, L. S., Hadiwardoyo, S. P., & Benabdelhafid, A. (2011). Integrated public transport development for two connected urban areas. *2011 4th International Conference on Logistics*, 495–499.

Bastin, G., & Wertz, V. (2013). Modélisation et analyse des systemes dynamiques. *Lectures Notes, Louvain School of Engineering, 31.*

Benaissa, Ezddine (2013). *Une approche basée sur un Système Multi-Agents et les Services Web Sémantique pour la prise de décision dans la cadre de l'entreprise étendue : Cas du transport multimodal des marchandises.* thèse de doctorat, Le Havre.

Benaissa, E., & Benabdelhafid, A. (2012). A Semantic Web Services based framework for the cooperation in the extended enterprise environment. *2012 7th International Conference on Computing and Convergence Technology (ICCCT)*, 960–964.

Benaissa, E., Benabdelhafid, A., & Benaissa, M. (2012). An Agent-based framework for cooperation in Supply chain. *IJCSI International Journal of Computer Science Issues*, *9*(5).

Benaissa, E., Tahiri, B., & Benabdelhafid, A. (2013). Applying multi-agent technique in cooperation: Case of tourism supply chain. *2013 International Conference on Advanced Logistics and Transport*, 335–340.

Benaissa, M. (2006). *Intégration de la supervision dans la chaîne logistique: application à l'entreprise manufacturière.* thèse de doctorat, Le Havre.

Benaissa, M., & Benabdelhafid, A. (2005). SOAP Based System for integration in the Logistic chain. *Journal of Decision Systems*, *14*(1–2), 55–82.

Bendriss, S. (2009). *Les systèmes embarqués et la sécurité dans la traçabilité d'une chaîne logistique.* thèse de doctorat, Le Havre.

Bendriss, Sabri, & Benabdelhafid, A. (2010). Modelling an information system for goods traceability in a multimodal transport context. *International Journal of Business Performance and Supply Chain Modelling*, *2*(1), 61–80.

Benmansour, S, Bendriss, S., & Benabdelhafid, A. (2011). Bond Graph model of the physical flow Transfer within a supply chain. *2011 4th International Conference on Logistics*, 349–356.

Benmansour, Senouci. (2009). *Modélisation de l'activité routière en vue de son intégration dans la chaîne logistique.* thèse de doctorat, Le Havre.

Bouhaddou, I. (2015). *Vers une optimisation de la chaine logistique:*

proposition de modèles conceptuels basés sur le PLM (Product Lifecycle Management). thèse de doctorat, Université du Havre; Université Moulay Ismaïl (Meknès, Maroc).

Bouhaddou, I., & Benabdelhafid, A. (2015). PLM (Product Lifecycle Management): a key to manage supply chain complexity. *CS-DC'15 World e-Conference*.

Bouhaddou, I., Benabdelhafid, A., Ouzizi, L., & Benghabrit, Y. (2012). PLM (Product Lifecycle Management) model for supply chain optimization. *IFIP International Conference on Product Lifecycle Management*, 134–146.

Cardon, A. (1997). Les systèmes d'information et de communication de gestion de crise: une modélisation par agents. *Ingénierie Des Systèmes d'Information*, *5*(2), 167–193.

Chakhari, A. (2015). Le Big Data, sans tabou ni fausse promesse. *Livre Blanc, Pentalog Institute*.

Chekoubi, Z. (2020). *Problème intégré de dimensionnement de lots et de tournées de véhicules avec remanufacturing des produits en fin de vie*. thèse de doctorat, Université de Lorraine.

Colin, J. (2005). Le supply chain management existe-t-il réellement? *Revue Française de Gestion*, *3*, 135–149.

de Rosnay, J. (1975). Le macroscope: vers une vision globale. *Paris: Editions Du Seuil*.

Fabbe-Costes, N., & Christine Roussat. (2010). *Intégration de la chaîne d'approvisionnement : points de vue d'un fournisseur de services logistiques*.

Ferber, J. (1997). *Les systèmes multi-agents: vers une intelligence collective*. InterEditions.

France, G., & Group, G. (2018). *EDI, plateformes, API, Blockchain : quelle cohabitation ?* (G. France (ed.). Livre blanc.

Gandon, F. (2002). *Ontology engineering: a survey and a return on experience*. INRIA.

Ganeshan, R., Jack, E., Magazine, M. J., & Stephens, P. (1999). A taxonomic review of supply chain management research. *Quantitative Models for Supply Chain Management*, 839–879.

Giard, V. (2003). *Gestion de la production et des flux*. Economica Paris.

Gouiza, F. (2016). *Modélisation et évaluation des performances de la chaine de transport intermodal de porte à porte: le cas du corridor de la Vallée de Seine*. thèse de doctora Le Havre.

Gouiza, F., Benabdelhafid, A., & Yassine, A. (2014). Measurement of intermodal accessibility container transport example. *2014*

International Conference on Advanced Logistics and Transport (ICALT), 241–246.
Gruber, T. R. (1993). *A translation approach to portable ontologies Knowledge Acquisition 5 (2) 199220.*
Lourenço, H. (2005). *Multiobjective metaheuristics for integrated logistics problems.*
Mark, D. M., & Turk, A. G. (2003). Landscape categories in Yindjibarndi: Ontology, environment, and language. *International Conference on Spatial Information Theory*, 28–45.
Médan, P., Gratacap, A., & Labasse, O. (2008). *Logistique et supply chain management: intégration, collaboration et risques dans la chaîne logistique globale.* Dunod.
Morin, E. (n.d.). *Complexité restreinte, complexité générale.*
Morin, E. (1996). Pour une réforme de la pensée. *Le Courrier de l'UNESCO*, *49*, 10–14.
Muller, P.-A., & Gaertner, N. (2000). *Modélisation objet avec UML* (Vol. 514). Eyrolles Paris.
Normandie, C. C. I. (2014). La Normandie en chiffres et en cartes: Panorama économique 2014. *Publication Économique de CCI Normandie, Une Réalisation Du Pôle Etudes et Aménagement Territorial, Directeur de Publication: Désormeaux, JP, Www. Sie-Hn. Com. CEC (2006). Keep Europe Moving–Sustainable Mobility for Our Continent*, 272–281.
Normandie, L. magazine des ports de P. S. (2014). HAROPA, acteur vigilant de l'Europe. *HAROPA Mag*, *7*.
Paviot, T. (2010). *Methodology of resolution of interoperability in the field of Product Lifecycle Management.* PhD Thesis, Ecole Centrale de Paris.
Perboli, G., Musso, S., & Rosano, M. (2018). Blockchain in logistics and supply chain: A lean approach for designing real-world use cases. *Ieee Access*, *6*, 62018–62028.
Reppert, E. (1997). *Logistique externe amont, vecteur de diffusion d'une norme de gestion: du réseau d'entreprises à la firme virtuelle.* Le Havre.
Rodrigue, J. (2004). Freight, Gateways And Mega-Urban Regions: The Logistical Integration Of The Bostwash Corridor1. *Tijdschrift Voor Economische En Sociale Geografie*, *95*(2), 147–161.
Sassi, E. (2019). *L'intégration de la logistique dans les domaines d'aménagement du territoire: contribution à la conception d'un système d'aide à la décision dédié.* thèse de doctorat, Normandie

Université; Université de Sfax (Tunisie).
SENOUCI, B., CHERIF, T., & BENABDELHAFID, A. (2012). Modélisation du réseau routier: approche Bond Graph. *Actes INRETS (Arcueil)*, *A133*, 47–52.
Serain, D. (1997). *Le middleware: concepts et technologies*. Masson.
Syafrizal, M. (2015). *The Study and Modeling of Greenhouse Gas Emissions from the Road Transport sector in Jakarta*. Thèse de doctorat, Jakarta
Talbot, S. (2013). *Rapport d'activité : le pôle en mouvement*. www.nov@log.eu,
Terzi, S. (2005). *Product Lifecycle Management: definitions, open problems and referenced models*. PhD Thesis, Nancy University I.
Vernadat, F. (1999). *Techniques de modélisation en entreprise, applications aux processus opérationnels*.
Zoubeir, Z. (2014). *Vers un système d'aide à la décision pour l'allocation des postes à quai dans un terminal à conteneurs*. thèse de doctorat, Le Havre.

Index

A

API: Application Programming Interface

B

B to B: Business to Business
B to C: Business to Consumer
BSML: Bioinformatic Sequence Markup Language
BML: Bean Markup Language

C

CRM: Customer Relationship Management
CIM: Computer Integrated Manufacturing
CIMOSA: Computer Integrated Manufacturing Open System Architecture
CIM: Computer Integrated Manufacturing
CIMS: Computer Integrated Manufacturing System
CMMS: integrated Control, Maintenance and technical Management System
CAD: Product Design and Modeling
CORBA: Common Object Request Broker Architecture
COM: Component Object Model
CML: Chemical Markup Language

D

DIAS: Distributed Intelligent Actuation and Sensors
DCOM: Distributed Component Object Model
DNS: Domain Name System
DOM : Document Object Model
DTD : Document Type Definition

E

EDI : Echange de Données Informatisées
ERP: Enterprise Ressourse Planning
ETL: Extracting, Transforming and Loading
EIAMUG: European Intelligent Actuation and Measurement User Group
EAI : Enterprise Application Integration
EJB : Enterprise Java Beans
EI : Enterprise Integration

G

GDT : La Gestion des Données Techniques
GRAI : Groupe de Recherche sur l'Architecture et les Infrastructures
GRAI-GIM: GRAI Integrated Methodology
GERAM: Generalized Enterprise Reference Architecture and Methodology
GPAO : Gestion de Production Assistée par Ordinateur
GERA: Generic Enterprise Reference Architecture
GEEM: Generic Enterprise Engineering Methodology

GEMLs: Generic Enterprise Modeling Languages
GEMTs: Generic Enterprise Modeling Tools
GEMs: Generic Enterprise Models.
GMs: Generic Enterprise Modules
GTs: Generic Enterprise Theories

H

HTML: Hyper Text Markup Language

I

ISO : International Organization for Standardization
IDEF: Integrated DEFinition Methods
ISA: Intrumentation, Systems and Automation Society
IAMS: Intelligent Actuation and Measurement System
IAM-PILOT: Intelligent Actuation and Measurement Pilot
ICAM:Integrated Computer Aided Manufacturing
IEM: Integrated Enterprise Model
IDL: Interface Definition Language
IP: Internet Protocol
IIOP: Internet Inter-Orb Protocol

J

JIT: Just In Time
JNI: Java Native Interface
JDBC: Java Data Base Connectivity
J2EE: Java Platform, Enterprise Edition

K

KM: Knowledge Management

L

LogiSTIC ©: Logistique et STIC

M

MRP: Material Requirements Planning /calcul des besoins nets
MRP2: Manufacturing Ressource Planning /Management des Ressources de Production
MPC: Management Par les Contraintes
MES: Manufacturing Execution System
MESA: Manufacturing Execution System Association
MOT : Modèle Organisationnel des Traitements
MCD : Modèle Conceptuel de Données
MTS: Microsoft Transaction System
MathML: Mathematical Markup Language

O

OF: Ordre de Fabrication

OPT: Optimised Production Technology
OMT: Object Modeling Technique
OMG: Object Management Group
ODBC: Open Data Base Connectivity
OQL : Object Query Language.
ORB: Object Request Broker
OLE: Object Linking and Embedding
OFX : Open Financial eXchange

P

PDP : Programme directeur de production /Plan directeur de production
PERA: Purdue Enterprise Reference Architecture
PRM: Purdue Reference Model
PC: Personal Computer
PRIAM: Prenormative Requirements for Intelligent Actuation and Measurement
PLM : Product Life cycle Management
PDM: Product Data/process Management
PGI: Progiciels de Gestion Intégré
PEGASE : Plate-formE d'intéGrAtion des Systèmes logiqtiquEs

R

RdP : Les réseaux de Petri
RMI: Remote Method Invocation
RELAX: Regular Language Description for XML

S

SLI: Système de Logistique Intégrée
SIL : Structure d'Intégration Logistique
SILI : Systèmes Informatiques de Logistique Intégrée
STIC : Sciences et Technologies d'Information et de Communication
SPC: Statistical Process Control
STEP: Standards for the Exchange of Product data
SCM: Supply Chain Management
SMED: Single Minute Exchange of Die
SI : Systèmes d'Information
SADT : Structured Analysis Design Technique
SA-RT: Structured Analysis – Real Time
SEM: Systèmes d'Exécution Manufacturière
SSM: Sale and Service Management
SQC: Statistical Quality Control
SCADA: Supervisory Control And Data Acquisition
SGBD : Système de Gestion de Base de Données
SAP: Systems, applications, and products for data processing
SQL : Structured Query Language
SGML: Standard Generalized Markup Language

SMIL: Synchronized Multimedia Integration Language
SVG: Scalable Vector Graphics
SAX: Simple API for XML
SSL: Secure Socket Layer

T

TPM : Total Productive Maintenance
TOC : Théorie des Contraintes
TF: Task Force
TOVE: TOronto Virtual Enterprise
TREX: Tree Regular Expression for XML
TCP: Transmission Control Protocol

U

UML: Unified Modeling Langage
UEML: Unified Enterprise Modelling Language
UDDI: Universal Description, Discovery, and Integration
URI: Uniform Resource Identifier
URL: Uniform Resource Locator

W

WSDL: Web Services Description Language
WSFL: Web Services Flow Language
W3C: World Wide Web Consortium

X

XML: Extensible Markup Language
XSLT: Extensible Stylesheet Language Transformation
XSL: Extensible Stylesheet Language
XSL-FO: XSL Formatting Object
XHTML: Extensible Hyper Text Markup Language

Biographie

Originaire de Meknès au Maroc, Abdellatif BENABDELHAFID est professeur émérite à l'Université de Normandie au Havre (France). Avant d'entamer ses études doctorales en 1981, il crée, en 1984 INFOGAP, une société de développement de solutions informatiques pour les systèmes de production et leur gestion (références : Schlumberger, Câblage de France, Papeterie Ahlstrom en France, groupe SOCOMENIN en Tunisie, groupe Chimicolor, Tannerie de Meknès et le cabinet ECOTIC au Maroc). Il obtient en 1986 son doctorat de l'Université du Havre et l'INSA de Toulouse en Génie informatique et Automatique. Ce fut la première thèse de doctorat soutenue à l'Université du Havre créée en 1984 et traite de l' « Analyse et Conception du Système d'Information pour la gestion de production ».
Nommé Maître de Conférences en informatique en 1987 à l'IUT du Havre, en plus de ses fonctions d'enseignant et d'encadrant de stages et PFE, il a poursuivi ses recherches en élargissant sensiblement la thématique, pour s'orienter vers l'étude de la Logistique Intégrée qui relève des STIC (Sciences et Technologies d'Information et de Communication). Depuis 1997 Pr BENABDELHAFID est responsable de l'équipe de recherche SILI (Systèmes Informatiques de Logistique Intégrée) au sein de l'université du Havre. Il est aujourd'hui membre de SFLOG (Structure Fédérative de logistique) Il a publié plus de 100 articles scientifiques, fait une centaine de communications et participé à la rédaction de 3 ouvrages. Ses travaux sur la complexité de l'intégration logistique lui ont permis d'encadrer une vingtaine de thèses de doctorat permettant à leurs détenteurs d'occuper des postes de décideurs dans les secteurs publics et privés. L'ouvrage rappelle une grande partie de ces travaux
Il a aussi participé activement à la création du pôle logistique autour de l'Institut Supérieur des Études Logistiques (ISEL) à l'université du Havre Il dirige le département GLT (Gestion Logistique et Transport) de 2003 à 2007 et la licence GOLP (Licence de Gestion des Opérations Logistique et Portuaires) depuis sa création en 2003 jusqu'en 2013.
M. BENABDELHAFID est membre actif dans les grands projets régionaux (en lien avec le GRR de Haute Normandie Logistique Mobilité Numérique), interrégionaux (autour de la Vallée de la Seine) nationaux et internationaux de type ANR, INTERREG, H2020). Citons à titre d'exemple quelques projets :...

- **CLASSE** (Corridors Logistiques Application à la vallée de la Seine et à Son Environnement) . Ce projet succède aux projets « Passage Portuaire », « Amélioration de la performance logistique globale »
- **LHSPC** (Le Havre Smart Port City) concerne le nouveau modèle de territoire urbain et industrialo-portuaire intégré par l'innovation". Il se situe entre « ville intelligente » et « port du futur »
- **XTERM** (Systèmes complexes, intelligence territoriale et mobilité) s'intéresse à la modélisation des systèmes territoriaux. Il a pour ambition de proposer des outils de management et d'aide à la décision pour la gestion "intelligente" de la Vallée de Seine.
- **I2PANEMA** (Intelligent IoT-based Port Artefacts Communication, Administration and Maintenance) est un projet international qui vise à déployer la puissance de l'internet des objets (IoT) pour rendre les réseaux de ports intelligents.

Pr BENABDELHAFID a été très souvent invité à présenter ses travaux et à participer à ceux des communautés scientifiques en Europe (Italie , France, Belgique , Finlande, Royaume Unie, Suisse ..), Afrique (Sénégal, Afrique du Sud, Mauritanie, Maroc, Algérie, Tunisie,) Asie (Indonésie, Malaisie, Thaïlande, Turquie, Nouvelle Zélande, Singapour…) et Amérique (Canada, Mexique, Cuba…) . Il est le rapporteur de plusieurs thèses de doctorat Il a initié le réseau CEMUR (Coopération Europe Maghreb des Universités en Réseau), il en fut le secrétaire général depuis 1999. Ce réseau compte 25 universités. Son grand projet est de se positionner au niveau des grands réseaux scientifiques spécialisés dans des domaines pointus tels que le Génie Logistique (transport intelligent, entreprises étendues, environnement…). Il a permis la création des premiers Master de Génie logistique au Maghreb. Dans ce cadre, M. BENABDELHAFID fut le coordinateur de congrès internationaux dans le domaine des STIC et l'animateur de l'E.lab Logistique de la chaire UNESCO UniTwun. Il a mené des projets de coopération de type TEMPUS et AUF. Le dernier fut l'O F P E L (Observatoire de Formations & Plateformes d'Excellence en Logistique)
Actuellement, Pr. Benabdelhafid est professeur invité chez UNIVERSIAPOLIS, l'Université Internationale d'Agadir reconnue à l'échelle international en matière de formation et de recherche innovantes. Il est aussi conseiller de direction chez A.I.M.E.S. (African Intelligence Market Expansion Solutions)°.une startup offrant des outils d'aide à la décision logistique aux MPME africaines.

Structures éditoriales du groupe L'Harmattan

L'Harmattan Italie
Via degli Artisti, 15
10124 Torino
harmattan.italia@gmail.com

L'Harmattan Hongrie
Kossuth l. u. 14-16.
1053 Budapest
harmattan@harmattan.hu

L'Harmattan Sénégal
10 VDN en face Mermoz
BP 45034 Dakar-Fann
senharmattan@gmail.com

L'Harmattan Cameroun
TSINGA/FECAFOOT
BP 11486 Yaoundé
inkoukam@gmail.com

L'Harmattan Burkina Faso
Achille Somé – tengnule@hotmail.fr

L'Harmattan Guinée
Almamya, rue KA 028 OKB Agency
BP 3470 Conakry
harmattanguinee@yahoo.fr

L'Harmattan RDC
185, avenue Nyangwe
Commune de Lingwala – Kinshasa
matangilamusadila@yahoo.fr

L'Harmattan Congo
67, boulevard Denis-Sassou-N'Guesso
BP 2874 Brazzaville
harmattan.congo@yahoo.fr

L'Harmattan Mali
ACI 2000 - Immeuble Mgr Jean Marie Cisse
Bureau 10
BP 145 Bamako-Mali
mali@harmattan.fr

L'Harmattan Togo
Djidjole – Lomé
Maison Amela
face EPP BATOME
ddamela@aol.com

L'Harmattan Côte d'Ivoire
Résidence Karl – Cité des Arts
Abidjan-Cocody
03 BP 1588 Abidjan
espace_harmattan.ci@hotmail.fr

Nos librairies en France

Librairie internationale
16, rue des Écoles
75005 Paris
librairie.internationale@harmattan.fr
01 40 46 79 11
www.librairieharmattan.com

Librairie des savoirs
21, rue des Écoles
75005 Paris
librairie.sh@harmattan.fr
01 46 34 13 71
www.librairieharmattansh.com

Librairie Le Lucernaire
53, rue Notre-Dame-des-Champs
75006 Paris
librairie@lucernaire.fr
01 42 22 67 13

www.ingramcontent.com/pod-product-compliance
Lightning Source LLC
LaVergne TN
LVHW011032061026
849535LV00006B/2066
* 9 7 8 2 1 4 0 2 5 1 8 2 5 *